KB159379

지방분권이
지방을
망친다

지금＋여기 ⑦

지방분권이 지방을 망친다

2018년 11월 26일 초판 1쇄 발행
2020년 11월 25일 초판 3쇄 발행

지 은 이 | 마강래
일러스트 | 정정선

책임편집 | 김희중
제   작 | 영신사

펴 낸 이 | 장의덕
펴 낸 곳 | 도서출판 개마고원
등   록 | 1989년 9월 4일 제2-877호
주   소 | 경기도 고양시 일산동구 호수로 662 삼성라끄빌 1018호
전   화 | (031) 907-1012, 1018
팩   스 | (031) 907-1044
이 메 일 | webmaster@kaema.co.kr

ISBN 978-89-5769-453-4(03330)
ⓒ 마강래, 2018. Printed in Goyang, Korea

• 책값은 뒤표지에 표기되어 있습니다.
• 파본은 구입하신 서점에서 교환해 드립니다.

지금+여기 7

지방분권이 지방을 망친다

지방분권의 함정, 균형발전의 역설

마강래 지음

개마고원

지방에선 말한다. "수도권 독식 문제는 지방에 권한이 없기 때문이다. 지방에 권한을 주면 국토의 균형발전도 이룰 수 있다!" 현 정부도 이에 화답했다. 2017년 정부가 발표한 '자치분권 로드맵(안)'에는 유독 눈에 띄는 문구가 있다. 바로 '연방제에 버금가는 강력한 지방분권'이다. 연방聯邦이란 자치권을 가진 둘 이상의 지방이 공동의 정치적 이념을 가지고 연합을 구성하는 것이다. 중앙정부와의 관계에서 지방의 독자성을 강하게 인정하는 제도다. 이 제도를 운영하고 있는 대표적인 나라로 미국·독일·스위스 등이 있다. 미국은 50개의 주가, 독일은 13개 주, 스위스는 26개 주(칸톤)로 이루어져 있다. 이들 국가에서 각 지방정부는 입법·행정·사법 분야에서 고도의 자치권을 보장받았다.

연방제에 버금가는 지방분권! 중앙이 틀어쥐고 있는 권한을 아래로 내려보내 풀뿌리 민주주의를 실현하자는 게 주된 내용이다. 누가 여기에 토를 달겠는가. 큰 방향은 맞다. 하지만 이런 얘기를 들을 때마다 국토도시 분야를 공부해왔던 필자의 머릿속을 맴맴 도는 말이 있다. "지옥으로 가는 길은 선의로 포장되어 있다." 지금 상태에서의 분권은 풀뿌리 민주주의를 망칠 수 있는 위험한 정책이기 때문이다. 가난한 도시를 더욱 가난하게 하고, 심지어는 망하게 만들기까지 할 수 있다.

분권을 강화하면 지자체의 '독립성'과 '자율성'도 강화된다. 지자체들은 더 좋은 도시 인프라를 제공하기 위해, 또 주민들의 복지 서비스 욕구를 충족시키기 위해 노력할 것이다. 지역의 자원을 이용해 젊은이들을 위한 일자리도 만들고, 창업에 좋은 기업환경을 만들기 위해서 노력할 것이다. 권한이 커진 지자체들은 주민들의 요구에 빠르게 대응한다. 중앙정부로부터의 보조금으로 주민들에게 꼭 필요한 사업을 벌이니, 보조금은 더 이상 '눈먼 돈'이 아니다. 훨씬 더 효율적인 방법을 찾아 예산을 사용한다. 마음을 설레게 하는 이야기다. 하지만 이런 이야기는 일부 지자체에 국한될 수밖에 없다. 왜일까? 사람들은 더 나은 도시 공공서비스를 받을 수 있는 지역으로 이주할 것이고, 이 과정에서 부익부 빈익빈의 메커니즘이 작동할 것이기 때문이다. 주민 수를 늘리기 위한 지자체 간 경쟁도 심화될 수밖에 없다.

분권화의 흐름 속에서 기초체력이 없는 도시들은 더 어려워질 수밖에 없다. 그래서 중앙정부에 요구할 것이다. 권한도 주고, (격차가 벌어졌으니) 도움도 달라고. 그러나 이들이 간과하고 있는 사실이 있다. '중앙정부가 권한을 이양하는 것'과 '어려운 지자체를 도와주는 것'은 서로 상충되는 행위라는 것을. 지방이 이양받는 권한이 크면 클수록, 중앙정부는 힘을 잃을 수밖에 없다. 힘이 없어진 중앙정부는 지자체 간의 격차를 보정할 능력도 함께 잃게 된다. 분권화가 고도로 진행되면 가난한 지자체는 살아남기 힘들다. 그럼 분권을 하지 말아야 할까? 아니다. 지방자치는 우리가 끝까지 추구하고 지켜야 할 중요한 가치다. 지방이 자율권을 가져야 지역 특성에 맞는 정책을 펼 수 있다. 중앙정부가 정한 하나의 틀로 지방을 재단하는 건 민주사회에서 바람직하지 않다.

그렇기에 분권을 하기 전에 우리에겐 먼저 풀어야 할 과제가 있다. 바로 더욱 큰 격차를 만드는 우리의 지방행정 시스템이다. 17개의 광역지자체, 226개의 기초지자체로 쪼개져 있는 지금 상황에서 권한을 이양하는 것은 정말 위험한 정책이다. 특히 '연방제에 버금가는 분권'은 말도 안 된다. 가뜩이나 어려운 지방경제를 망치고, 지방을 구렁텅이로 몰아 넣을 것이다. 분권이 제대로 작동하기 위해서는 지역 간 격차가 크지 않아야 한다. 달리 말하면, 권한을 넘겨받을 지방의 '공간적 단위'가 중요하다. 분권을 위해선 '격차가 크지 않은' 공간적 단위를 고민해야 한다는 얘기다.

이 책을 통해 필자가 주장하려는 바는 다음 두 문장으로 요약할 수 있다. 지방분권, 지금 이 상태로는 안 된다! 권한을 받을 공간단위를 먼저 조정한 후 분권이 진행되어야 한다! 이 책에는 100년 묵은 우리 행정구역에 대한 고민도 녹아 있다. 필요하다면 행정구역도 개편해야 한다. 이게 쉬운 문제냐고 반문하는 독자들의 목소리가 벌써 들리는 듯하다. 행정구역 개편에는 지역감정·관습·선거구 등 너무나 복잡한 문제들이 엉켜 있다. 지방으로 권한을 이양한 다음에 이 문제를 천천히 고민해보면 되지 않겠냐고 물을 수도 있겠다. 하지만 그건 최악의 선택이다. 행정구역 개편(A)을 하고 지방분권(B)을 해야 하는 상황에서 앞뒤의 순서를 바꿔버리면 안 된다. A→B는 가능하지만 B→A는 불가능하기 때문이다. 권한을 이양하면, 지자체의 '독립성'과 '자율성'이 높아져 자잘하게 쪼개진 지자체들 간의 경쟁도 심화될 것이다. 지역 간 격차도 커질 것이다. '독립성 증가'와 '격차 심화'가 합쳐지면 행정구역 개편은 더욱 어려워진다. 그러면 국토의 균형적 발전은 영원히 이룰 수 없는 꿈이 될지도 모른다.

균형발전이라는 당위적 목표를 이루기 위해서는 '지자체 간 격차'가 너무나 크다는 어려운 현실을 인식해야 한다. 아름다운 가치를 강조하는 건 좋다. 그러나 이를 실현할 수 있는 여건인지에 대해서는 냉정한 판단이 필요하다. 어떻게든 지방도시들을 살려내기 위해서는 장기적 안목을 가지고, 당장의 쓴 약을 삼키는 지혜도 필요하다. 현실을 직시하지 않으면 '지방자치'라는 공허한 모토는 부메랑이 되어 우리에게 위해危害를 가할 것이기 때문이다.

지방분권은 균형발전의 대안이 될 수 없다. 현재 진행중인 지방의 위기를 해결할 수도 없다. 아니, 지방을 위험하게 만들 뿐이다. 그럼 우리에게 대안은 없는가? 지난 수년 간 필자를 고민에 빠지게 했던 질문이다.

이 책은 작년 10월에 출간된 『지방도시 살생부』의 후속작으로 '국토의 균형적 발전'이 핵심적 내용이다. 전작前作에선 '쇠퇴하는 모든 도시들을 살릴 수는 없다!'는 점을 강조했다. 인구감소의 흐름에 맞서 도시를 살리기 위한 대안도 제시했다. 쪼그라드는 현실을 인정하는 것, 그리고 난 후 외곽개발을 멈추고 도시의 중심에 인구를 모으는 '압축전략'이 그것이다. 하지만 이건 지방을 살리기 위한 대안으로 보기엔 좀 약하다. 현실을 인정하고 인구쇠퇴의 충격을 최소화해보자는 것이니, 방어적 차선책으로서의 성격이 강하다. 『지방도시 살생부』를 집필할 당시 '국토의 균형적 발전'에 대해서도 얘기하고 싶었다. 하지만 하고 싶은 말이 너무 많아 제대로 추스르는 데 어려움이 있었다. 그래서 '압축전략'을 소개하는 수준에서 마무리하고, 정작 하고 싶은 얘기는 이 책에 담았다.

책을 읽지 못한 독자들도 많을 것이다. 그래서 『지방도시 살생부』의 핵심 내용을 한 문단으로 간략히 소개한다.

"2040년까지 전국 지방자치단체 중 30% 정도가 기능마비 상태에 빠질 위기에 처했는데, 이런 위기의 도시들은 대부분 지방 중소도시들이다. 쇠퇴한 지방 중소도시들은 정부 예산을 빨아들이는 블랙홀이 될 것이고, 재정위기에 직면할 중앙정부는 '살생부'를 작성할 수밖에 없는 상황에 처할 것이다. 이런 암담한 미래를 피하기 위한 방법으로 도시거점을 빽빽하게 만드는 제3의 길이 필요하다. 빽빽한 거점이 생겨야 인구유출을 막을 힘도 생긴다."

다시 말하지만 '빽빽한 도시 구조로의 전환 정책'은 국토의 균형적 발전정책과는 직접적 관계가 없다. 압축 전략은 인구의 감소를 인정하고, 쇠퇴의 충격을 최소화하기 위함이다. 인구유출로 듬성해져가는 도시들을 생각해보자. 동해·태백·삼척·공주·보령·논산·익산·정읍·남원·김제·여수·나주·경주·김천·안동·영주·영천·상주·문경·밀양 등. 체질을 빡빡하게 바꾼다고 해서 이 도시들이 과거의 영예를 되찾을 수 있을까? 그래서 균형발전에 도움을 줄수 있을까? 만만치는 않을 것이다. 압축은 균형발전을 위한 필수조건이지만, 충분조건은 아니다. 도시압축 전략으로는 인구유출의 충격을 줄일 수 있을 뿐이다. 수도권과 비수도권, 도시와 농촌을 골고루 발전시키기 위해서는 보다 적극적인 전략이 필요하다. 그건 바로, 수도권과 어깨를 나란히 할 수 있는 '지방의 대도시권'을 키우는 것이다.

지금과 같은 '수도권 VS 지방' 프레임은 균형발전을 위한 논의에 전혀 도움이 되지 않는다. 지방(혹은 비수도권)은 수도권과 양립가능한 용어가 아니기 때문이다. 양적으로 보나, 질적으로 보나 이둘은 달라도 너무 다르다. 수도권을 구성하는 서울·경기·인천은 유기적有機的 결합관계 속에 있다. 그래서 서울·경기·인천은 하나의 통으로 간주된다. 하지만 서로 다른 지역들은 연계의 정도가 매우 약하다. 같은 생활권도, 경제권도 아니다. 하나로 간주되기에는 그 지역적 범위도 넓다. 수도권으로 훨씬 기울어진 국토를 바로잡기 위한 노력을 기울여야 할 곳은? 이 질문에 '지방(혹은 비수도권)'이라 답하는 순간, 해결책이 모호해진다. 균형발전을 위해 힘을 쏟을 대상을 보다 구체화해야 한다. 국토의 균형을 맞추려면 수도권과 상대할 수 있는 곳을 키워야 한다. 그곳은 바로 '지방의 대도시권'이다.

지방에선 '똘똘한' 대도시권을 만드는 데 총력을 기울여야 한다. 그래야 수도권으로 더 이상의 인구를 빼앗기지 않을 것이다. 충청권에서는 '대전 대도시권'이 성장해야 한다. 영남권에선 '부산·울산 대도시권'과 '대구 대도시권', 호남권에선 '광주 대도시권'이 더욱 강하게 커야 한다. 이들이 더욱 크고 세져야, 서울과 같은 큰 도시에 필요한 공공인프라와 문화컨텐츠를 확보할 수 있다. 더 중요한 건 이들이 커야 이들을 중심으로 지방의 공간구조를 재편할 수 있다는 것이다. 그래야 낙수효과도 기대해볼 수 있고, 그 다음도 기약할 수 있다. 지금까지 정부가 해왔던 것처럼 '1/n'식으로 공평배분한다면, 지방의 모든 도시들은 서로를 끌어안은 채 서서히 침몰할 것이다. 이런 얘기에 많은 중소 도시들이 섭섭할지 모르지만, 안타깝게도 지금 당장은 모두를 만족시킬 대안은 없다. 지방의 위기가 그만큼 깊고 무겁기 때문이다.

독자분들에게 덧붙이고 싶은 말이 있다. 이 책을 쓰면서 지방분권에 대한 수십 편의 논문을 숙독했다. 대부분의 논문들은 분권이 얼마나 소중한지를 역설하고 있었다. 글을 읽으며 수십번도 넘게 고개를 끄덕였다. 감성을 울리며 묘한 감동까지 주는 논문도 있었다. 필자에게 지방분권은 이처럼 낯선 분야이기도 하다. 이런 비전문가가 지방분권에 대한 비판적 톤의 책을 집필했다. 하지만 너무 비난하지 않았으면 좋겠다는 바람이다.

자치분권이라는 분야는 '정치학'이나 '행정학'만 다뤄야 하는 그런 주제가 아니다. '경제학' '사회복지학' '심리학' 전공자들도 완전히 다른 각도에서 그들만의 독특한 논점을 가지고 지방분권을 논할 수 있지 않겠는가. 이 책에는 국토·도시계획을 전공한 필자의 시각이 강하게 묻어 있다. 필자는 지방분권이 가뜩이나 힘든 지방을 무너뜨리는 강력한 '한 방'이라고 생각한다. 그리고 '행정구역 통합'과 '거점개발'만이 우리가 가진 마지막 카드라 믿고 있다. 필자의 이런 믿음에 불편해하는 독자들도 많을 것이다. 그럼에도 불구하고 책을 써야겠다고 생각한 데는 이유가 있다. 분권 관련 이슈들을 하루 빨리 테이블 위에 펼쳐 놓아야 한다는 강박적 의무감 때문이었다. 갑론을박하는 과정에서 더 좋은 지방 살리기 대안이 나올 수도 있지 않겠는가. 책상물림 학자가 밥값 하는 방법이 참으로 제한적이란 생각이 든다. 이 책이 국토의 균형적 발전과 지방분권에 대한 추가적 논의를 만들 수 있으면 좋겠다. 그렇게 된다면 지방을 살리기 위해 고군분투하는 분들께 미안한 마음을 조금이라도 덜 수 있을 것 같다.

세상의 모든 책이 그러하듯, 이 책의 집필에도 많은 분들의 도움이 있었다. 우선 필자에게 가장 소중한 학문적 동지들인 연구실 학생들에게 감사의 말을 전하고 싶다. 박사과정에 있는 임보영 양, 강정구 군, 이경수 군은 필자와 학문적 성장을 함께하고 있다. 이들과의 대화 속에서 많은 영감과 깨달음을 얻었다. 함께 한다는 것의 소중함을 알게 해준 학생들에게 늘 고마운 마음이다. 일본 전문가이신 즐거운도시연구소 정수경 박사님께도 감사드린다. 일본 도시정책의 명암에 관한 정 박사님의 설명은 이 책의 집필에 많은 도움이 되었다. 유익한 정보를 공유해준 페이스북 친구분들께도 감사의 인사를 전하고 싶다. 특히 민주연구원의 고한석 부원장님과 최병천 전 보좌관님의 의견은 이 책의 뒷부분에 등장하는 초광역권 개념을 구체화하는 데 큰 도움을 주었다. 가족은 필자에게 용기와 힘의 원천이다. 좋은 날, 좋지 않은 날, 적당한 날 모두, 따뜻한 여정을 함께 해준 사랑하는 아내 정선과 딸 연우에게 특별한 고마움을 전하고 싶다.

2018년 가을

저자 마강래 올림

머리말　**5**

1부　지방분권은 지방을 살릴 수 없다

1장　지방분권이 지방을 살릴 수 있을까

망할 때조차 돌아가지 않는 지방　　　　　　　　　　**19**

지방분권이 균형발전으로 이어질 거란 믿음①　　　　**26**

두 가지 의미의 지방　　　　　　　　　　　　　　　**31**

지방분권이 균형발전으로 이어질 거란 믿음②　　　　**36**

지역의 균형발전은 어떤 모습일까?　　　　　　　　　**41**

무작정 지방분권을 할 수는 없다　　　　　　　　　　**46**

2장　지방분권은 불평등을 키운다

더욱 가난해져가는 지방 중소도시들　　　　　　　　**57**

재정분권의 결과는 부익부 빈익빈　　　　　　　　　**67**

가난한 지자체를 누가 도울 것인가?　　　　　　　　**76**

문제는 '격차'다!　　　　　　　　　　　　　　　　　**81**

3장　일본의 지방분권은 균형발전을 위한 게 아니었다

지방분권의 선결과제　　　　　　　　　　　　　　　**88**

일본은 왜 지방분권을 했을까?　　　　　　　　　　　**93**

"권한도 받을 능력이 있어야 한다"　　　　　　　　　**99**

일본은 균형발전에는 관심이 없었는가?　　　　　　　**102**

세 층(대도시-중소도시-농산어촌)에서 거점을 개발하다　**108**

'작은 도시'도 뭉치면 강하다　　　　　　　　　　　　**112**

우리의 국토정책, 그리고 분권의 방향은?　　　　　　**118**

2부 균형발전, 어떻게 할 것인가

4장 100년 묵은 행정구역, 다시 설계하자

지역 간 격차를 줄이는 행정구역 개편   **129**

조선시대부터 그대로인 우리의 행정구역   **135**

최근의 행정구역 개편 시도들   **140**

행정구역 개편, 왜 이리 어려울까?   **147**

5장 국토를 도시 중심으로 뭉치고 연결해야 한다

'거점개발'이라는 금기어   **155**

지방 대도시권을 살려야 지방이 산다!   **159**

대도시권과 중소도시연합체의 연결   **170**

중소도시와 농 · 산 · 어촌을 압축하는 방법   **178**

6장 지방을 살리기 위한 세 가지 공간전략

지방을 살리기 위한 역대 정부의 노력들   **190**

이명박 · 박근혜 정부의 지역정책은 적폐일까?   **200**

국토의 균형발전은 어떻게 이루어야 하는가?   **205**

STEP 1: 광역적 시각을 가져야 한다!   **207**

STEP 2: 초광역권 내에서 뭉치고 연결해야 한다!   **214**

STEP 3: 거점을 중심으로 연계협력 방안을 모색해야 한다!   **220**

맺음말   231

주註   237

찾아보기   245

1부

지방분권은 지방을 살릴 수 없다

지방분권이 지방을 살릴 수 있을까

망할 때조차 돌아가지 않는 지방

얼마 전 한 국회의원이 '이부망천'이란 막말을 해 큰 비난을 받았던 적이 있다. 어느 생방송 프로그램에서 그가 했던 말이다. "(지방에서 서울로 올라오는 사람들 중) 제대로 된 일자리를 가진 사람은 서울로 오지만, 그렇지 못한 사람들이 인천으로 온다. 그런 사람들이 인천으로 오기 때문에 실업률이나 가계부채, 자살률 이런 것들이 꼴찌다. (…) 서울에서 살던 사람들이 양천구 목동 같은 곳에서 잘 살다가 이혼을 한번 하거나 하면 부천 정도로 간다. 부천에 갔다가 살기 어려워지면 인천 중구나 남구로 간다."[1] 이 말을 들은 부천시와 인천시 주민들은 분노했다. 고발장도 냈다. 파장이 커지자 해당 국회의원이 사과했다. 속했던 당에서도 나와야 했다. 하지만 주민들의 노여움은 쉽게 가라앉지 않았다.

그런데 여기서 한 번 생각해보자. 지역의 이런 서열화에 더 많은 분노를 표출해야 할 사람들은 정작 지방 주민들이어야 했다. 국회의원의 말 속에 지방은 다 망해서조차도 돌아가지 않는 곳으로 표현되어 있지 않은가. 사실 부천과 인천은 문화·교육·경제적으로 풍요로운 도시다. 이런 수도권 도시들이 오명을 입을 정도면, 지방은 도대체 뭐란 말인가? 이런 최악의 상황에서도 수도권 인구집중은 현재진행형이다.(수도권 인구는 최근에도 늘고 있다! 2005년에 48.2%였던 인구가 10년 뒤인 2015년에는 49.5%, 2017년 현재는 49.6%를 보이고 있다.[2])

지방이 처한 현실을 얘기할 때 가장 많이 회자되는 게 있다. 바로, '수도권 집중'에 관한 통계이다. 수도권 독식을 말할 때 단골로 등장하는 표현을 보자.

"국토 면적 12%에 해당되는 수도권에 1000대 기업 본사의 74%가 집중되어 있고, 신용카드 사용액의 80%가 결제된다. 신규 고용의 65%도 수도권에서 발생하고 있다."[3]

지난 반세기 동안 지역 간 격차는 점점 커져왔다. 우리나라가 경제개발을 시작한 1960년대 이후 나타난 '일방적' 추세다. 무얼 보고 이런 양극화를 측정할 수 있겠냐고 물을 수도 있겠다. 학자들이 가장 많이 인용하는 건 인구지표다. 인터넷 검색을 통해 과거 10년~20년 동안의 지자체별 인구 증감추이 자료를 살펴보라. 잘 나가는 지자체와 악전고투하고 있는 지자체를 쉽게 판별할 수 있을 것이다. 선전하고 있는 곳은 수도권과 지방의 대도시권들이다. 나머지는 안쓰러울 정도로 인구가 감소해왔다.

국토공간의 빈익빈 부익부 현상을 측정하는 데 인구보다 더 신뢰성 있는 지표가 있다. 바로 '부동산 가격'이다. 부동산 가격에는 '현재의 가치'와 '미래의 가치'가 모두 녹아 있다. 5억 원짜리 아파트의 가격은 학군, 대중교통 접근성, 공원과의 인접성, 초·중·고등학교까지의 거리, 아파트 브랜드, 단지 규모, 준공 연수 등 수많은 요인들이 만들어낸 결과다. 여기에다 앞으로의 가격상승 잠재력까지도 반영하고 있다. 최근의 부동산 관련 뉴스만 보더라도 '집값 양극화'에 대한 기사들을 심심치 않게 발견할 수 있다. 현 정부가 '투기와의 전쟁'을 선포하고 여러 부동산 대책을 내놓았는데, 부동산 시장은 지역별로 온도가 다르다. 2018년 한 해만 해도 메가톤급의 부동산 대책이 연달아 발표되었지만, 수도권과 지방의 부동산 가격은 양극화가 줄지 않고 있다.

지방의 위기에 관한 여러 정황 증거들에도 불구하고, 그 심각성을 구체적으로 느끼지 못하는 사람들도 많다. 지방의 사정이 좋다고 말할 수는 없지만 현실은 그리 비관적이지 않다는 것이다. 혹자는 지방도시에도 내공이란 게 있어 한 번에 꺾이진 않는다고도 했다. 심지어는 통계를 들이대며 얼마 전부터 귀농·귀어·귀촌 러시가 있다는 얘기도 들려주는 이도 있었다.* 이런 인구가 2017년에만 50만 명이 넘었다고 했다.** 그럼 농어촌은 살아났을까? 몇 달 전에 발표된 한국고용정보원 이상호 박사의 연구결과[4]를 보자. 이상호

● 통계청, 농림축산식품부, 해양수산부는 공동으로 '2017년 기준 귀농어·귀촌인 통계 결과'를 발표한 바 있다. 2017년 한 해 동안 귀농인구는 1만2763명, 귀촌인구 49만 7187명, 귀어가구 991명으로 나타나고 있다.

●● 이 통계는 귀촌에 실패해 다시 도시로 돌아가는 인구는 고려하지 않고 있다.

최근 5년간 소멸위험 지역의 확산

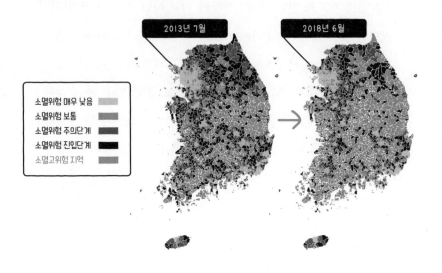

2013년 7월

2018년 6월

소멸위험 매우 낮음
소멸위험 보통
소멸위험 주의단계
소멸위험 진입단계
소멸고위험 지역

박사는 전국 3463곳의 읍·면·동을 기준으로 소멸위험지수(이 지수는 20~39세 여성인구를 65세 이상 고령인구로 나눈 값으로, 이 수치가 낮을수록 향후 인구감소가 클 것으로 예상된다)를 계산했다. 그리고 지수가 0.5 미만을 나타내는 곳을 '소멸위험지역'이라 보았다.

이상호 박사는 이런 지역들을 둘로 세분화했다. 0.2~0.5 미만이면 '소멸위험 진입단계'로 보고, 0.2 미만이면 '소멸고위험지역'이라 정의했다. [도표 1]를 보자. 소멸위험 읍·면·동은 2013년 1229곳(35.5%)에서 2018년엔 1503곳(43.4%)으로 크게 증가했다. 불과 최근 5년 동안의 일이다. 이를 보고도 '지방도시의 내공' '귀촌인구 러시'를 얘기한다면 더 할 말이 많지는 않다.

필자 주변의 동료들 중에는 수도권 집중과 지방의 위기에 무관

심한 사람도 있다. "이 좁은 국토에서 수도권에 쏠려 있는 게 뭐 그리 큰 문제인지 모르겠다"면서 말이다. "미국이나 중국처럼 땅덩이가 큰 경우 불균형한 발전은 문제가 될 수 있지만, 아무리 먼 곳이라도 반나절이면 갈 수 있는 조그만 나라에서 불균형 발전 운운하는 건 옳지 않다"고도 말했다.

대만도 그랬다. 10년 전 대만에서도 수도이전 논의가 거세게 일었다.[5] 대만의 면적은 우리나라의 1/3 정도에 불과하다. 하지만 인구는 2300만 명 정도로 밀도가 꽤나 높은 편이다. 게다가 인구의 40%가 북부의 타이베이 대도시권에 몰려 있다. 남부 주민들의 상대적 박탈감이 컸다. 당시 대만의 부총통은 '남북의 균형발전을 위해 수도를 타이베이에서 가오슝으로 옮길 필요가 있다'고 말했다. 조선·제철·석유화학 산업 등 전통산업이 발달한 가오슝은 우리나라로 치면 제2도시인 부산에 해당되는 곳이다. 그의 말은 수도이전 논의의 촉매가 되었다. 하지만 이때에도 대만 학계에선 이런 얘기가 나왔다. "대만은 국토가 좁고 교통이 발달돼 전역이 하루생활권인데 굳이 천도할 필요가 있느냐." 나름 설득력 있는 말이었다.

조그마한 국토이기에 더 나눠야 한다는 반대의 목소리도 있다. 좁은 공간에선 가진 자와 못 가진 자가 더욱 극명히 대비되기 때문이다. 그리고 이런 대비 속에서 못 가진 자의 아픔이 더욱 도드라지기 때문이다. 한번 생각해보자. 사람들은 자신에 대한 평가를 내릴 때 주변의 친구나 이웃을 기준으로 한다. 자신이 얼마나 부유한지는 주변 사람들의 경제력에 따라 달라진다. 이건 사람의 본성이다. 옛 지식인들도 이걸 알아챘다. 헨리 멘켄Henry Mencken(1880~1956)

은 "부자란 그의 동서(아내의 여동생의 남편)보다 더 많이 버는 사람"이라고 말했다. "만약 작은 집 옆에 궁전같이 큰 집이 솟아오르면 사는 데 불편함이 없던 그 작은 집은 곧 오두막으로 전락하고 만다"는 카를 마르크스의 유명한 풍자도 있다.[6]

이게 바로 그 유명한 이웃효과neighborhood effect다. 국토가 좁으면 비교대상이 가깝게 있다. 모두가 다 이웃인 것이다. 이런 상황에서 특정 동네가 잘 나가면, 그렇지 못한 동네에 살고 있는 사람들은 상처받는다. 100년 전 서울과 부산을 이어주었던 급행 철도는 12시간이 넘게 걸렸다. 지금은 3시간이 채 걸리지 않는다. 이동하는 데 걸리는 시간이 줄어들면 공간은 압축된다. 물리적 거리는 같더라도 시간적 거리가 줄어들면 먼 곳이 가까운 곳으로, 낯선 곳이 친근한 곳으로 변한다. 앞으로 교통과 통신이 더욱 발달하면 먼 이웃과의 교류도 늘어날 것이다. 그러면 이웃효과는 더욱 크게 나타날 것이고, 뒤처진 지역 주민들의 상대적 박탈감도 더욱 커질 것이다.

이런 이웃효과를 강조하는 사람들은 국토가 좁으면 국토의 이곳저곳을 동시에 신경쓰기 쉽고, 균형발전을 이루기도 수월하다고 말한다. 우리나라보다 100배나 큰 미국 같은 나라에서 온 국토가 골고루 발전하는 모습을 꿈꾸는 건 쉽지 않다. 그건 미국과 크기가 비슷한 중국도 마찬가지다. 하지만 굳이 미국과 중국 중 어느 쪽이 균형발전에 유리하겠냐고 묻는다면? 아마도 중국일 것이다. 중국의 면적은 미국과 엇비슷하지만 인구는 4배 이상 많기 때문이다. 인구밀도가 높으면 균형발전이 상대적으로 쉽다. 그럼 우리나라의 인구밀도는? 한국은 OECD국가 중 인구밀도가 가장 높은 나라다.

인구에 비해 좁은 국토를 가졌다는 건, 그만큼 균형발전하기 쉽다는 얘기이기도 하다.

우리가 국토의 균형적 발전을 추구해야 하는 또 다른 중요한 이유가 있다. 바로 균형적 국토가 '권력의 분립'을 가져와 '다양성'과 '민주성'을 높이기 때문이다.[7] 하나의 기업만 크게 성장하면, '견제와 균형checks and balances'의 시스템이 작동하지 않는다. 흔히 말하는 독점의 폐해가 나타난다. 우리에게 익숙한 입법·사법·행정의 삼권분립 제도도 권력의 남용과 독식을 막기 위한 것이다. 국토공간도 마찬가지다. 특정지역에 온갖 기능이 집중되면 그 지역은 다른 지역에 대해 지배적 권력을 행사하게 된다. 균형발전에서의 '균형'은 힘 있는 곳의 전횡을 막기 위한 공간적 전략이다.

대한민국 헌법 속에는 균형발전에 관한 조항이 세 개씩이나 들어가 있다. 헌법에 명시된 '국토의 균형발전을 위한 계획 수립(제120조)' '국토의 균형 있는 이용·개발·보전을 위한 제한(제122조)' '지역균형발전을 위한 지역경제 육성 의무(제123조)'가 그것이다. 그만큼 우리 사회가 추구해야 할 중요한 가치란 얘기다. 우리가 추구해야 할 균형발전은 똑같은 기능을 전국토에 동등하게 나누자는 게 아니다. 입법부·사법부·행정부가 서로 견제하며 조화를 이루듯이, 지역도 각자의 특성에 맞는 산업과 문화를 육성하며 발전하는 게 균형발전이다. 국토의 균형발전은 우리가 지키고 가꿔나가야 할 민주사회의 핵심적 가치인 것이다.

지방분권이 균형발전으로 이어질 거란 믿음①

하지만 우리 국토는 균형발전과는 거리가 멀다. 심지어 일부 지방은 소멸의 위기 앞에 놓여 있기까지 하다. 20년 후가 지나면 1/3 정도의 지자체가 인구소멸의 위기를 겪을 수 있다는 얘기[8], 이건 이제 예측을 넘어 현실로 구체화되고 있다. 많은 지자체들이 이런 인구감소의 현실을 뼈저리게 느끼고 있다. 그리고 암울한 미래를 바꾸기 위해 여러 노력을 기울이는 중이다. 산업단지를 만들고, 축제를 개최하고, 지역 특산물을 홍보하고, 적잖은 액수의 출산장려금을 지급하는 등의 활동들을 많이 봐왔을 것이다. 그야말로 '생존을 위한 몸부림'이다. 그런데 거의 모든 지자체가 지방쇠퇴의 원인으로 지목하는 한 가지가 있다. 지방에선 이렇게 된 이유가 '중앙이 모든 권한을 꽉 틀어쥐고 있어서'라고 생각한다. 지방에 권한을 주지 않으니 가난할 수밖에 없다는 것이다. 자율권을 주어야 가난한 지자체도 살 수 있다고 강조한다. 여기서 자연스럽게 '지방분권'을 요구하는 목소리가 나온다. "분권하자!"는 주장은 '목줄을 움켜잡고 있는 중앙으로부터 벗어나자!'는 얘기의 또 다른 표현이다.

이번 정부에서 '국토균형발전'을 위한 여러 정책 키워드들이 쏟아져 나오고 있다. 그중 가장 눈에 띄는 건 '분권'과 '자치'라는 단어다. 정부 또한, 권한을 지방에 배분(분권)해야, 그래서 지방이 스스로 일을 처리해 나가야(자치) 국토가 균형적으로 발전할 수 있다고 믿는 듯하다. 그래서 '연방제에 버금가는'이란 말까지 써가며 지방으로의 권한이양을 강조한다. 그러니 지방이 들썩일 수밖에 없다. 연방제에 준하는 분권이 "통일을 앞당기는 촉매" "선진국 도약의 뜀틀" "경제성장의 토대"가 된다는 희망으로 가득하다. 시장·군수·도지사·구청장들의 목소리도 점점 커져가고 있다. 이들 모두 이구동성으로 지방분권을 외친다.

"지방분권 뿌리내릴 수 있게 해달라"[9] (황명선 논산시장), "지방자치에 관한 분권과 지방분권 국가, 주민의 자치기본권이 헌법에 명시되어야 한다"[10] (최형식 담양군수), "새로운 대한민국을 위한 국가개혁은 지방분권 개헌이 답이다. (…) 이번이 지방분권 개헌의 골든타임이다. (…) 지방분권 개헌은 피할 수 없는 시대적 과제가 됐다. (…) 전국의 시·군·구 역량을 집결해 지방분권 개헌이 반드시 성사되도록 노력하겠다"[11] (최명희 강릉시장, 前 전국 시장·군수·구청장협의회 회장), "풀뿌리 지방자치를 실현하도록 지방분권 개헌이 반드시 이뤄져야 한다. (…) 현재 지방정부의 재정자립도로는 지방자치 실현이 어렵고, 중앙정부의 지나친 간섭도 행정의 비효율을 초래하고 있다. (…) 지방분권 개헌을 통해 실질적 지방자치를 보장받아야 한다"[12] (박성민 울산 중구청장, 전국 시장·군수·구청장협의회 회장), "지방분권 개헌은 내 삶을 바꾸고, 지방을 살리는 길 (…) 대한민국이 지방분권 국가임을 헌법에 명문시켜, 국가 균형발전을 이뤄야한다"[13] (박병종 전 고흥군수), "지방분권을 해야 경제가 살아난다. (…) 중앙 정부가 쥐고 있는 재정과 입법 권한을 과감하게 지방으로 나눠줘 지역별로 각자에 맞는 최적의 주민 친화형 정책, 지역경제 활성화 방안을 추진할 기반을 마련해줘야 한다."[14] (김만수 부천시장).

정말 분권을 하면 이 모든 일들이 이루어질까? 먼저 '지방분권법(공식 명칭은 '지방자치분권 및 지방행정체제개편에 관한 특별법)'에서 얘기하는 '자치분권'의 뜻부터 살펴보자. 그 이름에서도 드러나듯이, 이 법은 중앙이 너무 많은 권한을 가지고 있다는 문제의식에서 탄생되었다.

"지방자치분권"(이하 "자치분권"이라 한다)이란 국가 및 지방자치단체의 권한과 책임을 합리적으로 배분함으로써 국가 및 지방자치단체의 기능이 서로 조화를 이루도록 하고, 지방자치단체의 정책결정 및 집행과정에 주민의 직접적 참여를 확대하는 것을 말한다.

국가 및 지자체의 권한을 합리적으로 배분한다고? 배분의 의미는 '권한을 여러 몫으로 나눈다'는 뜻이다. 물론 분권은 집권集權의 반대말이니, 흐름은 '중앙→지방'이다. 중앙이 움켜쥔 권한의 일부를 지방에 내려보낸다는 거다. 어떤 권한들을 넘겨주는 것일까? 지방이 받을 수 있는 권한은 크게 네 가지로 구분된다. 지방만의 법을 만들 수 있는 '입법권', 지방 스스로의 통치를 강화하는 '행정권', 나름의 복지제도를 운영할 수 있는 '복지권', 지방이 필요한 돈을 스스로 확보하게 하는 '재정권' 등이 그것이다. 앞의 세 가지를 '자치분권'으로, 마지막 하나는 '재정분권'으로 부르기도 한다.

왜 지방으로의 권한이양을 주장할까? 가장 중요하게는, '중앙→지방'으로 권한이 배분되면 '수도권→지방'으로도 자원이 나눠

질 거라 생각하기 때문이다. 독자들도 눈치 챘겠지만 앞의 권한 배분은 '지방분권'과 관련되고, 뒤의 자원 배분은 '균형발전'과 관련된다. 이 두 개념이 서로 맞물려 있다고 믿는 것이다. 잠시 지방의 목소리를 들어보자.

서울에 앉아 있는 중앙 부처 공무원들은 지방의 어려움에 대해 실감하지 못할 뿐 아니라 작은 권한 하나도 지방에 넘기는 것을 꺼려 한다. 이 때문에 대통령이 지방분권 개헌 로드맵을 갖고 시한을 정해서 하나하나 챙기지 않으면 관료집단의 고질적 복지부동과 저항의 벽을 넘을 수 없다. (…) 지방분권 없이는 지방의 일자리 증진도 인구감소로 인한 지방소멸도 막을 수 없다. 국가의 운명이 걸린 지방분권에 대통령과 정치권이 적극 나서야 한다.(『경북일보』 사설, 2018년 8월 28일)

충남에서는 부여군·태안군·공주시·서천군·예산군이, 충북에선 단양군·보은군·영동군·괴산군이 위험지역으로 분류됐다. (…) 이대로 방치하다간 이들 지자체는 통폐합되거나 아예 소멸될 수밖에 없다. 그럴수록 지역개발·교육·보건복지 등 행정서비스의 질을 기대하기 힘들어지는 악순환의 늪으로 빠진다. (…) 특히 강조하건대, 인구구조상 도시와 농어촌의 양극화 문제는 수도권 집중화에서 비롯됐다는 인식이 필수적이다. 지방분권, 지역균형발전에 대한 정책적 배려를 더 이상 좌고우면할 처지가 아니다.(『충청투데이』 사설, 2017년 7월 12일)

지방분권으로 이 모든 걸 이룰 수 있다면 얼마나 좋겠는가? 하지만 왜일까? 이런 언사들이 거북스러운 건. 나누자고, 그래서 같이 살자고 하는 좋은 말에 좀처럼 공명共鳴하기 힘들었다. 지방분권이 일종의 만병통치약처럼 선전될 때마다 필자는 이렇게 얘기하곤 했다. "지금 이대로 분권을 하면 지방이 더 어려워질 수 있습니다. 지방분권은 지자체들 간의 경쟁의식을 북돋우게 됩니다. 주민들의 요구에 부합하는 정책을 펴고, 질 좋은 서비스를 제공하려 하겠지요. 여기까지는 좋습니다. 하지만 우리 국토의 인구분포는 어떻게 변할까요? 능력 있는 지자체로 사람과 기업이 쏠릴 겁니다. 가뜩이나 힘든 지방의 조그만 지자체들은 시간이 지날수록 더욱 약해질 겁니다. 많은 경우 경쟁은 선善한 결과를 이끌어냅니다. 하지만 지금처럼 도시 간 격차가 큰 상황에선 헤비급과 라이트급 선수가 함께 링에 오르는 것과 같습니다. 불공정한 경쟁일수밖에 없죠."

수긍하는 사람도 있었다. 하지만 대부분은 표정이 변했다. 지방의 역량을 무시하고 있다는 얘기도 들었다. '구더기 무서워 장도 못 담그냐'는 대꾸도 있었다. 필자는 '그 구더기가 대단한 놈'일 거라 말했다. 더 이상 얘기를 진행할 수 없었다.

독자들도 꼭 알아야 할 사실이 있다. 균형발전을 인정하지 않는 사람들(예를 들어 수도권이 더 강해져야 한다고 믿는 사람들)조차도 분권에 찬성한다는 사실이다. 어떤 이는 필자에게 이렇게 말했다.

"조그만 도시들을 정리하기 위해서는 분권(특히 재정분권)을 하는 게 맞겠군요. 큰 도시들은 더 커지고 작은 도시들이 더 작아질 테니까요. 분권으로 시장에서 능력 없는 지자체들을 죄다 정리할 수 있겠네요. 경쟁논리를 통해 공간적으로도 선택과 집중을 하는 게 맞죠. 이게 인구감소 시대에 우리 모두가 살길입니다.”

잠시 생각해보자. 지방분권에 반대하는 목소리를 들어본 적이 있는가? 아마도 많지 않을 것이다. 지방분권하자는 주장에는 큰 잡음이 없다. 지방분권은 ‘균형발전을 주장하는 사람’과 ‘불균형 발전을 주장하는 사람’ 모두가 똑같이 선호하고 있는 정책이 되어가고 있다. ‘중앙으로부터 지방으로의 권한이양’이라는 내용은 같은데, 그 효과에 대해서는 서로 다른 믿음을 가지고 있기 때문이다.

두 가지 의미의 지방

과연 ‘중앙→지방의 권한이양(지방분권)’이 ‘수도권→지방의 인적·물적 자원이동(균형발전)’으로 이어질까? 이 책의 1부를 관통하고 있는 질문이다. 지방분권과 균형발전의 관계를 본격적으로 설명하기에 앞서, ‘지방地方’의 의미를 보다 명확하게 할 필요가 있겠다. 각종 언론 매체에서도 ‘지방’이란 단어를 쓰지 말자는 목소리가 나오고 있는 현실이니 말이다. 지방이란 단어 대신, 보다 가치중립적인 단어인 ‘지역地域’을 사용해야 한다는 사람들도 많다. 이들에게 지방은 ‘낙후’와 ‘변방’의 이미지를 연상시킨다. 지역은 대등한 관계 속에서 사용되는 용어지만, 지방이란 말에는 중앙의 지배를 받는 종속된 곳이란 이미지가 묻어 있다. 그래서 이들은 ‘지방자치’를 ‘지역자치’로, ‘지방분권’도 ‘지역분권’으로 바꾸어야 한다고 강조한다.

하지만 이건 지방의 개념을 잘못 이해하고 있는 거다. 지방이란 단어에 원래부터 시골 이미지가 투영되어 있는 건 아니다. 이건 공간적 마태효과*(공간의 빈익빈 부익부 현상)의 과정 속에서 국민들에게 체화된 지방의 이미지일 뿐이다. 중국 사람들도 베이징 이외의 지역을 지방이라고 부른다. 하지만 지방을 우리처럼 쪼그라드는 이미지로 떠올리지는 않는다. 중국에서도 지방으로 불리는 상하이를 보라. 중국에서 경제적으로 가장 잘 나가는 도시가 아닌가. 혼란을 줄이기 위해, 좀 더 자세한 설명을 덧붙이겠다.

지방은 맥락에 따라 세 가지 정도의 의미로 사용되고 있다. 먼저 '어느 방면의 땅'을 가리키는 용어다. 영남지방, 호남지방 등이 대표적인 예다. 이때 사용되는 '방方'은 특정한 산맥이나 강 등을 경계로 한 방향을 나타낸다. 태백산맥의 대표적인 고개인 대관령을 기준으로, 영嶺의 동쪽은 영동지방, 서쪽은 영서지방으로 불리는 식이다. 이렇게 호남·영남·영동·영서 등에 따라 붙는 '지방'이란 단어에는 낙후된 곳이란 이미지가 묻어 있지 않다.

하지만 나머지 두 경우는 좀 다르다. 지방의 의미가 '수직적' 혹은 '수평적' 관계성 속에서 해석되기 때문이다. 먼저 '수직적 관계' 속에서 이해되는 지방의 대표적인 예는 '중앙정부'와 '지방정부'다. 여기서 중앙정부는 국가를, 지방정부는 지방자치단체를 뜻한다. 지방은 '중앙(국가)의 지도를 받는 하위 기구나 조직'을 의미한다. 우리나라 지방자치단체에는 17개의 광역자치단체(특별시 1, 광

● 마태효과라는 용어는 '무릇 있는 자는 받아 풍족하게 되고 없는 자는 그 있는 것까지도 빼앗기리라'(마태복음 13장 12절)는 성경 구절에서 연유한다.

역시 6, 특별자치시 1, 도 8, 특별자치도 1)와 226개의 기초자치단체(자치시 75, 자치군 82, 자치구 69)가 있다. 물론 수도권을 구성하는 서울특별시·인천광역시·경기도도 중앙정부의 통제를 받는 지방자치단체다. '지방선거'를 통해 서울시장, 인천시장, 경기도지사를 뽑지 않는가. 그리고 그들만의 '지방재정'을 운영한다. '지방자치'란 말도 마찬가지다. 이는 특정지역이 국가의 통제를 넘어 '스스로 도맡아 다스린다'는 뜻을 갖고 있다. 서울지방병무청·전남지방경찰청·대구지방국세청·수원지방검찰청 등 또한 지방의 업무를 담당하고 있다. 이러한 '지방'의 의미는 '국가→지방'이라는 수직적 위계 속에서 이해된다고 볼 수 있다. 하지만 수직적 위계라고 지방이 중앙보다 급이 낮다는 의미는 아니다. 중앙이 지방보다 더 중요하다는 의미는 더더욱 아니다. 국가와 지방이 협력적 관계 속에서 '공간적으로 넓은 일'과 '공간적으로 좁은 일', '계획'과 '집행' 등의 역할 분담을 한다는 뜻이다. 각자 맡은 영역이 다른 것이다.

공간계획도 마찬가지다. 국가가 '국토 마스터플랜(국토종합계획)'을 세우면, 도는 그 틀 내에서 해당 도의 마스터플랜(도종합계획)을 세운다. 도시들은 도의 마스터플랜 틀 내에서 해당 도시의 마스터플랜인 '도시기본계획'을 세우도록 되어 있다. 공간계획은 이렇게 위에서 아래로, 큰 범위에서 작은 범위로 내려가며 세운다. 이런 시스템이 있는데, 국가가 도시의 마스터플랜까지 모두 하겠다고 하면 말이 되지 않는다. 도시에 대한 청사진은 해당 도시가 그리도록 하는 게 맞다. 분명히 국가가 잘 할 수 있는 일과 도시가 잘 할 수 있는 일이 따로 있다. 권한의 이양은 이런 맥락에서 나온 것이

서로 다른 의미의 '지방'

수직적 개념의 지방

수평적 개념의 지방

중앙 vs 지방(지방정부)   수도권 vs 지방(비수도권)

다. 국가가 어떤 권한을 놓아야 하는지, 그래야 한다면 얼마나 놓아야 하는지와 관련된 논의는 '중앙집권 VS 지방분권'을 둘러싼 것이다.

다른 한편으로, 지방이란 단어는 '수평적 관계' 속에서 이해되기도 한다. 이때의 지방은 '수도권 이외의 지역'을 의미한다. 흔히 지방을 언급할 때는 이 뜻으로 가장 많이 사용할 것이다. '지방도시'는 비수도권 도시들을 일컫는 말이다. '지방대학'의 경우도 비수도권 지역의 대학을 의미한다. 비수도권 지역을 '지방'으로 표현하는 건 비공식적 '구어'라 생각하기 쉽다. 하지만 꼭 그렇지는 않다. '혁신도시법'에 명시되어 있는 공공기관의 '지방이전'은 비수도권으로의 이전을 의미한다. 학술논문에서도 '비수도권' 지역을

'지방'으로 표기하는 경우가 많다. 이 경우 지방은 '수도권 VS 지방'이라는 수평적 관계 속에서 이야기되고 있다. 수도권 집중 현상을 어떻게 바라볼 것인지, 수도권에 집중된 인적·물적 자원을 지방으로 이전하는 게 바람직한지 등의 논의도 이런 맥락에서 이뤄지고 있다. '균형발전'이니 '불균형발전'이니 하는 이야기들도 마찬가지다. 사람들이 주장하는 균형발전은 이처럼 '수도권 VS 지방'의 구도를 전제로 한 것이다.

'수직적 의미에서의 지방'과 '수평적 의미에서의 지방'은 이렇게 완전히 다른 개념이다. 하지만 흔히 이 둘을 혼동한다. 심지어 언론도 그렇다. 두 개념을 혼용해 사용하기도 한다. '중앙의 권한이 지방으로 배분되어야 한다!'고 주장하면서 중앙을 '수도권'으로 해석하는 경우가 그 예이다. 하지만 앞서 봤듯이 중앙의 권한을 배분해준다는 것은 지방분권의 개념으로, 그 대상에는 수도권도 포함된다. 예컨대 지방분권이 되면 속초시·목포시·양양군 등만 자치권을 얻는 것이 아니라 고양시·성남시·강남구 등도 자치권을 얻게 된다. 반면 수도권만 너무 발전해 있으니 다른 지역도 발전시켜야 한다는 것은 균형발전의 개념이다. 이처럼 엄밀히 따졌을 때 균형발전과 지방분권은 완전히 별개다. 하지만 '중앙'의 개념이 편의에 따라 '중앙정부'의 의미로도, 때에 따라 '수도권'의 의미로도 사용되면서, 마치 지방분권이 되면 균형발전이 이뤄질 것이라는 생각이 대중들 사이에 널리 퍼져 있다. 심지어 '지방분권이 곧 균형발전'이라는 혼동마저 보인다.

지방분권이 균형발전으로 이어질 거란 믿음 ②

지방분권이 균형발전으로 이어질 것이라는 이런 믿음은 일반인들만이 가지고 있는 건 아니다. 2018년 1월 24일부터 3일간, 제주국제컨벤션센터에서 '지방분권과 균형발전 비전회의'가 열렸다. 한국정치학회·한국경제학회·한국행정학회·한국사회학회·대한국토도시계획학회 등 대한민국의 주요 사회과학분야 학회들이 총출동한 대규모 연합 학술대회였다. 필자도 이렇게 큰 학술대회는 처음이었다. 평소 지방분권과 균형발전의 상관성이 궁금했기에, 여러 분야에서의 다양한 목소리를 들을 수 있는 좋은 기회가 될 것이라고 기대했다.

하지만 이런 기대는 단번에 무너졌다. 참여자 대부분은 한목소리로 '우리나라는 지역불균형이 너무나 심하다'며 '그래서 지방분권이 필요하다'고 제창했다. 개막식 축사에서부터 논의가 어떤 방향으로 흘러갈지 감지할 수 있었다. 축사를 맡은 김부겸 행정안전부 장관은 "지방분권을 국정운영의 중심에 두어야" 한다면서, "지방분권과 균형발전은 수레의 양 바퀴처럼 함께 추진돼야 하며 (…) 지방분권을 통한 지방의 경쟁력 강화와 균형발전을 통한 지역 간 격차 완화의 시너지 효과가 국민들께서 염원하는 '평범한 삶이 점점 더 좋아지는 나라'를 만드는 데 기초가 될 것이라 확신한다"고 강조했다. 이후에 이어지는 모든 학술토론 세션에서도 분권에 대해 염려를 표하는 사람들을 보지 못했다.

뭐, 이해 못할 것도 없다. 지금은 '지방자치'가 대세니까. 문재인 대통령도 2017년 11월 국회 시정연설을 통해 '지방분권이 강조된 개헌'이 필요하다고도 언급했다. 비록 실현되진 못했지만, 2018년 지방선거에서 국민투표를 통해 지방에 4대 자치권인 '자치입법권' '자치행정권' '자치재정권' '자치복지권'을 부여하는 조항을 넣겠다고도 했다. 이제 '지방분권'은 대한민국을 휘감은 핫한(?) 키워드가 되었다.

사흘간의 학술대회 내내 마음이 무거웠다. 지방분권과 균형발전이 정말 함께 갈 수 있는 것인가? 왜 다른 사람들은 이토록 확신하는 걸까? 배가 산으로 가고 있는 건 아닐까?

과거로 시간을 좀 되짚어가보자. 강준만 교수는 균형발전을 주장해온 대표적인 학자다. 그는 『지방식민지 독립선언』에서 우리나라의 '지방'을 '내부식민지'로 규정했다.[15] 지방이 수도권에 식민지화되었다는 뜻이다.* 지방 거주민의 박탈감은 이해가 되지만 식민지란 표현은 좀 지나치다고 생각할 수도 있겠다. 그가 말하는 식민지라는 단어에는 '착취로 인한 종속'의 의미가 들어 있다. 그러니 어느 곳을 식민지라고 할 수 있으려면 '경제·정치적 종속관계'를 파악하는 것이 핵심이 된다. 과연 지방이 수도권 때문에 발전의 기회를 박탈당했을까? 또 지방은 수도권에 종속되어 있는 상황일까?

● 선진국들은 계속 발전하는데, 주변 국가들은 왜 가난을 면치 못할까? '종속이론'은 이에 대한 의문으로 등장했다. 이 이론을 주창한 안드레 군더 프랑크Andre Gunder Frank 는 '중심부의 발전은 주변부의 경제잉여를 착취함으로써 가능했다'고 주장했다. 하여 주변부를 식민지colony로 규정했다. '국가(선진국) 대 국가(개발도상국)'의 착취관계를 설명했던 종속이론은 한 국가 내 '지역(잘 나가는 지역) 대 지역(뒤쳐진 지역)'의 착취관계를 설명하는 데도 사용되곤 한다. 국가 내에서도 특정 지역(중심 지역)이 또 다른 지역(주변지역)을 착취하며 발전하는 관계가 존재한다는 내부식민지론internal colonialism이 그것이다.

지방의 '경제적 종속'은 부인할 수 없는 사실이다. 기업분포에 관한 통계가 이를 대변한다. 2015년 현재, 매출액 기준으로 상위 전국 1000대 기업의 51.4%(514개)가 서울에 몰려 있다. 그 나머지 중 15.9%(159개)는 경기도에, 4.2%(42개)는 인천에 있다. 국토의 12%에 불과한 수도권에 70%도 넘는 기업체들이 집중되어 있는 것이다.[16] 사실, 수도권과 지방 간 격차는 '일자리의 수'보다 '일자리의 질'이 더 큰 문제다. 2007~2012년 동안 고임금 일자리의 수도권 분포 비중은 48.7%에서 51.3%로 증가했고, 건축·예술·ICT 등 창조산업의 일자리도 65.3%에서 67.2%로 증가했다.[17]

　　좋은 일자리를 얻기 위한 젊은이들의 노력을 치열한 수도권 대학 입시경쟁이 잘 보여준다. 또 수도권 대학으로 진학한 지방의 인재들은 졸업 후 수도권에서 일자리를 잡는 경향이 매우 강하게 나타나고 있다.[18] 지방의 젊은 인재들이 '수도권바라기'가 될 수밖에 없는 환경이다. [도표 3]의 그래프는 비수도권의 인구비중을 보여주고 있다. 지금도 꾸준한 감소추세가 이어지고 있다. 하지만 더 주목해야 할 점은 젊은 인구의 유출이다. 1993~2017년 사이 비수도권의 전체 인구는 5.1%포인트 감소했다. 같은 기간 젊은 인구의 감소 폭(5.3%포인트)도 전체 인구의 감소 폭과 큰 차이가 나지 않는다. 그런데 IMF외환위기 이후에 주목해보면 상황이 다르다. 비수도권에서의 젊은 인구유출이 2000년 이후 매우 빠른 속도로 증가하고 있다. 이는 청년들을 위한 '교육'과 '일자리' 기회가 수도권에 더욱 밀집되어왔기 때문이다.

　　지방의 종속 상황은 '정치적'으로도 나타나고 있다. 지자체 단

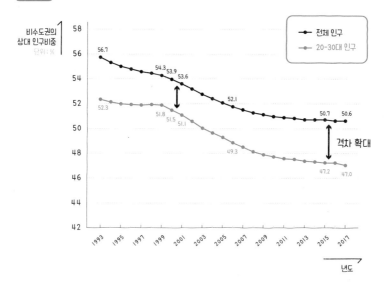

도표 3 비수도권 인구비중의 지속적 감소[19]

체장을 주민들이 직접 뽑은 지 20년도 넘었다. 하지만 지방정치는 중앙정치에 심하게 예속되어 있다. 일단 정당공천제만 해도 그렇다. 정당공천제는 지방선거에 출마할 후보를 정당의 중앙당이 선택하게 하는 제도이다. 후보자를 정할 때 지역 민심, 또는 정당 지역조직의 목소리보다 중앙당의 의사가 더 많이 작용하는 것이다. 이런 방식은 후보자의 자질을 체계적으로 검증할 수 있다는 장점이 있지만, 인사권의 독점으로 인해 각종 비리 문제가 발생하고 단체장 후보가 중앙당의 입김에서 자유롭지 못하다는 단점이 있다. 이렇게 중앙에 있는 국회의원들의 눈치를 살펴야 해서, 지방선거는 중앙정치의 하수인을 뽑는 선거라 불리기도 한다. 또 다른 예로, 국세와 지방세의 비율이 8대2인 상황이 자주 거론된다. '2할 자치'

란 자조적인 말엔 중앙의 입김에 휘둘릴 수밖에 없는 지방의 비애가 담겨 있다. 중앙에서 너무 많은 돈을 세금으로 거두어가니, 지자체장과 지역구 의원들은 조금이라도 더 많은 예산을 따기 위해 중앙의 정치인들에게 줄을 설 수밖에 없는 처지다.

분명히 우리 수도권은 인적 자원뿐만 아니라 물적 자원이 집중된 곳이다. 그리고 지방으로부터의 자원 이전을 통해 경제적 영향력뿐만 아니라 정치·경제적 힘을 키워온 것도 사실이다. 지방이 경제적으로나 정치적으로 수도권에 종속되어 있다는 건 이처럼 부인하기 어렵다. 계획을 세우고 추진할 권한도, 그럴 경제적 능력도 없는데 지방이 어찌 자신의 힘으로 미래를 만들어 나갈 수 있겠는가.

'지방에 자기 결정권이 있어야 한다'는 당위에는 극히 공감하는 바다. 마치 각 민족이 스스로의 의지에 따라 자신만의 정치를 펴고 운명을 개척하는 '민족자결권self-determination'이 당연한 것처럼 말이다. 같은 맥락으로, 지역의 자결권도 숭고하고 가치 있음은 두말할 필요없다. 지역에 필요한 건 그 지역 주민들이 가장 잘 안다. 권한이 있어야 지역 실정에 부합하는 행정을 펼칠 수 있고, 주민들의 참여를 이끌어낼 수 있는 법이다. 또한 그렇게 스스로 참여하고 만들어가는 과정 속에서 소속감과 책임의식도 높일 수 있다. 지방으로의 권한이양은 풀뿌리 민주주의를 훈련하는 중요한 토대가 되기도 한다.

하지만 여기서 우리는 명심할 필요가 있다. 자치와 자결이 반드시 발전을 가져오는 것은 아니라는 점을 말이다. 지방분권이 지방의 발전을 촉진할 수도 있을 것이다. 그러나 모든 지자체가 그럴 수 있는 건 아니다. 소수이긴 하지만, 지방분권이 균형발전을 위한 수단이 될 수 있는지에 대해서 회의적인 목소리를 내는 학자들도 있다. 아니, 가로막는 수준이 아니라 가난한 지역을 망친다고 주장하는 연구도 있다. 특히 지역 간 경제적 격차가 큰 상황에서 분권을 하게 되면, 지역 간 경제적 불평등뿐만 아니라 사회적 불평등도 심화된다고 강조하는 연구도 있다.[20] 마치 소상공인과 대형마트를 한 곳에 몰아넣고 경쟁시키면 격차가 확대되는 것처럼 말이다. 그래서 이런 연구들은 공정한 경쟁을 할 수 있는 '경기장'을 먼저 갖춘 후 분권이 되어야 지역 격차가 더 벌어지지 않는다는 점을 강조한다.[21] 방금 설명했던 '중앙→지방'으로의 권한 배분(지방자치권 강화)이 '수도권→지방'의 권한 배분(균형발전 강화)으로 이어지지 않을 수 있다는 뜻이다. 이게 사실이라면, 가난한 지자체에 무슨 자치권이 필요하겠는가.

지역의 균형발전은 어떤 모습일까?

여기서 잠시 균형발전의 뜻도 명확히 하는 게 필요하겠다. '균형발전'이란 말 그대로 지역이 골고루 발전되는 것이다. 여기서 말하는 균형은 경제력의 균형만을 의미하진 않는다. 인구·정치·문화·교육 등이 골고루 고양된 상태를 일컫는 포괄적 의미이다. '국가균형발전특별법'에서 명시된 '국가균형발전'의 의미는 다음과 같다.*

● 이 법은 노무현 정부가 추구한 국토의 분배 정의를 담은 3대 특별법(지방분권특별법, 국가균형발전특별법, 신행정수도건설특별조치법) 중 하나이다.

"국가균형발전"이란 지역 간 발전의 기회균등을 촉진하고 지역의 자립적 발전역량을 증진함으로써 삶의 질을 향상하고 지속가능한 발전을 도모하여 전국이 개성 있게 골고루 잘 사는 사회를 구현하는 것을 말한다.

독자들이 염두에 두어야 할 게 하나 있다. 우리가 추구하는 건 균형발전 자체가 아니다. 균형발전은 수단일 뿐이다. 우리가 궁극적으로 추구하는 건 균형발전을 통한 '삶의 질 향상'이다. 다시 말해, 주민들의 행복감을 높이는 것이다. 그럼 '지역 간 발전의 기회를 균등'하게 하고, '지역의 자립적 발전역량을 증진'하면 주민들이 행복해질까? 이 질문에 필자 역시 '그렇다!'고 확신한다.

하지만 문제는, 각자가 생각하는 '균형발전'의 모습이 모두 다르다는 것이다. 마치 사람들이 고양이에 대한 대화를 나눌 때처럼 말이다. 누구는 고양이를 떠올릴 때 스코티시폴드 같은 토실하고 귀 접힌 새끼 야옹이를 상상한다. 그의 머릿속에 있는 고양이는 항상 오른쪽에 머리를 둔 얌전하고 정갈한 놈이다. 하지만 다른 이는 장난꾸러기 검은 고양이를 떠올릴 수 있다. 문제는, 서로에게 고양이에 관한 나름의 '정의'를 확인하지 않는다는 데 있다. 그럼에도 불구하고 고양이가 얼마나 예쁘고 사랑스러운지에 대해 한참동안 맞장구를 쳐가며 이야기할 수 있다. 머릿속에 상상하는 고양이의 모습이 매우 다름에도 말이다.

균형발전의 모습도 마찬가지다. 우리는 지금껏 균형적 발전의 구체적 모습이 어떠해야 하는지에 대해서는 그다지 많은 얘기를 나누지 않았다. 그저 모두가 균형발전은 좋은 것이고 선한 것이라 생각할 뿐이다. 그래서 생기는 문제점은? 균형발전의 구체적 모습을 그릴 때 충돌할 수 있다는 것이다.

어떤 이들은 균형을 '현재가 그대로 지속되려는 상태'로 정의하기도 한다. 경제학에서 수요곡선과 공급곡선이 만나 '균형equilibrium'을 이루는 것처럼 말이다. 완전경쟁 상태의 시장에서 자유로운 거래를 통해 이룬 시장가격을 '균형가격'이라 부른다. 경제학에서의 균형가격은 자원의 최적 배분을 가능하게 하는 가격이다. 최적 배분은 '효율성'을 극대화시킨 개념이다. 여기엔 경제주체 간 형평성은 고려되지 않는다. 이런 논리는 지역 간으로도 확장될 수 있다. 수도권이 99%의 자원을 독식하고, 지방이 1%의 부스러기를 줍는 상황에서도 누군가는 이를 균형 상태로 규정할 수 있다. 지역 간 교환을 통한 생산성의 극대화에 이바지할 수 있다면 말이다. 이는 물론 효율성 중심의 해석이다. '지역 간 형평'에 대한 일말의 고려 없이도 '균형적'이란 단어를 갖다붙일 수 있는 것이다.

반면에 어떤 이는 균형을 '균등evenness'의 의미로 사용한다. 형평성을 극도로 강조하는 입장에서는 지역 모두가 동등하게 발전한 사회가 균형 잡힌 사회다. 전국에 226개의 기초지자체가 있으니, 이들 모두 동일한 수준의 경제력과 정치적 영향력을 가져야 한다는 식이다.

효율성과 형평성은 서로 대치되는 양극단에 놓인 개념이다. 하나의 방향으로 향하면, 다른 한쪽과는 멀어지는 게 되어 있다. 하지만 양극단 모두 '균형발전'을 추구해야 한다고 주장할 수 있다. 서로에 대한 오해가 덮인 채로 말이다. 물론 지금 얘기한 극단적 형태로 균형을 얘기하는 사람은 많지 않다. 아마도 양극단의 중간쯤에서 효율성 쪽으로 조금 더 치우친 사람들과, 아니면 형평성 쪽에 더 가까운 사람들로 나뉠 것이다.

그럼 사회를 달구고 있는 '균형발전 논의'는 어느 쪽에 가까울까? 필자의 느낌으론 형평성 쪽에 더 치우쳐 있는 듯하다. '지역이 강한 나라, 균형 잡힌 대한민국'을 비전으로 삼고 있는 대통령 직속 국가균형발전위원회의 홈페이지 주소는 www.balance.go.kr이다.(이명박 정부 때 이 위원회의 이름은 '지역발전위원회'였으며 홈페이지 주소는 www.region.go.kr이었다.) 5를 중심으로 0에 가까운 건 효율성, 10에 가까울수록 형평성이라 했을 때, 밸런스balance의 의미는 아마도 7~8쯤 되지 않을까.

진정한 균형은 10이어야 한다고 주장하는 사람들에게 하고 싶은 말이 있다. 그건 불가능한 꿈이다. 아니, 가능하다 해도 바람직하지 않다. 공간이 갖는 특수성 때문이다. 공간에선 뭉쳐 있기에 발생하는 유익한 효과가 있다. 바로 '집적의 효과agglomeration economies'다. 산업은 모여 있을 때 더 높은 생산성을 갖는다. 생산성이 높아질수록 주민이 얻는 행복감은 더 커질 수 있다. 그래서 사회적으로 산업과 인구가 특정지역에 쏠리는 것이 인정되고 있으며, 공간의 집적이 일부러 독려되기도 한다. 이게 바로 우리 모두가 대도시-중소도시-농어촌이라는 위계에 익숙한 이유다. 대도시는 중소도시보다 크고, 중소도시는 농어촌보다 조밀하다. 역할 분담으로 서로가 서로에게 의존하는 건 자연스런 현상이다. 농어촌의 역할과 도시의 역할이 다르다는 뜻이다. 하지만 이런 위계를 인정하는 순간, 공평무사한 공간은 불가능한 꿈이 된다.

공간의 형평성을 주장하는 사람들을 이해하지 못하는 건 아니다. 이에 관해서는 조금 더 설명을 덧붙이는 게 좋을 듯하다. 모든 공간이 균등하게 발전해야 한다는 주장은 '개인의 문제'와 '공간의 문제'를 구분하지 못하는 데서 나온다고 생각한다. 개인 간 형평을 이루려는 노력은 그 자체로 바람직할 뿐만 아니라 아름답기까지 하다. 모든 개인은 같은 무게의 존엄과 가치를 지닌, 너무나 소중한 존재이기 때문이다. 하지만 공간정책은 다르다. 공간이 의인화擬人化되면 모든 국토 구석구석이 동일한 가치를 지니고 있는 것처럼 보이게 된다. 하지만 공간의 가치는 천차만별이다. 그래서 똑같이 취급되지도 않는다. 만일 그래야 한다면, 한국의 약 3850만 필지[22](토지의 기본등록 단위)에 사람과 일자리를 정확히 똑같게 분산시키면 된다. 누군가가 이런 형태로 '국토의 균형적 발전'을 이뤄야 한다고 말하면, 아마도 그는 비웃음의 대상이 될 것이다. 모두가 서울에서 살 길 원한다고 5100만 인구가 몽땅 서울에 모여 사는 게 비현실적인 만큼, 균형을 추구한다고 한국의 모든 땅에 인구가 골고루 분산되는 것도 비현실적이다.

인간은 그 자체로 목적이다. 하지만 공간은 인간이 이용하는 수단이다. 해법을 모색할 때 우리 모두가 추구해야 할 뚜렷한 목표는 있다. 그건 바로 '국민의 삶의 질'이 높아지는 방향으로 균형국토가 설계되어야 한다는 점이다. 그러나 이 방향으로 가는 데 우리 모두가 공감하는 하나의 정답이 있을 수는 없다. 중요한 건, 우리가 추구하는 균형적 국토에 대해서 이제부터라도 까놓고 얘기해야 한다는 점이다. 그리고 균형의 정의에 대한 사회적 합의가 필요하다는 점이다.

독자들에게 당부하고 싶다. 이 책을 읽는 동안 우리가 추구해야 할 '균형적 국토'의 모습에 대해 상상했으면 한다. 우리가 추구해야 할 것은 '효율성'과 '형평성'의 균형이다. 이 둘을 동시에 고려한 균형적 국토의 형태를 마음속에서 그려 나가면 좋겠다. 다시 한번 강조하자면, 공간정책의 핵심은 주민 삶의 질을 향상시키는 것이다. 주민의 행복감이 높아지는 쪽으로 균형의 모습을 그려 나가야 한다. 일단 쏠림현상의 필요성에 대해 인정해야 한다. 그리고 난 다음, 어느 정도의 쏠림이 주민들을 보다 행복하게 만들 수 있는지, 혹은 어느 정도 이상으로 쏠리면 문제일지 논의해야 한다. 다시 말해, 지방 곳곳에도 서울과 같은 화려하고 거창한 시설들이 들어서는 식으로 전국토가 균등한 인프라를 갖추는 것이 목적이 아니다. 우리나라 어느 곳에 살든지 일자리·교육·의료·문화 등의 기회 측면에서 크게 차이 나지 않는 삶을 누릴 수 있게 하는 것이 목적이다. 균형발전은 공간이 아니라 사람에 초점을 두어야 한다는 뜻이다.

무작정 지방분권을 할 수는 없다

"행복한 가정은 모두 비슷한 이유로 행복하지만, 불행한 가정은 저마다의 이유로 불행하다." 러시아 대문호 톨스토이의 『안네 카레리나』 첫 문장이다. 도시를 놓고도 이렇게 이야기할 수 있을 것이다. 잘 나가는 도시들은 모두 비슷한 이유로 부유하지만, 가난한 도시들은 저마다의 이유로 가난하다. 실제로 학생들에게 '부유한 도시는 왜 잘살게 되었는지'에 대해 물으면, 거의 비슷한 답이 돌아온다. 하지만 '쇠퇴하는 가난한 도시는 왜 못살게 되었을까'라는 질문에는 오만가지 답변을 쏟아낸다.

대도시에 활력이 있는 이유는 간단하다. 사람과 기업이 집적의 이익을 좇아 움직였기 때문이다. 대도시엔 일자리가 많다. 그러니 젊은이도 많다. 문화시설과 교육시설도 풍부하다. 어려움을 겪는 도시들은 그 반대다. 일자리가 부족하고 젊은이도 없다. 게다가 다양한 이유가 중첩되어 있다. 어떤 곳은 단체장의 무능과 비리가, 또 어떤 곳은 공무원들의 부패가 발목을 잡는 경우도 있고, 지방의회가 무능한 곳도 있다. 토호세력이 득세해 지역발전이 정체되는 곳도 있고, 지역 이익단체의 입김이 지나쳐 문제인 곳도 있다. 지자체의 규모가 작을수록 '우리가 남이가'라는 한솥밥 구호가 더 잘 통한다.

그런저런 이유들을 듣다 보면, 지방으로의 권한 이양에 대해 회의가 들기도 한다. 지방에 권한을 이양하기 전에 단체장에 집중된 권한을 먼저 분산·분권해야 한다는 목소리도 들린다. 중앙이 지방을 효율적으로 관리하는 과정에서 단체장에게 권한이 너무 많이 집중되었기 때문이다.[23] 단체장은 인사권과 예산편성권, 각종 인·허가권을 모두 쥐고 있다. 지역에서는 제왕에 다름없고, 소통령小統領이라고 불리기도 한다. 지방 중소도시의 경우엔 초선 4년의 짧은 기간으로도, 지역 관변단체와 유지들을 모두 자기 편으로 만들 수 있다고 한다. 이런 제왕적 권력을 가졌으니 각종 비리에 연루되는 단체장이 쏟아져 나올 법하다.[24]

그럼 정말 지방 공무원과 지방의회는 무능하고 부패했을까? 그 래서 지방분권으로 권한을 더 가질 자격이 없을까? 결론부터 말한 다. 국민권익위원회가 조사한 공공기관의 청렴도 보고서에 의하면, 기초지자체가 중앙행정기관보다 높은 점수를 받았다.[25] 의회도 마 찬가지다. 주민들을 대상으로 의회의 청렴성·신뢰성·공정성을 조 사한 한 최근의 설문조사에서도, 기초지자체와 광역지자체 의원들 이 국회의원보다 더 좋은 평가를 받았다.[26]

물론 지방 공무원과 의원들이 토호세력들과 얽히기 쉽다는 것 은 사실이다. 하지만 중앙이라고 해서 이런 문제에서 자유로운가? 그동안 벌어진 일을 보자. 4대강 사업에는 22조 원이 들었다. 자원 외교로 아까운 세금 77조 원이 날아갔다. 최순실이 떼어먹은 돈은 추정조차 불가하다. 이것뿐인가. 중앙정부가 주도한 새만금 사업도 이러지도 저러지도 못하는 처지에 있다. 앞으로 20조 원의 추가적 투자가 필요하다고 한다. 이미 쓴 돈이 아까워 사업을 포기하지 못 하는 또 다른 예도 많다. 수면 위로 떠오를까 말까, 시기를 보고 있 는 대규모 삽질사업도 대기중이다.* 해저터널, 지하도시 등이 그렇 다. 지방에서 일어나는 비리들은 이에 비하면 애교 수준이다.

필자가 지방분권에 반대하는 진짜 이유는 다른 데 있다. 지방분

● 우석훈 박사의 최근 저작 『국가의 사기』에는 중앙정부의 실패에 관한 사례들이 풍부 하게 제시되어 있다.

권이 되면 지자체들은 더 치열한 경쟁 시스템 속으로 들어가게 되고, 경쟁에서 탈락한 '좀비 지자체'들이 줄줄이 생길 것이기 때문이다.

지방분권을 서둘러야 한다고 주장하는 사람들은 이런 논리를 편다. "중앙정부가 큰 힘을 행사하는 독점구조가 깨지면 지방정부는 서로 간에 경쟁을 통해 발전을 꾀할 수 있다. 더 많은 권한이 주어진 단체장은 책임 있는 행정을 펼 것이다. 단체장은 주민들의 신임을 얻기 위해서는 지역의 사안을 잘 파악하고, 지역 주민들의 요구에 더욱 귀 기울일 것이다. 경쟁의 원리에 따라 지방정부가 제공하는 서비스의 질도 높아질 수밖에 없다. 주변 지자체보다 더 좋은 지역을 만들기 위한 노력도 커진다."

이건 '자치분권의 순기능'에 대한 교과서적 이야기다. 이런 이야기를 듣다 보면, 분권이 여는 새로운 세상에 대한 기대에 가슴이 벅차오를 수도 있겠다. 하지만 현실은 다르다. 권한을 이양받을 지자체 간 격차가 너무 큰 상태에서의 분권은 이런 순기능을 가져올 리 만무하다.

조금 더 구체적으로 들어가보자면, 입법분권·행정분권·복지분권·재정분권 중 뭐니 뭐니 해도 가장 중요한 건 재정분권이다. 그리고 재정분권이 앞의 세 가지 자치분권보다 더욱 빠른 속도로 논의되고 있다. 지자체도 재정분권에 가장 크게 집착하고 있다. 왜일까? 입법·행정·복지에 관한 모든 노력과 시도들이 돈 없이는 불가능하기 때문이다. 예산 문제는 모든 정부 활동의 기본이다. 지금까지 국가는 지방에 돈을 나눠주며 지방의 일거수일투족에 관여했고, 당연히 지방의 자율성은 낮아질 수밖에 없었다. 타성에 젖은 사업들이 해마다 똑같은 모습으로 재생산되었다. 권한이 없으니 책임감도 없었고, 책임감이 없으니 졸속 행정이 계속되었다.

상황이 이러하니 대통령도 "지방분권의 핵심은 재정분권이다. 악화된 지방재정을 건전화하고 지방의 재정자율성을 확보해 지방정부가 예산과 사업 결정권을 실제로 행사하게 해야 한다"[27]고 말했다. 학계도 이에 공감하는 분위기다. 자치분권의 핵심은 자치재정으로부터 시작된다는 데 큰 이견이 없다.[28]

지방에선 재정에 관한 권한이 없어서 가난해졌다고 주장한다. 지자체가 원하는 대로 세금을 부과하고 예산정책을 펴야 한다면서 말이다. 재정분권의 방법으로 언급되고 있는 방안은 현재 8대2인 국세와 지방세의 비율을 7대3으로 조정하는 것이다. 장기적으로 6대4로까지 바꾸는 것을 고려하고 있다. 예전에는 중앙(국가)에서 80%를 세금으로 가져갔는데 이 비중을 60%로 낮추고, 지방이 걷는 세금을 20%에서 40%로 올리겠다는 야심찬 계획이다. '2할 자치'가 '4할 자치'로 되는 셈이다. 지자체들은 지방세가 늘어나야 중앙의 입김으로부터 자유로울 수 있다고 생각한다. 취직해서 돈을 벌기 시작한 젊은이가 부모의 간섭으로부터 벗어나는 것과 같은 이치다. 부모에게 손을 벌리지 않아야 진정한 독립을 이룰 수 있지 않겠느냐는 것이다.

하지만 이건 자기실현적 예언self-fulfilling prophecy을 믿는 비이성적 낙관이다. 지금 이 시점에서 냉정하게 고민해봐야 할 게 있다. 바로 재정분권이 가져올 미래다. 현진권 전 자유경제원장의 얘기

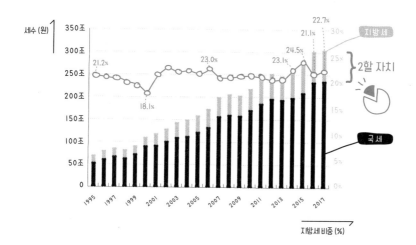

도표 4 국세와 지방세의 세수 비중 추이

를 들어보자.

분권은 중앙에 집중된 권력을 지방정부에 주는 것을 의미한다. 중앙정부는 국방과 외교 등의 업무에 집중하고, 그 외의 서비스 업무는 지방정부에 넘기는 것이다. 분권이 경제 논리에서 우위를 갖는 이유는 '경쟁'이 작동하기 때문이다. (…) 진정한 분권은 '재정 분권'에서 이뤄진다. 지방정부에서 마음대로 과세 및 예산 정책을 펼 수 있어야 한다는 뜻이다. 지자체는 지역 주민들이 낸 세금으로 세출 구조를 결정해야 한다. 물론 특정 지역에선 세입보다 세출을 더 높여야 하는 경우도 있다. 지방정부도 얼마든지 빚으로 세출 수준을 높일 수 있다. 그러나 경제력을 고려하지 않은 세출 확대는 그 지역을 망하게 할 수도 있다. 이것이 재정 분권에서 작동하는 '책임의 원칙'이다. 그래서 분권과 지방 균형발전은 서로 다른 개념이며, 오히려 분권함으로써 지역 균형발전이 더 악화할 수 있다.[29]

모두 맞는 말이다. 진정한 재정분권은 지자체 스스로가 어떤 세금을 거둘지 정하는 것이다. 그리고 어느 정도의 세율을 적용할지도 자체적으로 결정하는 것이다. 여기에는 자체적으로 거둔 세금을 어떤 정책에 투자할지, 얼마나 쓸지에 대한 결정도 포함된다. 결국 재정분권의 핵심은 어디에 세금을 부과할지(세목), 어느 정도 부과할지(세율), 얼마나 쓸지(세출) 등의 권한을 높이는 것이다. 이런 권한들이 있어야 책임감도 커진다. 책임감이 커야 '거둔 돈'을 제대로 쓸 수 있다.

이에 대해 현진권 전 원장은 정확히 지적하고 있다. 재정분권은 균형발전과 상관이 없다! 재정분권을 강화하면 경쟁의 논리가 강하게 작동하게 된다. 경쟁력이 있는 곳은 살아남고, 그렇지 않은 곳은 망하게 될 것이다. 문제는 망하는 곳이 대부분 지방의 중소도시들일 가능성이 높다는 점이다. 이들 지역엔 일자리가 적어 젊은이들의 유출이 지속되고 있다. 노령 인구가 많으니 소비수준도 낮다. 그만큼 세금을 낼 인구도 없고 기업도 없다는 뜻이다.

지자체들은 어떻게 돈을 거두고, 어디에 써야 할지에 대한 문제에서도 경험이 부족하다. 규모가 작은 지자체일수록 더욱 그렇다. 지방 중소도시의 능력을 과소평가한다며 비판할지도 모르겠다. 이렇게 된 이유가 중앙이 권한을 주지 않아서 발생한 것일 수도 있다면서 말이다. 능력 있는 단체장과 참여의식이 높은 지역주민이 힘을 합쳐 지역발전을 위해 노력한다면, 재정분권은 지방을 회생시키는 너무나 좋은 기회가 될 것이라는 희망찬 전망도 물론 존재한다.

일리가 없는 건 아니다. 그럼에도 불구하고 필자의 생각은 비관적이다. 재정분권은 국토 전반에 걸쳐 부익부 빈익빈 현상을 심화시킬 것이라 확신한다. 이유는 간단하다. 권한을 이양받을 지자체가 너무 많이 쪼개져 있기 때문이다. 기초지자체가 무려 226개나 되며, 이들 간의 격차가 너무 크다. 이런 상황에서 우리가 염려해야 할 것은 '구성의 오류fallacy of composition'다.[30] 구성의 오류란 어떤 논리가 부분적으로는 맞아도, 전체에 대해서는 그렇지 않은 경우를 말한다. 개인들 모두가 합리적인 의사결정을 해도, 전체적으로는 바보 같은 결과를 초래할 수 있다는 것이다. 구성의 오류로 가장 많이 언급되는 예는 경제가 어려울 때 발생하는 '절약의 역설'이다. 경제가 어려워지면 개인들은 허리띠를 졸라매 저축을 늘린다. 이건 합리적 결정이다. 하지만 모든 개인들이 그렇게 저축을 늘리면 어떻게 될까? 시장에선 물건이 팔리지 않을 것이다. 그러니 기업은 어려워지고, 해고되는 근로자가 속출하게 된다. 불황이 더 깊어지는 것이다. 이런 난국에서 기업들이 앞다퉈 근로자를 해고하게 되면? 사회 전체는 위기에 빠질 수 있다.

지방분권이 가져올 미래를 예측하는 데 '구성의 오류'는 매우 중요한 사고의 틀을 제공한다. 독자들의 이해를 돕기 위해 구성의 오류에 관한 지방도시 버전의 예를 소개하고자 한다. 얼마 전까지

산업단지 개발을 위해 지방도시들에서 일어난 이러저러한 유형의 경쟁 사례이다.

서로 가까운 거리에 있는 A, B, C 세 지자체가 있었다. 이들의 능력은 서로 엇비슷했다. 단체장들의 열정도 하늘을 찌를 듯했다. 하지만 이들에겐 큰 걱정거리가 있었다. 젊은이들이 인근 대도시로 자꾸 빠져나가는 게 아닌가. 원인은 일자리가 없기 때문이었다. 젊은이들을 붙들고 외부에서 인구를 끌어들이는 데 일자리만한 게 어디 있겠는가. 이들 모두 산업단지를 개발하기 시작했다. 하지만 문제는 수요였다. 들어올 기업이 많지 않다고 판단한 개발업자들은 관심을 보이지 않았다. 세 지역에서 동시에 산업단지를 만들어대니, 높은 분양률을 기대하긴 어려웠다. A지자체가 먼저 선언했다. "분양이 안 된 물량의 20%는 내가 사주겠다!" 이 말을 전해들은 옆 동네 B지자체는 당황했다. 그리고 서둘러 발표했다. "우리는 미분양 물량의 30%를 사주겠다!" C지자체도 가만있을 수 없었다. "60% 미분양된 걸 사주는 동시에 빚까지 보증해주고 이자도 부담하겠다!" C지자체의 조건을 들은 A지자체와 B지자체가 고민했다. "우리가 뭘 더할 수 있을까?" A·B·C 각각의 지자체 입장에서 보자. 일자리를 만들기 위해 모두가 최선을 다했다. 하지만 얻은 이익은 없다. 아니, 헛수고의 총량만 늘어났을 뿐이다. 이렇게 도를 넘은 경쟁이 지속된다면? 그건 공멸을 의미할 뿐이다.

권한을 이양받을 가장 아래 단위는 226개의 기초지자체다. 이런 지자체들은 각각 지역발전을 위해 합리적 정책을 제안하고, 이를 실현하기 위해 최선의 노력을 다할 것이다. 분권이 본격화된다면 책임성이 강화되니, 보다 열심히 노력을 기울일 것이다. 하지만 이번 지방선거 과정에서 지자체장 후보들이 내놓은 정책 공약들을 보자. 큰 차이는 없었다. 특히 인구나 재정규모가 적은 지자체일수록 그 내용은 크게 차이가 나지 않았다. 가난한 지자체일수록 쓸 수 있는 카드가 많지 않기 때문이다. 조그맣게는 지역축제를 활성화하고, 빈집을 활용해 청년기업을 유치하고, 전통시장을 살리겠다고 한다. 크게는 산업단지를 유치해서 일자리를 만들고, 관광산업(특히, 웰빙과 피트니스를 합친 웰니스wellness 산업)을 키우겠다고 한다.

지방 중소도시들이 이런 사업들을 남발해선 안 된다는 비판의 목소리도 있다. 하지만 잘 생각해보자. 조그만 지자체들이 이렇게라도 사업을 벌이지 않으면 어떻게 생존할 수 있겠는가. 쪼그라드는 건 시간문제 아니겠는가. 어느 누가 가난한 지자체를 맡는다 하더라도, 이런 사업공약들이 제안되고 실행될 것이다. 다시 강조하지만 이 모든 정책들은 어쩌면 해당 지역에선 발전을 위한 합리적 대안들일 수 있다. 하지만 모든 지자체가 이런 노력을 기울인다면? 온 나라가 빈 산업단지와 사람 없는 축제로 가득할 것이다. 각자도생의 노력이 국가 전체 입장에서는 좋지 않은 결과를 가져올 수 있다는 뜻이다.

지자체 간 구성의 오류는 국가적 차원의 예산 낭비를 초래한다. 하지만 이보다 더 큰 문제도 있다. 그건 바로 지자체 간 격차가 큰 상태에서 개별적인 노력이 가져오는 공간의 양극화 현상이다. 공간의 부익부 빈익빈 현상은 궁극적으로 어느 지역에 살건 우리 모두에게 피해를 줄 것이다. 이렇게 말로만 얘기하니 좀처럼 이해하기 힘들 것 같다. 필자도 지금까지 학계에서 떠돌아다니는 얘기로 심증만 있을 뿐이었다. 그래서 관련 자료들을 취합해 시뮬레이션을 하기에까지 이르렀다. 다음 장에서는 지방분권의 핵심인 '재정분권'이 어느 정도로 지자체 간 격차를 확대하는지에 관해 자세히 살펴볼 것이다.

2장

지방분권은 불평등을 키운다

더욱 가난해져가는 지방 중소도시들

2018년 1월 신년 기자회견에서 한 기자가 문재인 대통령에게 질문했다.[1]

> 대통령께서는 '지방소멸'이라는 단어를 들어보셨습니까? 수도권 집중화로 지방 인구와 일자리가 줄어드는 위기 속에서 나오는 말입니다. 그래서 지방분권 개헌을 하자는 것인데요. 지방분권을 한다고 문제들을 다 해소할 순 없다고 생각합니다. '권역정부'라든가 '압축도시'가 대안으로 제시되기도 하는데, 지방이 골고루 잘 살 수 있는 지방분권 어떻게 가야 될지 여쭙겠습니다.

이에 대통령이 대답했다.

우선 지방분권과 자치를 강화하겠다는 우리 정부의 정책 기조에 대해 과연 지방이 그런 역량을 갖추고 있느냐는 의구심을 가지는 분들도 있습니다. 저는 그렇지 않다고 생각합니다. 지금 지방정부들은 충분한 역량을 갖추고 있고, 오히려 중앙정치에서 부족한 부분들을 지방정부가 메워주고 있다고 생각합니다. 지방정부가 단순한 행정사무의 어떤 한 부분을 자치하는 데서 넘어서서 재정, 조직, 인사 그리고 복지에 대해서도 자치권과 분권을 확대해 나간다면 지방정부는 주민들을 위해서 보다 밀착하면서 많은 일들을 할 수 있을 테고, 그것은 또 지방을 균형 있게 발전시키는 길이기도 합니다. 그렇게 된다면 누구나 다 서울로, 수도권으로 몰려드는 현상을 억제하면서 지방이 피폐해지는, 또 공동화되는 그런 길을 근본적으로 막을 수 있다고 생각합니다.

다시 강조하고 싶다. '지방을 살리기 위해 시급히 권한을 이양해야 한다!'는 주장, 이건 잘못된 거다. 이런 생각으로 재정분권을 추진하는 건 왼쪽 깜빡이를 켜고 우회전 하는 꼴과 같다. 일부 사람들은 분권으로 인한 '제왕적 단체장의 출현'이 가장 큰 문제라고 한다. '소통령'과 지방의회 의원들이 지방을 말아먹을 수 있다는 거다. 외식업체 아들의 취업을 도와 뒷돈을 먹거나, 사업 승인에 도움을 주겠다며 자기 땅을 시세보다 높은 가격에 팔거나, 배우자와 외유성 출장을 다녀오는 등의 사건사고를 예로 들면서 말이다. 하지만 그런 것들은 지방분권을 반대할 만한 타당한 이유는 되지 않는다. 그게 이유라면 지금이라도 지방자치를 서둘러야 한다. 일단 지방분권을 하고, 시행착오의 경험을 축적해야 한다. 시행착오 속에서 단체장은 더욱 겸손하게 일하는 법을, 주민들은 지역문제에 참여하는 법을 익히면 될 일이다.

필자가 지방분권을 염려하는 진짜 이유는 그것이 수도권과 비수도권 간, 그리고 도시와 농어촌 간의 격차를 더 심화시킬 것이기 때문이다. 너무 많은 수의 지자체가 있고, 지자체들 간 인구(혹은 소득) 격차가 너무나 큰 상황에서 분권은 약체인 지방도시들을 깊은 구렁으로 몰아넣을 뿐이다.

독자들이 염두에 두었으면 하는 게 있다. 이 책에서 지방분권을 바라보는 시각은 정치학이나 행정학, 공공경제학의 시각과는 매우 다르다는 점이다. 정치학은 분권을 민주주의의 가치를 실현하는 정치적 장치로 간주하고 있다. 행정학에서는 중앙과 지방 간 역할 분담과 분업체계 속에서 주민들에게 어떻게 보다 나은 행정서비스를 제공할 수 있는지에 초점을 맞춘다. 공공경제학적 입장은 분권을 통한 자원 배분의 효율성에 관심을 기울인다. 학문에 따라 분권을 바라보는 시각은 다르지만, 분권이 민주주의를 고양하고 주민 삶의 질을 높인다는 믿음에는 큰 차이가 없다.[2] 필자도 분권이 가져올 '자치'와 '민주'의 가치가 얼마나 소중한 건지는 잘 알고 있다. 하지만 도시계획학의 입장에서 보면 지금의 분권 논의는 매우 위험하다. 우리가 추구해야 할 아름다운 가치들을 실현할 기회조차 박탈할 수 있기 때문이다.

지방분권과 균형발전은 밀접한 상관관계가 있다. 하지만 사람들이 일반적으로 생각하는 그런 관계가 아니다. 우리처럼 '지자체 간 격차가 큰 상황'에서의 지방분권은 부자 지자체와 가난한 지자체 간 양극화를 더욱 심화할 것이다. 그럼 현재의 지자체 간 격차는 얼마나 심각한 수준일까? 이를 알아보기 위해 지니계수를 응용해 지자체 간의 인구 불평등 정도를 알아보자. 알다시피 지니계수는 소득 불평등을 계산할 때 자주 활용되는 지표로, 0에 가까울수록 평등하고 1에 가까울수록 불평등함을 나타낸다. 지자체의 인구를 기준으로 지니계수를 계산했을 때는 0에 가까울수록 지자체 간 인구분포가 균등함을 의미한다. 반대로 지니계수가 1에 가까우면 몇몇 지자체에 인구가 쏠려 있다는 의미다. 어느 정도의 수치를 불평등이 심한 거라고 콕 집어 얘기하긴 힘들다. 하지만 대략적으로 0.4를 넘으면 불평등이 매우 심한 상태로 보는 경향이 있다.

[도표 5]에서 인구 불평등에 관한 지니계수는 0.46부터 시작한다. 매우 높은 수치임엔 분명하다. 참고로, 통계청에서 발표한 우리나라의 2016년 소득불평등 지니계수는 0.36 정도다.* 이 수치를 보고 여러 전문가들은 '나라를 위기에 빠뜨릴 수 있을 정도의 격차'라 진단했다. 그러니 0.46는 정말 큰 수치다. 뭐, 지자체 간 면적도 다르고 자원도 다르니 격차가 큰 게 당연하지 않냐고 질문할 수도 있겠다. 그럼 지난 15년간 격차가 어떻게 변해왔는지 살펴보자. 0.46부터 시작해 현재는 0.49에 다다르고 있다. 앞으로는 어떨까? 인구불평등 지니계수는 과거 한 번도 꺾여본 적이 없다. 지자체 간

● 통계청에서는 2016년부터 '가계금융복지조사 자료'를 국세청·보건복지부 등의 '행정자료'와 결합하여 통계적 신뢰성을 높이고자 했다. 지니계수 0.36은 처분가능소득(세후)을 이용하여 계산된 값이다. 이에 대해서는 국가지표체계 홈페이지(http://www.index.go.kr) 참고.

도표 5 지자체 간 불평등을 나타내는 연도별 지니계수의 추이

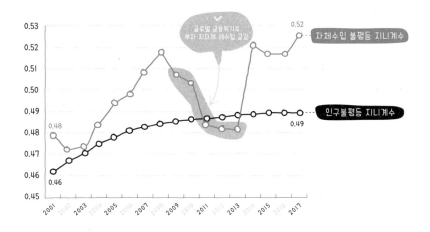

인구의 부익부 빈익빈 현상은 앞으로도 더욱 심화될 것이다.

그럼 이번에는 기초지자체 간 '자체수입(자체수입이란 지방세와 세외수입의 합으로, 세외수입에는 주차장 사용료나 건물 임대료 등이 있다)'의 격차를 보자. 이건 물론, 인구 지니계수와 밀접한 관계가 있을 것이다. 인구가 늘어난 곳은 자체수입 규모가 더 커지고, 줄어든 곳은 그 반대일 것이다. [도표 5]의 청록색 선은 '자체수입'에 관한 지니계수 변화를 보여주고 있다. 이 격차도 전반적으로 증가하는 추세에 있다. 하지만 인구분포 지니계수처럼 지속적으로 커진 것은 아니고, 꺾인 시기도 있다. 주된 이유는 2008년에 시작된 글로벌 금융위기 탓이다. 당시 부동산 거래량이 급감했고, 가격 또한 크게 하락했다. 소득도 줄었다. 경제위기 속에서 가난한 지자체는 부자 지자체에 비해 상대적으로 잃을 게 많지 않았다. 그러니 지자체

간 격차도 완화되었던 것이다. 허나 2013년 이후 부동산시장이 회복되면서 재정격차는 다시 커져만 갔다. 그럼 앞으로는 어떻게 될까? 이 또한 앞으로의 방향을 그래프 스스로가 말해주는 듯하다. 지금과 같은 환경적 조건이 지속되는 한 226곳 기초자치단체 간 자체수입 불평등은 더 커질 것이다.

인구 불평등과 자체수입 불평등을 나타내는 지니계수 변동만으로 지자체 간 불평등을 판단할 수 있는 것인지 의문을 품을 수도 있겠다. 그럼 이번에는 226개 기초지자체를 대상으로 한 지방세 소득 '5분위 배율'을 보자. 5분위 배율은 소득을 기준으로 집단을 5그룹으로 나누었을 때, '상위 20%에 해당하는 그룹(5분위라 부른다)의 소득'을 '하위 20%에 해당하는 그룹(1분위라 부른다)의 소득'으로 나눈 것이다. 부자의 소득이 빈자의 소득보다 몇 배가 큰지를 나타내기에, 지니계수보다 직관적으로 이해하기 쉽다.

2001년 지자체 자체수입(=지방세+세외수입)을 기준으로, 지자체 하위 20%의 지방세 수입평균은 126억 원이었다. 반면에 상위 20%의 평균은 1344억 원이었다. 부자 지자체 수입이 가난한 지자체 수입보다 10.7배나 많았다. 그럼 이 격차는 어떻게 변해왔을까? 2017년에 하위 20%는 225억 원으로 2010년에 비해 1.8배 증가했지만, 상위 20%의 평균은 3681억 원으로 같은 기간 무려 2.7배나 증가했다. 결과적으로 5분위 배율은 10.7→16.4로 폭등했다.

이게 얼마나 큰 수치일까? 최근에는 '계층별 가구당 월별 가처분소득'에 관한 통계청의 발표가 눈길을 끈다. 2018년 2분기, 우리나라 상위 20% 가구(2인 이상)의 가처분소득은 월평균 444만 원으로 나타났다. 가처분소득은 명목소득에서 세금·연금 및 각종 공과금과 이자 지급액 등을 뺀 금액으로, '자유롭게 사용할 수 있는 돈'이라 할 수 있다.(상위 20%의 명목소득은 913만 원으로 나타났다.) 그럼 하위 20%의 가처분소득은? 85만 원에 불과했다.(하위 20%의 명목소득은 133만 원 정도이다.) 가처분소득의 5분위 배율을 계산하면 5.23이다. 2008년 금융위기 이후 최악의 수치다. 5배라는 건 정말 큰 격차다. 그것도 매월 격차가 누적되는 것이니, 웬만해선 인생역전 같은 일은 발생하지 않는다.

다시 지자체 자체수입 얘기로 돌아가자. 15년 남짓한 기간에 5분위 분배율은 10.7→16.4로 변했다. 이게 '어느 정도로 큰 격차'인지, 그리고 '격차가 벌어지는 속도가 얼마나 빨랐는지'는 이제 독자들도 쉽게 판단할 수 있을 것이다.

지자체 간 격차는 왜 이렇게 커져온 것일까? 『지방도시 살생부』에서 우리 사회를 휘감고 있는 메가트렌드로 저출산·고령화·저성장 그리고 '기술진보'를 꼽았다. 그리고 이러한 메가트렌드가 지방 중소도시에 직격탄을 날렸다고 강조했다. 특히 힘들어지는 곳은 인구 15만 명 이하의 중소도시들임도 밝혔다. 앞으로 이런 도시들은 더욱 힘을 잃을 가능성이 크다. '일자리 감소→젊은 인구 유출→노령화→저성장→일자리 감소'의 악순환이 고착되기 때문이다. 이 과정에서 스스로 세금을 거둘 능력도 서서히 떨어질 것이다. 20년 정도 지나면, 전국 지자체의 30% 이상은 재정적 파산 상태에 직면할 가능성이 크다. 이들 대부분은 지방에 있는 '군' 지역들이다.

그럼 이제 조그만 지자체들이 겪는 현실의 경제적 어려움을 보

자. 이들의 공통점은 재정상태가 '매우' 좋지 않다는 점이다. 그래서 가난한 지자체는 외부(중앙정부와 광역지자체)로부터 지원을 많이 받는다. 외부의 도움이 크니 재정자립도fiscal self-reliance ratio는 낮을 수밖에 없다. 재정자립도는 각 지자체가 '한 해 동안 사용하는 돈' 중 '스스로가 충당할 수 있는 돈'을 의미하는 지표다.[●]

2018년을 기준으로 전국 지방자치단체의 재정자립도는 53% 정도이다.[3] 한 해 예산에서 53% 정도는 스스로 벌어 충당하고 있단 뜻이다. 여기에는 '지방세'와 '세외수입'이 포함된다. 밖으로부터 충당받는 나머지 47%를 의존재원이라고 한다. 혹자는 이를 '의존재원'이 아닌 '이전재원'으로 불러야 된다고 말한다. 이 말도 일리가 있다. 실제로 중앙정부는 지자체에서 거둔 돈의 일부를 다시 지자체에 이전transfer하기 때문이다. '의존재원'이라고 하면 중앙정부가 지자체에 원조해주는 걸로, 마치 일방적으로 시혜를 베푸는 걸로 오해하기 쉽다. 하지만 전혀 그렇지 않다! 따지고 보면, 지방에서 세금을 거둔 뒤 그 일부를 다시 이전하는 것이니 오히려 의존하는 측은 지자체가 아닌 중앙정부라고도 할 수 있다. 그래서 이 책에서는 '의존재원' 대신, '이전재원'이란 단어를 사용할 것이다.(의존재원이란 단어에 익숙한 독자들은 혼동하지 않기를 바란다.)

중앙정부로부터 지방에 이전되는 재원은 크게 두 가지이다. 하나는 '지방교부세'이고, 또 다른 하나는 '국고보조금'이다.[●●] 지방

● 보다 정확히 말해, 재정자립도는 '(지방세+세외수입)/일반회계 세입'으로 계산된다.
●● 두 재원의 법적 근거가 다르다. 국고보조금은 '보조금 관리에 관한 법률'에 근거하고, 지방교부세는 '지방교부세법'에 의해 지급된다.

교부세는 내국세(국내에서 걷는 세금)의 일정 부분(19.24%)을 지자체에 다시 내주도록 되어 있는 돈이다. 이 돈은 사용처가 정해져 있지 않다. 중앙이 지방에게 교부세를 주며 '이런저런 용도로 쓰라'는 꼬리표가 붙어 있지 않다는 뜻이다. 그러니 자유롭게 사용할 수 있다. 가난한 지자체의 예산을 보면 교부세 비중이 반 이상이 되는 곳이 대부분이다. '지자체별 부족 예산'을 파악해 나눠주고 있기 때문이다.

반면에 국고보조금은 기본적으로 '국가적 사업'을 위해 중앙정부가 지자체에 제공하는 경비이다. 이를테면 도로 건설이나 복지사업 같은 것들이다. 종종 중앙정부가 할 일을 지자체가 대신해주는 성격이 있기도 하다. 중앙정부와 지자체 양측의 이해가 얽힌 사업을 벌일 때도 지원해준다. 지원하는 분야도 매우 다양하다. 사회복지에서 국방과 외교에 이르기까지 골고루 걸쳐 있다. 거기엔 중앙정부가 100% 돈을 대는 사업도 있다. 하지만 많은 사업에서 중앙정부와 지자체가 경비를 서로 나누어 댄다. 국가적 사업이라고 해도, 지방의 이해와 관련된 것들이 많기 때문이다. 중앙정부와 지자체가 어떻게 돈을 서로 나누어 대든 국고보조금은 중앙정부가 '꼬리표를 붙여' 지자체에 내려 보낸다는 점에서 교부세와 큰 차이가 있다.

이제 지자체의 경우로 돌아가보자. 재정자립도가 높다는 건, 쓰는 돈 중 자체수입의 비중이 크다는 걸 의미한다. 그만큼 경제가 튼튼한 곳이다. 그럼 2018년 기준으로, 17개의 광역지자체 중 재정자립도가 가장 높은 곳은 어디일까?[4] 쉽게 짐작할 수 있듯 서울특별

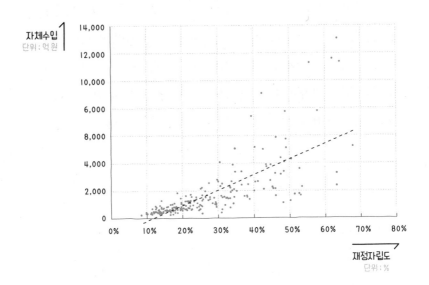

도표 6 자체수입과 재정자립도의 관계

자체수입
단위 : 억 원

재정자립도
단위 : %

시이다. 무려 82.5%나 된다. 한 해 약 21조 원의 예산을 쓰는데, 그 중 17.5조 원 정도가 자체수입이다. 그럼 226곳의 기초지자체 중에 선 어디가 재정자립도가 가장 높을까? 2018년 통계에서는 서울특별시 강남구(재정자립도 68%)로 나타나고 있다.([도표 6]은 자체수입이 많은 지역이 재정자립도도 높다는 걸 보여주고 있다).

반면 재정자립도가 낮다는 건 중앙정부에서 이전되는 액수가 많다는 뜻이다. 2018년 기준으로 재정자립도가 가장 낮은 광역지 자체는 전라남도다. 20%를 가까스로 넘는 수준이다. 5.9조 원 정도 의 한 해 예산 중 1.2조 원만이 자체수입이다. 지방 기초지자체들 의 재정자립도는 더욱 열악하다. 중앙으로부터 돈을 받지 못한다 면 금방 쓰러질 지자체가 수두룩하다. 그 가운데 재정자립도가 가장 낮은 곳은? 전남 구례군의 상황이 가장 좋지 않다. 구례군이 자체적으로 만든 수입은 225억 원 정도이다. 하지만 한 해 동안 써야 할 돈은 2636억 원 정도로 자체수입보다 10배 이상 크다(재정자립도는 8.55%이다). 재정자립도가 그 다음으로 낮은 충북 보은군의 경우도 크게 다르지는 않다. 한 해 써야 할 돈이 3187억 원 정도인데, 자체수입은 318억 원밖에 되지 않는다.

그럼 지방도시들의 전반적 상황은 어떠할까. 수도권 외 지방에는 170개의 기초지자체(전국 226개)가 있다. 이 중 광역시 내 기초지자체를 제외하면 121개 기초자치단체가 남는다. 그중 42곳(35%)의 재정자립도는 15% 이하로 나타나고 있다. 재정자립도가 20% 이하로 나타나는 자치단체는 76곳(63%)이다. 이렇게 지방도시들의 재정자립도가 낮은 이유는 간단하다. 돈 쓸 곳은 많은데, 세금 낼 사람이 부족하기 때문이다. 관리해야 할 땅덩이는 큰 데 반해 인구가 적기 때문이라고 볼 수도 있다. 게다가 남아 있는 인구조차 고령화되어 세수 확보가 어려워지고 있다.

앞으로는 나아질까? 그럴 것 같지 않다. 인구가 계속 감소하고 있지만, 공공서비스는 그대로 유지해야 하는 상황이 이어지고 있다. 게다가 남은 인구도 더욱 고령화하고 있기 때문이다.

재정분권의 결과는 부익부 빈익빈

이렇게 지자체 간 재정격차가 큰 상황에서, 중앙정부는 재정분권을 강화하겠다고 선언하고 있다. 지방분권의 옹호자들에게 가장

많이 인용되는 주장 중 하나가 티부 가설Tiebout Hypothesis이다. 1950
년대 중반 찰스 티부Charles Tiebout가 이 가설을 제기하기 전에는, 공
공서비스는 시장에서 효율적으로 공급되기 힘든 것으로 인식되었
다. 하지만 티부는 많은 수의 지자체가 존재하고, 이들이 각각 공공
서비스와 가격을 결정한다면, 시장에서처럼 효율적인 공공서비스
공급이 가능하다고 주장했다. 티부의 가설은 전형적인 '시장주의
적 논리'를 담고 있다. 분권화된 체제가 공공서비스의 효율적 배분
을 가져온다는 것이고, 그래서 지방자치가 필요하다는 논리다.

　설명이 좀 낯설게 느껴질 수도 있겠다. 우리 실정에 맞는 쉬운
예를 들어 살펴보자. 지방자치가 지금보다 훨씬 발전한 상황을 상
상해보자. 226곳의 기초지자체는 어떤 공공서비스(도서관, 체육시
설, 병원 등)를 공급할지, 그리고 이런 서비스를 제공하기 위해 얼마
의 세금을 거둬야 할지를 스스로 결정할 것이다. 예를 들어 전남 고
흥, 경북 의성, 경북 군위와 같이 노인 인구의 비율이 높은 곳을 생
각해보자. 이들은 요양병원, 노인회관, 재가 노인복지시설 등을 제
공하는 데 더 많은 노력을 기울일 수 있다. '여성이 빛나는 화성시'
를 공식적으로 천명한 화성시는 여성들의 관심을 끌기 위한 정책
들에 집중할 것이다. 안전한 거리, 여성 취업센터, 돌봄서비스 강화
등 여성에 특화된 서비스가 쏟아져 나올 수 있다. 어떤 서비스를 제
공할지, 얼마의 예산을 투입할지 등은 모두 지자체가 직접 결정한
다. 중앙정부의 영향력이 막강한 시스템에서는 상상도 못할 일이
다.

　그럼 분권의 결과는? 공공서비스의 내용과 규모, 가격 등이 지

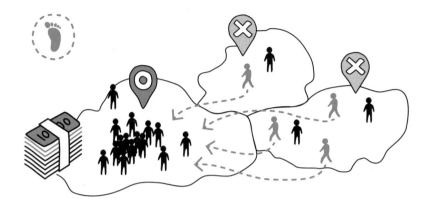

자체별로 천차만별일 것이다. 따라서 개인들은 자신이 선호하는 공공서비스를 비교적 저렴한 가격(낮은 지방세)으로 제공하는 곳을 찾아 이사할 것이다. 이주를 통해 자신의 선호를 표출하는 것이다. 이를 '발로 하는 투표voting with feet'라 부른다. 여기까지는 매우 설득력이 높다. 티부 가설은 '지방분권이 공공서비스 공급 효율성을 극대화한다'고 본다. 하지만 티부는 발로 하는 투표가 사시사철 진행될 경우 국토 전반에 어떠한 부작용이 나타날 수 있는지에 대해서는 직접적으로 언급하지 않았다. 지자체 간 경쟁의 결과는 뻔하다. 그건 바로 부익부 빈익빈으로 인한 지역격차의 심화다.

발로 하는 투표의 결과로 가난한(혹은 능력 없는) 지자체들은 더욱 심한 '인구유출'을 겪기 십상이다. 재정 전문가들이 이 사실을 모르고 있는 건 아니다. 그래서 말한다. 분권으로 격차가 벌어지면 중앙정부가 추가적인 격차조정 장치를 마련해야 한다고. 일단 국세 대 지방세 비율을 8대2에서 7대3으로 먼저 바꾸고, 나중 일은 나중에 생각해보자는 식이다. 그래서 현재 재정분권 논의의 상당 부분이 '7대3으로 어떻게 바꿀 것인가'에 집중되어 있다. '2할 자치'가 3할, 더 나아가 4할로 되어야 한다는 분위기가 압도하고 있고, 여기에 토를 달기 힘든 분위기다.

'왜 국세 대 지방세가 6대4여야 하는가'라고 물으면 분권을 강조하는 국가들이 평균적으로 그렇단다. 정말 그런가 해서 해외사례를 봤다.[5] 그들도 천차만별이다. OECD의 국가들의 국세 대 지방세 평균 비율은 8대2다. 연방제 국가(호주·오스트리아·벨기에·캐나다·독일·멕시코·스위스·미국)의 국세 비중은 68.7%로 우리나라(2016년 현재 76.3%)보다 비중이 낮다. 이건 당연한 결과다. 이들은 연방제 국가니까. 그럼 나머지 27개 OECD '단일국가(비연방제 국가)'의 국세 비중은? 83.6%다. 우리보다 국세 비중이 높은 나라도 많은 것이다. 우리보다 자치 수준이 높은 영국의 경우는 국세 비율이 94%이다. 우리 식으로 표현하자면 영국의 지방은 '1할 자치'에도 못 미치는 셈이다. 노르웨이(86%), 뉴질랜드(93%), 네덜란드(94%), 룩셈부르크(96%), 아일랜드(97%) 등의 나라도 마찬가지다. 덴마크(75%)와 아이슬란드(76%)는 우리와 비슷한 수준이다. 이 통계가 우리에게 얘기하는 바는? 국세 비중이 낮다고(=지방세 비중이 높다고) 지방자치가 활성화되는 건 아니라는 점이다.

아무리 분권이 중요하다고 해도, 2할이 3할보다 좋다거나 4할이 3할보다 낫다는 식의 접근은 정말 문제가 있다. 국세 대 지방세의 비율을 정하기 전에 정말 필요한 건 바로 '왜 지자체가 지금보다 더 많은 권한을 가져야 하는지'에 대한 논의다. 이에 대한 공감대가 형성된다면, 어떤 사업을 지방으로 이양할지에 대한 질문으로 자연스럽게 넘어갈 것이다. 우리에게 필요한 건 'HOW의 문제'가 아니라, '무엇을 바꾸고 왜 바꿀까'라는 'WHAT과 WHY의 문제'에 대해 고민하는 것이다.

여기서 국세와 지방세 비율 변경에 대한 학계의 그간 논의를 살펴보자. 독자들에게 이 부분이 조금 어렵게 읽힐 수도 있겠다. 하지만 이 부분도 조금만 인내심을 갖고 찬찬히 읽어주길 바란다. 그러면 지금의 논의가 얼마나 지방에 불리하게 돌아가고 있는지 확실히 깨닫게 될 것이다.

비율 조정 방법으로 크게 두 가지가 논의되고 있다. 먼저 재정분권이 강화되면 지자체 스스로 세수입을 늘리려 노력할 것이므로 지방세 비중이 커지리란 기대가 있다. 지자체 스스로 세원을 발굴(어디에 세금을 더 부과할 수 있을지)하고 세율 조정(얼마만큼 세금을 부과할 수 있을지)하는 단계까지 가려면 아직 갈 길이 멀다. 그런데도 지방분권을 적극적으로 지지하는 사람들은, 자율성을 높이면 세수입을 늘릴 수 있다고 한다. 맞는 얘기긴 하다. 하지만 이건 지자체에 따라 다르다. 세원을 발굴하고 세율을 조정해서 세수를 늘리는 것도 부자 지자체가 상대적으로 유리하기 때문이다. 정말 그런지 살펴보기 위해, 먼저 지방세를 뜯어보자.

2018년 현재 우리나라 지방세는 크게, 도에서 걷는 세금인 '도세'와 시나 군에서 걷는 '시·군세'로 나눠진다. 일단 도세부터 보자. 2018년 예산 기준으로 전체 도세는 20조 원이 조금 넘는다.[6] 도세에는 취득세와 지방소비세가 압도적인 비중을 차지한다.[*] 재산을 취득했을 때 매기는 취득세는 경기가 좋을 때 더 많이 걷을 수 있다. 부동산 가격이 높아지거나 거래량이 증가할수록 좋다. 지방소비세 또한 경기가 좋으면 많이 걷힌다.

시·군세의 경우도 마찬가지다. 시·군에서 걷는 돈은 대략 19조 원 정도다. 이 또한 부동산이 활황인 곳, 소득이 높은 곳에서 세수입이 더 크다. 지방소득세·재산세가 압도적인 비중을 차지하기 때문이다.[**] 여기서도 지방소득세는 경기가 좋아서 일거리가 넘칠수록 많이 거둘 수 있다. 1/4을 차지하는 재산세의 경우 부동산 가격이 높아질수록 과세액이 커진다. 반면에 부동산 가격이 고꾸라져 가는 곳에서는 재산세가 줄어들 수밖에 없다.

지방세제는 크게 소득·소비·재산의 세 가지와 관련된 세금 중심으로 한다. 그럼 이 셋을 늘리기 위해서 지자체가 가장 신경을 써야 하는 것은? 물론 첫째로 일자리다. 일자리는 사람을 불러모으고 지방소비세와 지방소득세를 많이 거둘 수 있는 중요한 토대가 된다. 또한 인구가 많아지면 취득세와 재산세 등 부동산에 관련된 세수입을 늘릴 수 있다. 그러니 지자체의 입장에선 산업육성을 통한 일자리 창출이 가장 중요하다. 하지만 저출산·고령화·저성장의 흐름을 생각하면, 지방 중소도시에서 산업이 융성하고 일자리와 인구가 늘기란 어려운 일이다. 쇠퇴하고 있는 지방 중소도시들

● 　취득세(54.5%), 지방소비세(17.3%), 지방교육세(16.6%)가 대부분을 차지한다.

●● 시·군세의 경우, 절대액을 기준으로 보면 지방소득세(33.9%), 재산세(26.1%), 자동차세(22.6%), 담배소비세(10.5%) 순이다.

이 세수 확보를 위해 할 수 있는 일은 사실 그리 많지 않다. 세수입을 늘리는 건 일자리가 많고 부동산 가격이 높은 부자 지자체들만이 꿈꿀 수 있는 것이다.

둘째로, 지방세 비율을 늘리는 가장 현실적인 방법은 중앙정부가 거두었던 세금의 일부를 지자체가 걷게 하는 것이다. 이른바 '국세의 지방세 전환'이다. 2018년 기준으로 국세와 지방세의 비율은 77.5%대22.5%이다.[7] 이런 상황에서 지방세 비중을 30%로 맞추고자 한다면 25.9조 원의 지방세가 더 늘어야 한다.(이는 25.9조 원의 국세가 줄어야 한다는 의미이기도 하다.) 지방세를 40%로 조정한다면 60.5조 원이 추가적으로 늘어야 한다. 현 상태에서 6대4로의 변환은 너무 파격이니, 7대3으로의 변경부터 살펴보자. 어떤 방법이 있을까? 크게 두 가지 방법이 있다. 하나는 '소비세consumption tax'를, 다른 하나는 '소득세income tax'를 지자체에서 더 걷게(=중앙정부에서 덜 걷게) 하는 것이다.

가장 유력하게 거론되고 있는 건 '소비세'를 건드리는 것이다. [도표 8]에서 ❶을 보자. 소비세는 중앙이 '부가가치세'로 걷고, 지방은 '지방소비세'의 형태로 받는 세금이다. 이 둘은 연동되어 있다. 국가가 먼저 부가가치세를 걷고, 거둔 돈의 11%를 지방소비세(지방세 중 도세에 해당한다)로 지자체에 배분한다. 예를 들어 홍길동이란 사람이 1년간 100만 원을 부가가치세로 낸다고 치면, 89만 원은 국가에, 11만 원은 지자체에 배분되는 것이다. 현재 가장 빈번히 언급되고 있는 대안은, 지방세로 가는 소비세의 비중을 11%→20%로 두 배 정도 늘리는 것이다.

도표 8 어떤 세원의 이양이 지방의 자주재원을 확충할 수 있나

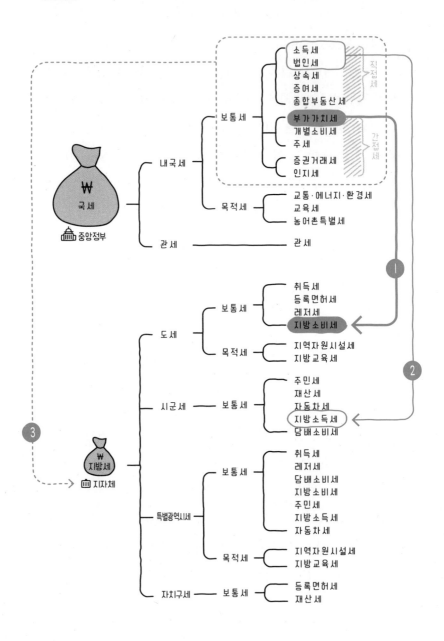

국세의 일부를 지방세로 돌리는 또 다른 방법은 '소득세'를 건드리는 것이다. [도표 8]에서 ❷를 보면 된다. 현재 소득세는 중앙 정부와 지자체가 동시에 징수하고 있다. 예전에는 국가가 소득세를 먼저 걷고, 그 일부를 지방소득세로 배분했다.(소비세와 비슷한 구조로 세금을 걷었다.) 하지만 2014년부터 독립세로 전환되어 지자체가 '지방소득세'란 명목으로 직접 걷는다. 어떻게 걷든 결과적으로 보면 소득세의 비중도 국세가 90%, 지방세가 10% 정도이다.

다시 홍길동의 예로 돌아가서, 그가 100만 원을 소득세로 낸다치자. 국가에 내는 소득세가 90만 원, 거주지 지자체에 내는 지방소득세가 10만 원이다. 그런데 소득세의 비율 변경은 소비세처럼 쉽지는 않다. 지방소득세는 '지자체가 별도로 걷는 독립세'이기 때문에, 세율을 높이면 '예전보다 더 세금이 올라가는 효과'가 나타난다. 주민들의 조세 저항이 있을 수 있다는 뜻이다. 그래서 일부 조세 전문가들은 지방소득세율을 높이면, 중앙정부의 소득세는 낮춰야 한다고 주장하기도 한다. 아무튼 현재 논의되고 있는 대안은 지방소득세의 비중을 10%→20%로 늘리는 것이다.

하지만 이런 식의 재정분권이 가져오는 결과는? 소득과 소비가 많은 지자체에 더 많은 지방세가 돌아가게 될 것이다. 단순히 생각해도 예전에 지방소득세와 지방소비세가 두 배로 늘어난다면 10억 원을 거둬들이던 지자체는 20억 원을, 100억 원을 거둬들이던 지자체는 200억 원을 얻게 된다. 전형적인 부익부 빈익빈 구조다. 그러니 '국세→지방세' 이양 과정에서 부자 지자체와 가난한 지자체의 재정적 격차는 더욱 벌어질 수밖에 없는 것이다.

가난한 지자체를 누가 도울 것인가?

이때 등장하는 구원투수가 바로 '교부세'이다. 많은 전문가들이 "지방세가 늘면 지자체 간 격차가 커지니, 교부세도 함께 늘려야 한다!"고 말한다. 일리가 없는 건 아니다. 교부세 자체가 지자체 간 균형발전을 위해 탄생한 거니까. 아래의 식을 보자.

교부세* =재정수요 – 재정수입

교부세는 '재정수요(지자체에 필요한 돈)'에서 '재정수입(지자체가 거둬들인 돈)'을 뺀 부족액을 기준으로 지급된다. 가난한 지자체일수록 이 둘의 격차, 즉 부족액이 크고, 따라서 중앙정부로부터 이전되는 돈이 크다. 교부세는 지자체 간 격차를 조정하는 데 매우 중요한 역할을 하고 있다. [도표 9]를 보자. X축(가로축)은 재정자립도, Y축(세로축)은 도시생존지수이다. Y축의 도시생존지수는 지자체별로 '(20~30대 여성인구)/(노인인구)'를 계산한 값이다. 값이 클수록 생존 가능성이 높고, 그 반대는 소멸 가능성이 높다. 그래프가 보여주는 바는 명확하다. 소멸 가능성이 높은 지자체일수록 재정자립도가 낮다. 중앙정부의 이전재원(특히 교부세)이 없다면, 이들은 어떻게 될까?

● 교부세란 '기준재정수입액'으로는 '기준재정수요액'을 충당하지 못해 발생하는 '부족액'을 기초로 계산된다. 쉽게 말해, 수요액은 '지자체에 필요한 돈'이고, 수입액은 '거둬드린 돈'을 의미한다.

도표 9 도시생존지수와 재정자립도

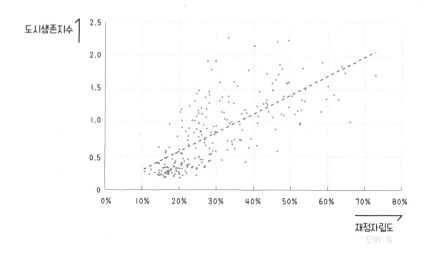

재정분권 강화 시나리오에서 앞으로 발생할 일이다. 이해를 돕기 위해 순차적으로 설명해보겠다.

①소득세(소득세→지방소득세)와 부가가치세(부가가치세→지방소비세)를 지방세로 전환하면 지자체 간 격차가 커진다.

②지방세가 늘어남에 따라 내국세가 감소한다. 교부세는 내국세의 19.24%를 무조건 지자체에 다시 내주도록 돼 있는 것인데, 따라서 교부세도 감소한다.

③격차는 커졌는데, 격차를 조정해왔던 교부세는 감소했다. 교부세를 늘려야 하지만, 지방세가 느는 만큼 국세가 줄어들기 때문에 이것도 쉽지 않다. 일단 중앙정부는 다른 곳에 지출될 돈을 줄여 교부세를 늘리려 할 것이다.

'소득세, 소비세의 지방 이양 증가→내국세가 적어짐→교부세율을 쉽게 증가시키지 못함'이 된다. '재정권의 지방 이양'과 '교부세 증가'를 동시에 추진하기 힘든 딜레마에 빠지게 되는 것이다. 이에 대해 오연천 교수는 말한다.

> 이론적 관점에서 특정세목을 지방으로 이양할 경우, 일부 지방정부는 보다 많은 지방세수를, 상당수 지방정부는 상대적으로 적은 지방세수를 확보하게 되어 자체수입의 불균형은 커진다. 그렇다면 지방정부 간 불균형을 완화해야 할 중앙정부로서는 교부세 등 지방재정조정 재원을 확대할 수밖에 없는데, 일부 국세의 지방이양은 자동적으로 중앙정부 가용可用 내국세 규모를 감소시켜 지방교부세 등 이전재원의 규모는 축소될 수밖에 없다.[8]

이런 딜레마가 있긴 하지만, 7대3의 비율을 맞추는 건 크게 어렵지 않을 것이다.(맞출 수 있다는 것이지, 맞춰야 한다는 건 아니다!). 하지만 현재 계획중에 있는 것처럼 장기적으로 국세 대 지방세를 6대4로까지 조정하는 건 매우 어려울 것이다.

그런데 필자가 지금의 재정분권 방식을 반대하는 건 이러한 '교부세 확대의 어려움' 때문은 아니다. 방법적 어려움은 부차적 문제라 생각한다. 더 중요한 건 교부세라는 것이 본질적으로 지역균형발전에 별다른 도움을 주지 못한다고 보기 때문이다. 바로 교부세자체가 갖는 또 다른 종류의 딜레마 때문이다.

열심히 노력해서 세수입을 늘린 지자체가 있다고 하자. 교부세는 어떻게 될까? 자체수입이 늘었으니 교부세는 당연히 줄어든다.

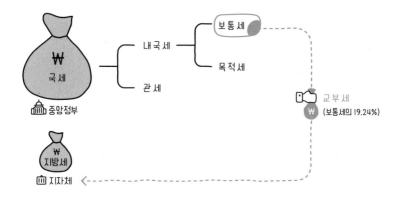

도표 10 지자체 간 격차 조정 역할을 하는 교부세

중앙정부는 17곳의 광역지자체, 226곳의 기초지자체에 교부세를 나누어준다. 교부세 총액은 고정되어 있다. 지자체 간 격차를 해소하는 게 주요 목적인 만큼, 세수입이 줄어드는 특정 지자체는 더 많은 돈을 받게 된다. 그러니 노력해서 지방세를 더 거두면, 다른 지자체들에게 돈이 더 가는 구조다. 이해를 돕기 위해 보다 쉬운 예를 들어보겠다.

　서울로 유학 보낸 대학생 자녀를 둔 부모를 가정해보자. 이 학생은 한 달 생활비로 60만 원을 쓴다고 하자. 학생 스스로 아르바이트로 매달 30만 원 정도를 벌고, 나머지 30만 원을 부모가 매달 부쳐준다. 이 학생의 경우는 생활비 60만 원 중에 30만 원을 부모로부터 받으니 '자립도'가 50% 정도라 할 수 있다. 어려운 상황에서도 지방세수를 확충한 지자체는 모자란 시간을 쪼개 아르바이트 시간을 늘인 대학생과 같다고 할 수 있다. 이 학생이 10만 원 더 벌었다고 하자. 부모는 자식의 노력을 기특해할 것이다. 하지만 학생이 매달 필요한 돈은 60만 원이니, 부모는 용돈을 10만 원 줄일 것이다. 학생 입장에선 이러나 저러나 똑같이 60만 원을 손에 쥔다. 뭐, 자식이 부모의 짐을 덜은 것이니 칭찬할 만한 일이다.

하지만 이 예를 우리의 교부세 배분 시스템에 맞추어 조금 더 각색해보도록 하자. 이 부모에게 용돈을 줘야 할 자녀들이 세 명이 있다고 해보자. 그리고 자신들이 번 돈의 20% 정도를 자녀들에게 나눠준다는 원칙을 정했다고 하자. 열 손가락 깨물어 안 아픈 손가락이 어디 있겠느냐만, 유독 어렵게 사는 아이에게 더 신경이 쓰일 게다. 그래서 그 아이에게 더 많은 지원을 한다. 이 경우 다른 자녀들은 어떻게 행동할까? 더 노력할 마음이 생기지 않을 것이다. 어차피 부모님이 부족한 돈을 보충해주기 때문이다. 노력 여부에 상관없이 손에 쥐는 돈은 똑같기에 애쓸 필요가 없어진다. 심지어 자신이 더 열심히 하면 할수록 열심히 하지 않는 다른 형제들이 득을 보는 상황까지 발생한다. 부모가 주는 용돈의 총액이 부모소득 20%로 이미 결정되어 있기 때문이다. 재주는 내가 부리고, 이득은 다른 사람이 보는 구조다.

이는, 일반적인 제로섬zero-sum 게임 구조와는 완전히 반대다. 일반적인 제로섬 게임은 정해진 몫을 두고 서로 경쟁하는 구조인데, 우리의 교부세 시스템은 노력하면 오히려 몫을 잃게 되기 때문이다. 그러니 지방세를 높이기 위한 유인이 크지 않다. 오히려 부정적인 인센티브negative incentive를 낳고 있다. 이처럼 교부세가 지자체의 도덕적 해이moral hazard를 부추길 수 있는 여지가 있다는 건 행정학계에는 널리 알려진 사실이다. 정부가 이런 문제점을 모르고 있는 건 아니다. 1997년부터는 교부세 액수를 결정하는 공식에 지자체의 노력에 관한 인센티브 항목을 집어넣고 있다. 지자체별로 자체 노력 정도를 반영하는 방식으로 말이다.[9] 하지만 이 또한 한계가 있다. 교부세 배분은 기본적으로 고정된 총액의 범위 내에서 격차를 줄이는 방향으로 이뤄지기 때문이다.

문제는 '격차'다!

설령 이러한 도덕적 해이 문제를 차치한다 하더라도, 교부금 제도는 지자체 간 격차를 해소하는 데 역부족이다. 필자는 최근 한 지방분권 세미나에서 분권 이후 지자체 간 발생할 격차에 대한 문제를 제기했다가 이런 반론을 들었다. '지방세 비중을 높이면 불不교부단체가 늘어나기 때문에 가난한 지자체에 더 많이 돈이 가게 되고, 이게 격차조정 역할을 할 수 있다'는 것이었다. 불교부단체는 재정이 충분해 교부세를 받지 않는 지자체를 말한다. 2018년 현재 불교부단체는 서울·경기·수원·성남·용인·화성·하남 이렇게 7곳이다. 앞의 비유를 가져오면, 이들은 형편이 넉넉해 부모로부터 용돈을 받지 않아도 되는 자식들이다. 이런 자식들이 많아지면, 그만큼 어려운 자식들을 많이 도울 수는 있을 것이다.

그래서 세미나에서 돌아오자마자 과연 그러한지 연구실 학생들과 함께 직접 계산을 시도했다. 앞서 말했지만, 국세와 지방세의 비중을 7대3으로 변환하려면 26조 원 정도의 세금이 '국세→지방세'

로 전환되어야 한다. '소비세'와 '소득세' 모두를 건드리는 시나리오를 가정하고, 이 두 세금을 이양한 후 줄어드는 교부세액도 시나리오에 반영했다. 지방세가 늘어나면 불교부단체가 늘어나니, 이또한 시나리오 속에 집어 넣었다.

먼저, 부가가치세에서 지방소비세의 비중을 현재의 11%에서 20%로 올려보았다. 이 경우 약 6.2조 원 가까이 지방으로 넘길 수있다. 7대3으로의 조정에 필요한 돈(26조 원)에는 턱없이 부족하다. 그러니 '지방소득세' 또한 10%에서 20%로 높여보았다. 앞서 얘기했듯 지방소득세만 높이면 조세저항이 있을 수 있기 때문에, 증가된 만큼을 중앙정부가 걷는 소득세에서 낮추는 것으로 가정했다. 결과적으로 약 13.3조 원 정도의 지방세 확대 효과가 나타났다. 이렇게 두 세금을 조정하게 되면, 총 19.5조 원(= 6.2조 원+13.3조 원)의 '국세→지방세' 이양 효과가 있다. 국세가 줄어드는 만큼 내국세의 19.24%를 자동 부과하는 교부세도 함께 줄어든다. 하지만 다행히 지방세 증가로 인해 불교부단체가 현재의 7곳에서 16곳(서울·인천·울산·세종·경기·경남·수원·성남·안산·과천·하남·용인·이천·화성·아산·구미)으로 두 배 이상 늘게 된다. 지금은 모든 불교부단체들이 수도권에 속해 있지만, 지방세를 늘리는 시나리오에선 다른 지역에도 생기게 된다. 희망적인 예측 결과다.

최종 결과는 [도표 11]과 같다.[10] 17개 광역지자체와 226개의 기초지자체 모두에서 자체수입이 증가했다. 생각해보면 이건 당연한 결과다. 중앙정부가 걷던 세금을 지방에서 걷게 해줬고, 불교부단체도 대폭 늘었으니 말이다. 문제는 재정분권 이후의 격차다. 불

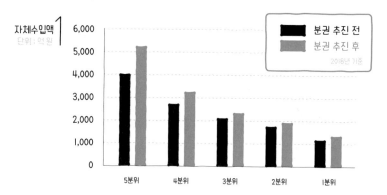

도표 11 재정분권 후 지자체별 자체수입의 변화

교부단체가 대폭 늘었음에도 불구하고 지자체들 간의 격차는 훨씬 더 커졌다. 226개 기초지자체를 대상으로 한 분석 결과를 보자. 부자 지자체(5분위)의 재정수입은 4009억 원에서 5238억 원으로 31% 증가했다. 하지만, 나머지 4분위~1분위 지자체의 재정수입은 각각 19%, 11%, 10%, 14%씩 증가할 뿐이다. 2018년 기준의 5분위 배율(상위 20% 지자체 재원/하위 20% 지자체 재원)은 4.28에서 5.41로 오히려 악화되었다.* 재정분권은 이렇게 지자체 간 격차를 벌리고 있다. 이게 바로 '재정분권의 딜레마'이다.

참으로 복잡한 문제가 아닐 수 없다. 김우철 시립대 세무학과 교수는 "우선 균형발전과 지방분권은 충돌할 가능성이 크고 대립적 개념에 더 가깝다. (…) 단지 교부세 확충을 통해 재정조정이 풀릴

● 이 시나리오에선 고려하지 못했지만, 가난한 지자체들이 불리해진 건 이뿐만이 아니다. 국세의 일부가 지방세로 이양되었으니 국고보조금 사업도 줄어든다. 국고보조금 사업은 국가사업을 지방이 대리하는 역할도 있지만, 지자체 간 격차를 완화하는 조정 목적 또한 어느 정도 있다.

것인지 의문이고, 더욱 불균형으로 갈 수도 있다"[11]고 말한다. 다시 한 번 강조하지만, 이렇게 재정분권의 문제가 복잡한 이유는 분권의 단위가 너무나 많이 쪼개져 있기 때문이다. 또한 이들 간의 격차가 너무나 크기 때문이다.

부자 지자체는 재정분권을 강조할 수 있다. 서울시장과 경기도지사가 재정분권을 강조하는 건 합리적 주장이다. 하지만 가난한 지자체에서 재정분권을 주장하는 건 뭔가 이상하다. '자충수'를 두는 꼴이기 때문이다. 가난한 지자체는 이걸 몰라도 너무 모른다. 한 지인에게 들은 말이다. "재정분권을 강력히 주장하는 서울의 한 구청장님을 만난 적이 있어요. 참으로 솔직한 분이셨어요. 분권을 주장하면서 지방에 가끔 미안한 마음이 들기도 한다고 말씀하셔서 놀랐어요. 지방세를 늘릴 수 있는 곳은 괜찮지만, 그렇지 못한 지방은 더욱 어려워질 거라 염려하시더군요."

어디 하나 쉬운 게 없다. 재정분권은 돌아오지 못하는 강을 건너는 것일 수도 있다. 격차가 더 벌어져, 지금 가지고 있는 기회조차 날려버릴 수 있다. 이런 상황을 알고 있는 사람들조차도, 지역 간 격차 해소는 재정분권을 한 이후의 문제라고 말한다. 하지만 이런 주장은 전혀 현실적이지 않다. 이상이 아무리 좋더라도 현실을 무시한 채 장밋빛 전망만 내놓는 것은 곤란하다. 분권으로 격차를 해소할 수 있다는 생각은 순진함을 넘어 위험하기까지 하다. 우리에겐 발상의 전환이 필요하다. 지금은 '격차 해소를 위해 분권을 해야' 하는 게 아니라 '분권을 위해 격차를 해소해야' 하는 시급한 상황이다.

부익부 빈익빈 현상을 교정하기 위한 또 다른 대안들

빈익빈 부익부 현상을 염려한 일부 학자들은 여러 세원을 합쳐 17개 광역시·도로만 교부하자는 주장을 한다. 세원을 합쳐서 교부한다? 이는 국세를 지방세로 이양하지 않고 교부세를 늘리자는 주장과 비슷하다.* 교부세는 용도의 제약 없이 지자체가 쓸 수 있는 돈이다. 돈의 출처가 어디든 지자체가 자율적으로 사용할 수만 있다면, '자율적 통치(자치)'를 할 수 있는 것 아니겠냐는 거다. 즉 '세출의 자치'가 '세입의 자치'보다 중요하다는 것이다. 설득력이 없는 것도 아니다.

하지만 자기 돈이 아니면 자치의 의미가 퇴색될 수 있다. 일부 학자들은 '세입의 자치' 없다면 '세출의 자치'도 없다고 주장한다.[12] 지자체는 교부세의 가치를 낮게 평가하는 경향이 있다. 자기가 번 돈이 아니기에 방만하게 돈을 쓸 수도 있다.[13]

또 다른 획기적인 제안도 나왔다. "국세 대 지방세 비율을 수도권은 8대2로 고정하고, 지방은 6대4로 정하자"[14]는 주장이다. 이런 맞춤형 개편이 가능하긴 할까? 매우 어려울 것이다. 엉터리 주장이란 얘기가 아니다. 지금도 중앙정부가 부자 지자체에서 돈을 거둬서 가난한 지자체에 나눠주는 시스템이기 때문이다. 하지만 국세:

● 용도가 지정된 재원을 지자체 스스로가 결정해서 사용할 수 있는 일반재원으로 대체해야 한다는 주장을 '일반재원주의'라고 한다.

지방세 비중을 지역에 따라 차별적으로 적용하는 것은 '부자 지자체→가난한 지자체'로 흐르는 돈을 더욱 눈에 띄게 만든다. 수도권은 80%를, 지방은 60%를 가져간다고 명시한다고 해보자. 수도권 주민들은 중앙정부에 더 많은 돈을 빼앗기고 있다는 불만을 가질 수 있다.

물론 지방분권 시나리오 하에서 재정격차를 완화하기 위한 적극적 노력이 있을 것이다 '지역상생발전기금'이나 '조정교부금'을 적극적으로 활용하자는 주장도 등장하고 있다. 그러나 이런 제도들이 과연 해결책이 될 수 있을까?

지역상생발전기금은 2010년부터 10년간 수도권 지자체(서울특별시·인천광역시·경기도)가 비수도권 14개 광역 지자체를 지원하기 위해 만들어졌다. 이 기금은 이명박 정부 때인 2010년 종합부동산세를 축소해서 지방이 불이익을 받는 것을 보전해주는 형식으로 도입된 것이다. 즉 수도권 지자체 3곳이 지방소비세의 35%를 갹출해, 수도권과 비수도권의 재정력 격차를 조정하기 위한 제도이다. 이 기금의 규모는 매년 3000~4000억 원 정도이다. 지역 간 격차를 조정하기엔 너무나 적은 액수다. 평균적으로 비수도권 광역 지자체 1곳당 200억 원을 약간 넘는 정도니 말이다.

그렇다고 기금을 늘리는 것도 쉽지 않다. 수도권 지자체의 반발이 만만치 않기 때문이다. 실제로 2014년에는 서울시가 기금의 일부를 내려 하지 않는다며, 비수도권 지자체들이 중앙분쟁조정위원회에 분쟁조정을 신청한 사례가 있다. 상생기금을 폐지해야 한다는 수도권 주민들의 주장도 만만치 않다. 교부세가 있는 마당에 상생 발전기금은 중복지원이란 이유다. 기금의 이름에 들어간 '상생'이란 단어가 무색할 정도로 서로가 서로 때문에 손해를 보고 있다는 피해의식으로 가득한 상황이다.

'조정교부금' 제도는 광역지자체 내 격차를 해소하기 위해 만들어진 것으로 도에서 시·군에 나눠주는 돈이다. 경기도의 예를 들어 보자. 경기도에는 31개 기초지자체가 있는데 지자체 간 재정 격차가 상당히 크다. 수원·성남·화성·용인·고양·과천과 같은 부자 지자체도 있는 반면, 포천·동두천·연천 같은 가난한 지자체도 있다. 조정교부금은 도세의 27%(50만 명 이상의 시는 47%)를 인구수(50%), 징수실적(30%), 재정사정(20%)의 세 가지 기준으로 시·군에 강제 배분하는 제도이다.[15] 불교부단체에는 우선적으로 배분한다는 특례도 있었다.

하지만 이 제도가 시·군 간 격차를 해소하긴커녕, 오히려 악화시키고 있다는 비판이 일었다. 부자 지자체인 불교부단체(당시 수원·성남·화성·용인·고양·과천)로 재원이 많이 몰렸기 때문이다. 결국 2017년부터 불교부단체에 대한 특례는 폐지되었고 배분 기준도 가난한 지자체에 유리한 쪽으로 바뀌었지만, 이번엔 불교부단체가 극렬 반발하고 있는 상황이다.

3장

일본의 지방분권은
균형발전을 위한 게 아니었다

지방분권의 선결과제

다시 강조한다. 지방분권은 균형발전과 동의어가 아니다. 오히려이 둘은 상충될 가능성이 아주 높다. 지금처럼 지역 간 격차가 큰상황에서는 더더욱 그렇다. '자율성'과 '책임성'을 강조하는 분권은 기본적으로 경쟁을 격화시키면, 따라서 지자체 간 불균형은 더욱 심화될 것이다. 하여 능력 없는 지자체들은 경쟁의 과정에서 사라질 가능성이 높다.

그렇다면 지방에 권한을 이양하지 말아야 할까? 그건 또 아니다. 우리는 과도한 중앙집권의 해악도 충분히 경험했다. 지역 간 경쟁체제로 불균형이 심화되는 것도 물론 피해야 할 일이지만, 중앙권력의 의사에 따라 특정 지역들이 피해를 입는 일들도 없어져야 한다. 민주주의의 가치를 놓고 보더라도 '시민자치' '지역개성을 살린 문화'는 가꾸고 지켜야 할 고귀한 것이다.

안타깝게도 우리는 '스스로 통치하고 개성을 가꾸는' 지방의 모습에 대해 잘 알지 못한다. 지방자치의 역사가 너무 짧기 때문이다. 삼국시대와 고려시대에도 중앙의 힘이 매우 강했다. 조선시대에는 더더욱 그랬다. 관찰사니 목사니 하는 지방의 행정관들은 중앙에서 파견돼 중앙의 뜻을 전달하는 대리인에 불과했다.

해방 후 1949년에는 '지방자치법'이 제정되었지만, 1952년의 제1차 지방선거와 1956년의 제2차 지방선거는 의회의원(시·읍·면 의회의원 도의회 의원)만 뽑고 단체장선거는 없는 반쪽짜리였다. 그마저도 1961년 5·16군사쿠데타 이후 폐지되었다. 1980년대 말 민주화 물결 이후, 1991년 지방의회 의원을 뽑는 선거가 30년 만에 부활했고 1995년엔 시민의 손으로 직접 단체장을 뽑기 시작했다. 하지만 아직도 중앙정부의 영향력이 지배적이다. 껍데기만 지방자치일 뿐이다.

문재인 정부의 지방분권에 대한 의지는 아주 높다. 분권에 대한 국민들의 열망도 그 어느 때보다 크며, 언론 및 시민단체와 전문가 집단도 이를 강하게 지지하고 있다. 하지만 지금은 분권을 위한 현실적 여건이 갖추어져 있지 않다. 재벌가에서 태어나고 자란 아이와 평범한 집안에서 태어나고 자란 아이가 동등한 기회 속에 경쟁하고 있다고 생각하는 사람은 없을 것이다. 또한 굴지의 대기업과 중소기업이 같은 무대에서 경쟁할 수 있으리라 믿는 사람도 없을 것이다. 지자체도 마찬가지다. 인구와 산업이 모여드는 도시와 사람이 떠나가고 조용히 쇠락해가는 도시는 사정이 전혀 같지 않다. 지방분권이라는 명분 아래 이 차이 나는 지역들을 똑같이 보고 함께 경쟁시키는 건 무책임한 일이다.

분권을 하기 전에 지자체 간 격차부터 줄여주어야 한다. 그렇지 않으면 우리는 분권의 실익을 경험할 기회조차 갖지 못할 수 있다. 그러기 위한 방법으로 행정구역을 먼저 조정해야 한다는 주장이 있다. 박형준 전 국회사무처 사무총장의 말을 들어보자.

> 연방제 수준의 분권을 하겠다는 지방분권도 구호에 그치고 있다. 자치입법권과 자치재정권에 대한 과감한 변화가 없다. 100만 명 도시와 3만 명 군이 똑같은 기초자치단체인 불합리를 시정할 자치구조 개편의 방안도 빠져 있다. 행정구역 개편 없는 지방분권은 불균형만 심화시킨다.[1]

지방분권의 본질을 잘 이해한 말이다. 분권을 고민할 때는 반드시 행정구역에 대한 고민이 있어야 한다. 권한을 이양받는 행정구역의 단위가 중요하기 때문이다. 우리나라 행정시스템은 기초와 광역의 두 단계로 되어 있다. 그러니 기초와 광역 모두에 권한이 이양되는 게 고려되고 있을 것이다. 하지만 지금 얘기되고 있는 재정분권을 보자. 기초지자체의 '자율'과 '책임'이 강화되는 쪽으로 더 많은 얘기가 진행되고 있다. 연방제에 준하는 분권을 하겠다는 얘기는 226개의 기초지자체를 염두에 두고 한 말인가? 정말로 인구 100만 명의 도시와 인구 3만 명의 도시가 대등한 관계 속에서 서로 경쟁하고 협력하며 발전할 수 있을 것인가? 심각하게 생각해봐야한다. 만일 이대로 분권이 이루어진다면, 가난한 지자체들은 덫에걸린 양 지금의 처지를 벗어날 수 없게 되고 말 것이다.

불균형 상황에서의 경쟁은 공정한 게임이 아니다. 힘도 팽팽하게 맞서고 있을 때라야 공정해질 수 있다. 한 번 무너진 균형은 쏠림현상을 더욱 촉진하게 되고, 뺏긴 자는 골수까지 뽑아 먹힐 수 있기 때문이다. 여기서 잠시 코클란과 허긴스의 연구[2]를 소개하고자한다. 이들은 큰 격차 속에서는 '계층이동성class mobility'이 낮아져'인생역전'이 힘들어진다는 걸 보여주고자 했다. 이를 증명해내기위해 이들이 사용한 도구는 보드게임 '모노폴리'였다.

모노폴리는 2~8인이 주사위를 굴려 나온 수만큼 자신의 말을옮기고, 도착한 도시에 땅을 사고 건물을 짓는 재산증식 게임이다.다른 사람이 자신의 땅이나 건물에 도착하면 임대료를 받을 수 있다. 처음에는 참여자 모두에게 똑같은 판돈이 주어진다. 시간이 갈수록 주사위 운이 있는 사람에게 부가 조금씩 더 쌓인다. 초기에는뺏고 빼앗기는 팽팽한 줄다리기가 이어진다. 시간이 지날수록 팽팽했던 균형은 깨지고 한쪽으로 기울어지기 시작한다. 그러다 한사람을 제외한 나머지 모두가 파산하고, 마지막 승자가 모든 부를거머쥘 때 게임은 끝난다.

두 연구자는 동일한 자본금(일반적으로 5인이 각각 1500달러씩 총7500달러)을 가지고 시작하는 게임 규칙을 바꿔, 미국 내 불평등 상황을 모노폴리 게임에 반영하기로 했다. 즉 통계에 나타난 미국의재산 격차를 반영해 자본금을 배분했다. 2001년 통계는 소득이 가

도표 12 부익부 빈익빈을 보여주는 모노폴리 게임의 결과

플레이어	시작 자본금	그룹 1	그룹 2	그룹 3	그룹 4	그룹 5	그룹 6
말	$5,278	$7,368	$7,147	$5,658	$7,075	$7,143	$6,467
모자	$2,145	$2,287	$2,495	$1,646	$1,873	$1,813	$2,146
차	$1,118	$719	▲$2,233	$1,432	$1,252	$1,298	$1,226
개	$667	$756	▼ $108	$509	▲$1,925	▼ $0	$1,117
다리미	$270	$305	$0	$36	$540	$139	$306

▲ 계층상승
▼ 계층하락

장 높은 5분위 계층이 전체 가구소득의 49.7%를, 나머지 네 계층은 각각 23%, 14.9%, 8.9%, 3.6%를 차지하고 있음을 보이고 있다. 이에 따라 한 사람에게는 3728달러(7500달러의 49.7%)의 자본금을 줬고, 나머지 4명에게는 각각 1725, 1118, 667, 270달러의 자본금이 갔다. 여기에다 가장 소득이 높은 5분위와 4분위에게는 각각 1550달러와 420달러의 부동산 자산도 추가적으로 주었다.(이건 계층간 소득불평등뿐만 아니라 자산불평등의 상황도 반영하려 한 것이다.)

그리고 30~45분이 지났을 때 각자에게 얼마가 남아 있는지를 확인했다. 결과는 예상했던 대로다. 부자는 더 큰 부자가 됐고, 빈자는 더 가난해졌다. 특히 주목할 점은, 가장 많은 자본금을 가진 5분위 계층을 맡은 이가 예외없이 더 큰 부자가 되어 있었다는 점이다. 하위 계층에서 전혀 뒤집기가 없었던 건 아니다. 하지만 이건 20명 혹은 30명 중에 1~2명 정도에게만 일어나는 희귀한 일이었

다. 만약 게임의 시간을 더 길게 늘렸다면 이들의 행운도 그리 오래 가지 않았을 것이다. 최상위 부자 계층 쪽이 지속적으로 부를 늘려 나가고 있기 때문이다.

비록 지역을 대상으로 한 건 아니지만, 이 연구 결과가 말해주는 바는 명백하다. 격차가 큰 상태에서의 경쟁은 공정하지 않다는 점이다. 지방분권에 대해서도 같은 원리를 적용할 수 있다. '자율'과 '책임'을 강조하는 것까지는 좋다. 그러나 격차가 큰 상태에서의 분권은 부자 지자체에만 유리하게 작용한다. 지자체 간 격차 조정이 지방분권이 성공적으로 작동할 수 있는 선결 조건인 것이다.

일본은 왜 지방분권을 했을까?

이를 이해한 나라가 있다. 바로 이웃나라 일본이다. 많은 분야에서 일본의 경험은 우리에게 배워 마땅한 모범 사례이자 때로는 반면교사 삼을 선례다. 이 책의 주제인 지방분권과 균형발전에 관해서도 마찬가지다. 3장 전체를 통해 일본의 경험을 길게 논하는 이유다.

일본에서는 1990년대 중반부터 '지방분권' 논의가 강하게 일었다. 하지만 우리처럼 국토의 균형적 발전을 위해 분권을 하려던 게아니었다. 일본의 분권 논의는 '경제 살리기'와 맞물려 있었다. 분권 열풍이 불었던 시기의 일본 상황을 살펴보자.

1990년대 초반 일본에서는 버블경제가 붕괴하기 시작했다. 이때부터 일본은 끝이 보이지 않는 어두운 터널로 들어갔다. 경제가 어려워지자 경기부양책의 일환으로 '확장적 재정정책'을 썼다. 거둔 세금보다 훨씬 더 많은 돈을 쓴 것이다. 정부가 직접 나서서 이런저런 사업을 벌였다. 1993년부터 대규모 추가경정예산도 편성했다. 국채를 발행해 돈을 조달해야 했다. 당시 일본 한 해 예산(1993년 724조 엔)의 20%에 해당하는 규모였다.[3] 그렇게 조달한 돈으로 전국 방방곡곡에서 도로·댐·공항 등의 건설사업을 벌였다. 해당 시설이 필요했기 때문만은 아니다. 대규모 사업이 경기회복에 도움이 될 것이라 믿었기 때문이다. 하지만 건설투자는 일본의 경기를 살리지 못했다.

일본 정부의 헛수고를 상징하는 대표적인 예가 있다. 1999년 당시 인구가 6만 명 남짓이었던 조그만 해안가 도시인 하마다浜田 시에 '하마다 마린대교'가 높이 솟았다. 길이 305m에 높이는 20층짜리 건물(약 89m)과 맞먹을 정도로 거대한 다리다. 이 다리가 연결되는 곳은 주민이 불과 수십 명 살고 있는 세토가 섬瀬戸ヶ島이다. 게다가 세토가 섬에는 이미 뭍으로 이어지는 다른 다리가 있었다. 그러니 1000억 원 가까이 든 하마다 마린대교지만 지나다니는 차량은 거의 없다. 주민들은 "번지점프하기 좋은 다리"라며 농담을 나눈다고도 한다.[4] 마린대교는 전세계적으로 '삽질의 대명사'가 되었다. 당시 하마다 시가 벌인 건설사업은 마린대교로 끝나지 않았다. 인구 6만의 하마다 시에 대학, 스키 리조트, 수족관, 교도소도 들어섰다.

마린대교의 사례는 1990년대 초반부터 시작된 일본의 여러 건설경기 부양책 중 하나에 불과하다. 일본 전역에 도로가 새로 깔리고, 댐이 쌓이고, 지방 공항들이 건설되었다. 심지어는 인적이 드문 산간벽지에도 촘촘히 도로가 깔렸다. 이런 도로 중에는 사람이 거의 다니지 않는 곳도 많았다. 두꺼비들만 출몰한다고 해서 '두꺼비 도로'로 불리는 곳도 있었다.[5] 물론 경기 부양 효과가 아예 없었던 건 아니다. 건물과 도로, 다리를 짓는 동안에는 일시적으로 일자리가 창출되었다. 하지만 지속적인 고용 창출이나 투자 유도로 이어지지는 못했다. 경제 되살리기는 실패했다.

엎친 데 덮친 격으로 1995년을 기점으로 '생산가능인구(15세~64세)'도 줄어들기 시작한다.(참고로, 한국의 생산가능인구는 일본보다 20여 년 뒤인 2017년부터 감소하기 시작했다.) 생산가능인구가 감소하니 고령화가 심화되었다. 2000년에는 노년부양비*가 25.2까지 상승했다. 한 명의 노인을 생산인구 4명이 지원해야 하는 것이다.(참고로, 한국의 2015년 노년부양비는 19.6명으로 5.1명이 노인 1명을 부양하는 꼴이다.) 고령자를 위한 사회보장비(연금·의료·복지 등에 소요되는 비용) 부담이 가중되었음은 두말할 나위 없다. 다른 한편으로, 고령화의 영향은 가계저축률 하락으로도 이어졌다. 고령자는 소득이 잘 늘지 않는데 의료비나 생활비 등의 소비는 줄이기 힘들기 때문에 나타나는 현상이다.[6] 1990년대 초반 11%였던 일본의 가계저축률은 지속적으로 떨어져 10년 후엔 3%대를 기록했다.

재정적자가 감당할 수 없이 커져갔고, 이를 타개하기 위해 일본 정부가 묘안을 짜냈다. 바로 재정분권을 강화하는 것이었다. 중앙

● 노년부양비는 '노년인구(65세 이상) / 생산가능인구(15세~64세) ×100'으로 계산된다.

이 써야 할 돈의 일부를 지방이 쓰게 해서 재정적자 규모를 줄이려는 것이었다. 당시 분권 논의도 무르익기 시작했고, 지방자치에 대한 요구가 커지고 있었던 것이다. 하지만 권한을 받기엔 능력이 모자라는 지자체들이 문제였다. 인구도 적고 행정능력도 부족한 지자체가 너무나 많았다. 일본 정부는 이런 지자체들에게 권한을 내줄 수 없다고 판단했다. 그래서 행정구역 통합의 필요성이 강하게 대두되었다.

당시 일본 정부가 내세운 통합의 필요성은 네 가지였다. 첫째로 지방분권을 확대할 필요성이 높아졌다는 것이다. 둘째로 저출산·고령화에 따라 노령화된 지역을 관리할 필요성도 강조했다. 셋째로 교통통신의 발달로 인해 통근·통학·쇼핑 권역이 넓어져 행정구역 개편이 필요하다고도 했다. 마지막으로 경기불황 탓에 정부곳간이 점점 바닥나고 있는 현실도 인정해야 한다고 역설했다. 하지만 이렇게 많은 이유들 속에 숨어 있는 일본 정부의 속내는 그리 복잡하지 않았다. 이를 한 문장으로 표현하면 이렇다.

"지방분권을 통해 경제위기를 극복하자!"

일본 정부는 지자체가 잘게 쪼개진 상태에서 권한을 넘겨준다면 경제위기가 더욱 어려워질 거라 생각했다. 지역 간 경쟁이 심화될 건 뻔히 예상되었고, 인구가 적은 여러 지자체들이 똑같은 사업을 벌이는 중복투자의 우려도 있었다. 이런 문제까지 중앙정부가 떠안을 수는 없다고 생각했다. 그래서 지방분권에는 조건이 있음을 명확히 했다. '권한을 받기 전에 그만한 능력과 규모를 갖추어야 한다'는 것이다. 그리하여 행정구역 통합이 강력한 대안으로 등장했다. 우선 지자체 간 '자율적인 통합'을 권고했다. 서로 상의해서 행정구역을 합치라는 것이다. 하지만 이게 쉽지는 않았다. 정치인들의 이해, 주민 반발, 지역감정 등 너무나 많은 사안이 걸려 있었기 때문이다.

2001년 출범한 고이즈미 내각은 '경제 살리기'를 최우선 정책 과제로 삼고, 보다 적극적으로 행정구역 통합에 나섰다. 이 시기 일본에서는 '잃어버린 10년'이 20년으로 이어질지 모른다는 위기감이 팽배했다. 2002년에는 통합 방침에 '자주적'이란 단어도 뺐다. 이는 중앙정부의 강력한 개입을 의미했다. 2005년 3월까지 합병하지 않는 지자체에 대해서는 교부세도 삭감하겠다고 했다.* 소규모 지자체에 대해서는 사무와 권한을 박탈하겠다고도 했다. 지자체들은 심한 압박감을 느꼈다. '사느냐, 죽느냐'의 문제가 '통합하느냐, 죽느냐'의 문제로 되었다. 그 기로에서 많은 지자체들이 통합을 택했다. 이 시기(2004~2006년의 3년간)에 일본의 기초지자체 수는 3100개에서 1800개 수준으로 대폭 줄었다.([도표 13] 참조)

고이즈미 내각은 '지방이 해결할 수 있는 것은 지방으로!' '민간이 해결할 수 있는 것은 민간으로!'의 모토 아래 지방분권을 밀어붙였다. 이 시기에 매우 중요한 재정정책도 나왔다. 바로 '삼위일체 개혁(2004년)'이다. 일본 정부는 이런 종교적 표현까지 동원해가며, '국고보조금 축소' '교부세 축소' '지방세원 확충'을 서로 떼

● 당시 일본에서는 지방채의 원리금 상환액을 지방교부세 기준재정수요액(지방자치단체가 기본 행정을 수행하기 위해 계산한 경비)에 포함하여 교부세로 지원하고 있었다. 하지만 고이즈미 총리는 지방채 원리상환금에 대해 교부세를 지원하지 않겠다는 방침을 밝혔다. 이는 지자체에 큰 압력으로 작용했다.

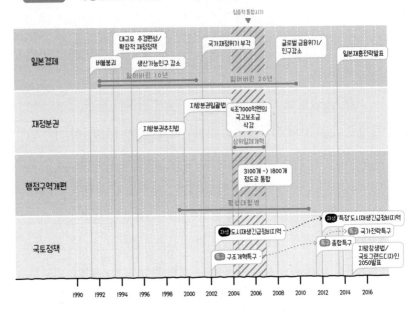

도표 13 재정분권과 맞물려 진행된 행정구역 개편

려야 뗄 수 없는 하나의 묶음으로 봐야 한다고 강조했다. 결과적으로 3년 동안 약 4조7000억 엔(약 45조 원)의 국고보조금 삭감이 이루어졌다. 2004년도 국고보조금 총액의 약 40% 정도에 해당하는 파격적인 조치였다. 교부세도 총 5조 엔(약 49조 원) 정도를 축소했다. 대신 중앙정부는 3조 엔(약 29조 원)을 지방세로 이양했다.[7]

삼위일체 개혁에 대한 평가는 다양하다. 일단 자체재원, 즉 지자체가 자체적으로 마련할 수 있는 수입이 늘었다. 지방세를 확충했으니 당연한 결과다. 그렇기에 지방의 책임성도 강화되었다. 이러한 점에서는 긍정적 평가가 우세하다. 하지만 개혁 이후 지방으로 이전되는 재원은 더 큰 폭으로 감소되었다. 그러니 중앙정부가

지방에 재정적 부담을 전가하는 게 아니냐는 반발도 있었다. 일부에서는 이런 재정개혁의 궁극적 목적이 '지방분권'에 있는 게 아니라 재정적자로 인한 경제난국을 극복하기 위한 것이었다고 비난했다.[8]

이보다 더 중요하게 지적된 게 있다. 삼위일체 개혁이 끝난 2007년 전국 시·정·촌*장을 대상으로 한 설문조사 결과는 재정분권에 대한 지자체 간의 극명한 온도차를 보여줬다.[9] 약 80%의 단체장이 분권개혁에 부정적 평가를 내렸다. 이들 대부분이 가난한 지자체들이었음을 눈여겨볼 필요가 있다. 지자체 간 재정격차가 더욱 커졌기 때문이다.

"권한도 받을 능력이 있어야 한다"

다시 한 번 강조한다. 일본에서의 지방분권은 '지방 살리기'나 '국토의 균형적 발전'을 위한 게 아니었다. 일본 정부는 지방분권을 국가의 재정적자 문제를 해결하고, 위기에 빠진 국가경제를 살리기 위한 수단으로 사용했다. 하지만 분권의 과정에서 쓰러지는 지자체가 나올 수 있다는 우려가 제기되자, 일본 정부는 다음 사항을 강조했다. "지방이 분권을 원한다면, 분권을 하겠다. 하지만 조건이 있다. 지자체가 권한을 받을 능력이 되어야 한다"는 것이었다.

● 시·정·촌市町村은 일본의 행정구역 단위로 우리나라의 기초자치단체에 해당한다. 규모는 시市가 가장 크고, 그 다음이 정町과 촌村 순으로 차이가 있지만 모두 동급의 행정구역이다.

1990년대 중반의 지자체 여건은 너무도 열악했다. '묻지마 공공사업'으로 재정적자에 허덕였고, 인구도 계속해서 줄어들고 있는 형국이었다. '지방이 권한을 정말로 받을 만한 역량이 되는지'에 대한 의구심이 커졌다. 일본 정부는 주는 떡도 못 받아먹는(?) 지자체에 권한을 넘길 수 없다는 점을 분명히 했다. 이것이 일본에서 말하는 '수용태세론受容態勢論'이다.

'수용태세'란 무언가를 받을 만한 역량을 의미한다. 일본정부는 지자체의 역량을 '담을 그릇'에 비유하면서 역량 있는 큰 그릇을 가진 지자체에게만 권한을 넘겨주겠다고 했다.[10] (일부 학자들은 수용태세론을 '담을 그릇론'으로 번역하기도 한다.) 여기서 큰 그릇의 기준은 '인구' '재정 능력' '행정 능력' 등이었다. 이 중 가장 중요한 건 '충분한 인구'이다. 인구가 많으면 세금도 많아진다. 그래서 재정도 튼실해진다. 또한 인구가 많으면 행정을 담당할 좋은 인재도 쉽게 뽑을 수 있다. 이런 이유로 인구의 크기에 따라 넘겨주는 권한을 달리 해야 한다는 목소리도 커졌다. 큰 그릇엔 많은 권한을, 작은 그릇은 적은 권한을 배분해야 한다는 것이다.*

● 이에 따라 일본에서는 도시에도 급을 두었다. 대표적인 예가 도시를 세 단계로 구분한 제도이다. 인구를 기준으로 '정령지정도시(정령시)' '중핵시' '특례시'로 구분하는 방식이다. 정령시의 최소인구는 50만 명이다. 우리나라의 경우 서울특별시를 제외하곤 인구 50만이 넘는 도시는 20개 남짓이다. 일본에서도 현재 20개의 도시가 정령시로 지정되어 있는데, 이들 도시에는 상당한 수준의 자치권이 주어지고 있다. 중핵시는 인구 30만 이상의 도시를 대상으로 한다. 우리로 치면 전북 익산시나 경남 양산시, 강원 원주시, 충남 아산시가 인구 30만 정도이니, 이들보다 큰 도시들이라 생각하면 된다. 중핵시는 환경보전관리, 도시계획, 건축행위허가 등의 권한뿐만 아니라 보건위생, 사회복지(민생행정) 사무도 처리할 수 있다. 하지만 인구 20만~30만 규모의 특례시는 중핵시에 비해 권한에 제약이 있다. 특례시는 중핵시가 가진 권한 중 보건위생, 사회복지 사무는 할 수 없다. 보건위생과 사회복지는 작은 도시들이 처리하기 힘든

일본의 경우, 행정구역 개편의 과정에 중앙정부가 강력히 개입했다. 하지만 처음부터 그랬던 건 아니다. 메이지유신 이후 120년간의 지자체 통합 과정에서 중앙정부가 감 놔라 배 놔라 하지는 않았다. 고도의 경제성장기인 1960~1980년대에도 그랬다. 중앙정부의 역할은 시·정·촌들끼리 원활하게 합병할 수 있도록 걸림돌을 없애주는 선에 머물렀다. 물론 당시는 일본 경제가 승승장구하는 시점이어서 통합 자체가 절실한 문제는 아니었다. 그러니 통합한 지자체 수는 그리 많지 않았다. 하지만 1990년대 이후 상황은 급변했다. 거품경제가 붕괴하고 복지지출과 재정적자가 증가하는 국가적 위기를 맞게 되면서 근본적인 구조개혁이 필요했다. 이를 위해 중앙정부가 시·정·촌 통합에 강력하게 개입한 것이다.

하지만 중앙에서 모든 일을 도맡아 하지는 않았다. 합병에는 광역자치단체인 도·도·부·현都道府縣(일본의 광역 행정구역으로 도쿄도都 1개, 홋카이도道 1개, 교토부府·오사카부府 2개, 43개 현縣, 이렇게 총 47개가 있다)의 역할이 컸다. 중앙정부와 광역정부 간 일종의 역할 분담이 있었다. 중앙정부는 시·정·촌 합병의 기본 방향을 제시하고 각종 행정·재정 지원계획을 수립했다. 광역정부인 도·도·부·현에선 중앙의 계획을 받아 합병을 권고하고, 알선하고, 조정하는 식이었다.[11]

물론 이런 중앙정부의 강경한 태도에 대한 비판도 컸다. 특히 수용태세론을 내세운 행정구역 통합에 대해 부정적 인식이 컸다. 행

___

일이라 생각했던 것이다.(제도가 중복적이란 비판을 받아들여 2020년까지 다시 통합할 예정이다.)

정의 효율성만을 지나치게 강조하다 보니, '지방자치 없는 지방분권'이란 비판도 거셌다. 그렇다고 인구가 적은 지자체에 큰 권한을 이양하면 어떤 일이 벌어질까? 해당 지자체의 재정 능력과 행정 능력이 저절로 높아질까? 일본의 수용태세론이 효율성만 강조한 막무가내식 주장이라고 무작정 비판할 수는 없을 것이다. 대책과 준비 없이 권한이 이양되면 파산에 직면할 지자체도 줄줄이 등장할 수 있기 때문이다.

일본은 균형발전에는 관심이 없었는가?

일본의 지방분권 논의는 우리와는 달리 균형발전과는 관계없다고 했다. 그럼 일본은 국토 균형발전에 대한 의지가 없었을까? 아니다. 일본도 우리처럼 균형발전을 추구했다. 하지만 그 노력은 성공을 거두지 못했다. 일본의 의지를 꺾은 건 다름 아닌 '경제불황'이다. 여기서 균형발전을 위한 일본의 노력과 시도가 어떻게 변화해왔는지 살펴보자.

세계 제2차대전이 끝난 후 일본 경제체제는 붕괴되었다. 그러나 1950~1953년 사이 벌어진 한국전쟁이 일본을 기사회생시켰다. 미군이 전쟁에 필요한 군수물자를 일본에서 사다 썼기 때문이다. 이를 계기로 일본은 1950년대 중반부터 1970년대 중반까지 고도성장을 한다. 이 과정에서 도쿄권·나고야권·오사카권의 3대 대도시권으로 인구가 빠르게 모여들었다. 1962년에 세워진 제1차 전국종합개발계획(우리로 치면 국토 마스터플랜인 '국토종합계획')에는

'지역 간의 균형 있는 발전'을 최우선으로 놓았다. 하지만 이는 구호에 그쳤다. 1969년 제2차 전국종합개발계획에서도 교통네트워크 정비와 대규모 사업을 통해 국토 균형발전을 도모하고자 했지만, 대도시권의 성장세는 멈추지 않았다.

1977년 제3차 전국종합개발계획에서는 심지어 수도이전을 주요한 과제로 삼는다고 밝혔다. 이 계획에 의해 1979년부터 5년간 이전 후보지에 대해 연구를 진행하기도 했다.[12] 수도이전 논의는 지역 간 갈등을 불러일으키다, 결국 1986년에 일부 정부기관만을 이전하는 것으로 결정되었다. 이어진 제4차 전국종합개발계획(1987)에서도 균형발전 의지는 꺾이지 않았다. 균형발전 정책의 일환으로 대규모 공공사업이 지역 곳곳에서 경쟁적으로 벌어졌다. 이때를 즈음해서 다시 수도이전 논의가 고개를 들었다. 이번엔 단순히 행정 기능을 이전하는 것이 아니라 나라의 수도 자체를 옮기는 '천도遷都'였다. 이에 대해 1990년 국회 의결까지 했다. 하지만 버블경제가 터지면서 일단락된다.

버블이 터진 이후 일본의 국토전략은 '균형발전'에서 '신자유주의적 경쟁'으로 바뀌어간다. '잃어버린 10년' 동안 대도시는 성장동력을 잃어갔다. 부동산 가격이 폭락했다. 주가는 반토막 났고, 실업률은 급등했다. 일본인들은 절망했다. 이에 '도시를 되살려야 일본이 산다'는 공감대가 만들어지기 시작했다. 2001년에는 정부의 정책 설명 보고서인 국토백서에 '국토의 균형 있는 발전'이란 정책목표도 사라졌다. 대신 '지역의 개성 있는 발전'이 들어섰다. 이는 국토균형발전 정책의 실질적 포기를 의미했다. 앞서 봤듯 이

시기에 지방분권에 대한 요구도 커졌다. 이때 이후 쏟아진 지역정책들은 '쓰러져가는 경제 살리기(경제회생)'와 '지방에 권한 이양(지방분권)'이라는 두 가지 목적이 묘하게(?) 섞인 것들이 대부분이었다.

그 대표적 정책이 2003년 처음 설치된 '구조개혁특구'다. 경제성장에 방해가 되는 각종 규제를 완화한 특구를 설치하면서 구체 항목은 지자체가 주도적으로 정하도록 했다. 지역 특성을 고려한 계획도 지자체 스스로 작성하게 했다. 중앙정부는 이런 정책이 지자체 간 경쟁을 유도할 수 있다고 생각했다. 일본의 특구 제도는 진화에 진화를 거듭했으며, 특구가 지정되는 곳도 지역 곳곳에서 대도시 중심으로 바뀌었다.

2003년의 구조개혁특구는 전국 1264개 지역에 고루 선정되었다. 하지만 너무 많은 곳에 지정된 특구는 더 이상 특별한 구역(?)이 아니었다. 2010년 이후에 경쟁력 있는 대도시들을 중심으로 국제전략종합특구(7개)와 국가전략특구(12개) 등이 지정되었다. '국제전략' '국가전략'이란 단어에는 대도시를 키워 일본 경제의 국제경쟁력을 키워야 한다는 중앙정부의 강력한 의지가 반영되어 있다.

이런 경향은 일본의 도시재생 사업에서도 똑같이 나타났다. 일본 정부는 2000년대 초반부터 도시의 쇠퇴에 대응하기 위한 '도시재생긴급정비지역'을 지정해왔다. 이들 지역 또한 일종의 특별구역이라 보면 된다. 여기에도 규제완화에 관한 특례(예를 들어, 토지이용규제 완화, 인·허가 기간의 단축)가 제공되었다. 잠시 [도표 14]를

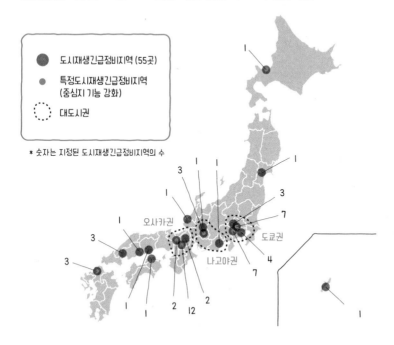

도표 14 점점 도심으로 집중되는 일본의 도시재생사업

- 도시재생긴급정비지역 (55곳)
- 특정도시재생긴급정비지역 (중심지 기능 강화)
- 대도시권

* 숫자는 지정된 도시재생긴급정비지역의 수

오사카권

도쿄권

나고야권

3
3
7
3
3
4
7
2
12
2

보자. 그리고 어느 곳에 도시재생 사업이 집중되었는지 살펴보자. 사업이 몰려 있는 지역은 대부분이 대도시권이다. 2000년대에도 지방 중소도시들은 빠르게 쇠퇴하고 있었다. 하지만 일본의 관심은 '국토균형'보다는 '생존'이었다. 경기부양을 제일의 목표로 삼았다. 경쟁력이 떨어져가는 큰 도시들을 되살려야 일본이 살아남을 수 있다고 판단한 것이다.

2011년부터는 도시재생 정책의 의도를 보다 분명히 드러냈다. 이미 지정되어 있던 '도시재생긴급정비지역' 내에서 집적의 정도가 높고, 경제적 파급력이 우수한 곳을 선택해 '특정도시재생긴급정비지역'으로 지정했다. 여기엔 더 큰 세제혜택과 민간사업자 지원 정책을 집어넣었다. 도시재생에도 '선택과 집중'이 필요하다고 생각해 '특정(특별히 지정!)'이란 단어까지 붙여가며 재생사업을 진행한 것이다. 독자들도 이런 지역이 어디일지 짐작할 수 있을 것이다. 대부분이 도쿄권·오사카권·나고야권 등 3대 대도시권에 집중되어 있다. 그것도 대도시권의 도심을 타깃으로 했다. 재생사업의 흐름도 '지역 곳곳→대도시 중심→대도시의 도심 중심'으로 바뀌어온 것이다.

경제불황은 끝날 기미를 보이지 않았다. 일본인들의 좌절이 무력감으로 전환되던 시점인 2012년에 아베 총리가 재집권한다. 이번에도 경제문제가 최우선이었다. 2013년엔 '일본재흥전략'이 발표되었다. 재흥再興이란 단어에는 잃어버린 20년을 극복하고 일본경제를 '다시 부흥'시키겠다는 뜻이 담겨 있다. 이 전략의 양대 축은 '미래 신기술 투자를 통한 생산성 혁명'과 '로컬 아베노믹스local Abenomics'이다. 그리고 여기서 일본의 경제부흥 정책은 지방발전 정책과 만나게 된다.

먼저 일본 정부는 경제를 살리기 위해 '수요 중심'의 경제정책을 '공급 중심'으로 바꾸었다. 기업의 수익을 개선함으로써 '고용 확대→임금 상승→가계소득 증가→소비 증가→수요 증가→기업 투자 자극'의 흐름을 만들겠다는 것이다. 이를 위해 인공지능AI·사물인터넷IoT·빅데이터·로봇 산업에 대한 투자를 늘리고 '샌드박스' 제도(신산업·신기술 분야의 규제를 완화해주는 제도)를 국가전략특구의 틀에서 발전시키겠다고 했다.[13]

두번째 축인 로컬 아베노믹스는 지방소멸에 대한 위기의식으로 등장했다. 지방이 쓰러지면 국가 경제 전체가 무너질 수 있기 때문에 지방의 경제를 활성화시켜야 한다는 것이다. 지방 경제의 활성화 없이는 국가 경제가 살아날 가능성이 없다는 인식의 전환이 있었던 것이다.

로컬 아베노믹스는 '지방의 소멸=국가의 소멸'로 보고 있다. 일본의 지방붕괴에 대한 위기의식은 2014년 5월에 발표된 「마스다 보고서」로 증폭되었다. 이 보고서는 2040년까지 일본의 1727개의 시정촌* 중 약 절반 정도인 896개가 소멸할 것이라 예측했다. 일본 사회는 술렁였다. 아베 정부는 같은 해 9월 '지방창생본부'를 설치한다고 발표했고, 11월엔 지방창생법을 공포했다. 그리고 '지방의 창생創生'이 '일본의 창생'임을 명확히 했다. 창생은 '새롭게 만든다'는 뜻으로, 지방을 다시 부흥시키지 않으면 소멸할 수 있다는 위기의식을 반영하고 있는 단어다.

이를 위한 정책들은 마을·사람·일자리 창생전략에 담겨 있다. 이 전략이 의도하는 바는 안정적인 고용 창출→지방으로 인구 유입→청년세대의 결혼·출산·육아에 관한 꿈 실현→시대에 조응하는 지역 만들기→지역 간의 연계 추진→지역의 활성화로 이어지는 선순환 구조를 만드는 것이다.[14]

이제 일본은 국가적 차원에서 지방의 붕괴를 막기 위해 필사적인 노력을 기울이고 있다. 다시 한 번 강조하지만, 지방 경제가 붕

● 일본은 헤이세이 대합병으로 시·정·촌수가 3232개(1999년)→1821개(2006년)→1727개(2010년)로 감소했다.

괴되면 국가경제도 붕괴할 것이라 보기 때문이다.

세 층(대도시-중소도시-농산어촌)에서 거점을 개발하다

일본에서 지방의 위기에 대한 경각심을 불러일으킨 「마스다 보고서」는 '지방의 붕괴가 궁극적으로 도쿄권도 무너뜨릴 것'이란 암울한 전망을 담았다. 이제 일본 정부는 '경제위기'뿐만 아니라 '지방위기' 문제도 끌어안아야 했다.

2014년 7월 일본은 '국토그랜드디자인 2050'을 수립했다.[*] 35년 후를 내다보는 계획이다. 장기적 계획이니 앞으로 전개될 시대적 트렌드에 주목했다. 여기엔 급격한 인구감소, 출산율의 저하, 세계화의 진전, 거대한 재해발생 가능성 증가, 인프라의 노후화, 지구환경문제, ICT 및 기술혁신의 진전 등이 포함된다. 일본 정부가 예측하는 2050년의 미래는 대충 이러하다.

- 현재 거주지역 중 60% 이상에서 인구규모가 절반 이하로 감소할 것이다!
- 인구규모가 적은 지역일수록 인구감소율이 높다!
- 인구가 반토막이 난 지역 중 20%는 거주민이 사라진다!
- 인구 증가 지역은 국토의 2%뿐인데, 이는 대도시권에 밀집되어 있다!

● 우리의 국토종합계획이나 일본의 국토형성계획은 둘 다 법에 의해 수립이 강제되고 있는 법정계획이다. 하지만 국토그랜드디자인 2050은 이런 법정계획이 아니다. 국토형성계획 수립을 위한 보조적 역할이다.

전국토를 1km^2 격자 단위로 자른 후 정밀하게 인구예측을 한 결과, 전국토의 2% 정도에서만 인구가 증가할 것이라는 예상이 나왔다. 실로 충격적인 결과였다. 인구감소와 고령화는 지방에 더 큰 타격을 줄 것이 분명했다. 2050년까지 거주지의 60%에서 인구가 절반 이하로 줄 것이란 암울한 전망까지 나왔다. 도시가 최소한의 기능을 발휘하려면 어느 정도의 인구가 필요하다. 하지만 이대로라면 앞으로 대부분의 지역에선 기초적인 생활인프라도 제공되지 못할 것이었다.

일본이 꺼낸 카드는 신선했다. 국토의 기본 방향을 'Compact+Network'로 잡았다. 국토의 부분 부분을 뭉쳐 촘촘한 거점들로 만들고Compact, 그런 후 이 거점들을 연결하겠다Network는 뜻이다. '국토그랜드디자인 2050'엔 12개의 전략이 포함되어 있다. 핵심은 역시 '뭉치고 연결하기'다. 인구·자원을 특정지역에 모으고, 이들을 연결하여 교류를 촉진하는 것이다.

일본의 '뭉치고 연결하기' 전략은 전국토에 걸쳐 진행되고 있다. '대도시권-지방도시-농어촌지역'의 세 층 모두를 압축하는 방향으로 말이다. 인구가 감소하니, 국토 전반의 압축이 필요하고, 그게 바로 대도시권 중심의 거점전략이다. 그리고 지방도시와 농어촌도 압축 방향을 구체화했다.[15] 우선 대도시권 압축전략부터 살펴보자.

먼저 일본은 대도시권 중심으로 일본 경제를 부활시킬 것을 천명했다. 대도시권 육성정책은 일본이 택한 미래 국토 발전방향이다. 일본에는 한국의 특별시나 광역시·도에 해당하는 '광역' 행정구역(도·도·부·현)이 47개나 있다. 이들 지역 중 최근(2010~2015년)에 인구가 증가한 곳은 8곳뿐이다.[*] 이 8곳 중 두 곳을 제외하곤 모두 3대 대도시권(도쿄권·나고야권·오사카권)에 속해 있다.[16] 특히 수도권인 도쿄권으로의 인구증가는 두드러졌다. 이는 다른 도시의 인구를 흡입한 결과다. 도쿄권으로 유입된 인구의 대부분은 젊은 인구이다. 유입된 인구 11만9000명 중 9만 명이 15~24세였다고 한다. 이런 일본의 사정은 우리와도 비슷하다. 수도권인 도쿄권으로의 이동은 대학 진학뿐만 아니라 일자리를 얻기 위해서였다.

대도시권은 일본 경제를 견인하는 곳이다. 일본에서는 인구의 반 정도가 도쿄권·나고야권·오사카권의 3대 대도시권 안에 살고 있다. '대도시권의 침체=일본경제의 침체'라고 볼 수 있다. 그러니 대도시권을 중심으로 나라 경제를 살려야 한다는 목소리가 커졌다. 그럼 어떤 대책을 내놓았을까?

좀 무지막지하게 들릴 수도 있겠다. 우선 일본 정부는 이 3대 대도시권을 거대한 블록으로 만들려 한다. 물론 각 대도시권이 갖는 특성은 서로 다르다. 도쿄권은 국제적 기능을 담당하고, 나고야권은 첨단제조업, 오사카권은 문화·역사·상업으로 특화하려 한다. '국토그랜드디자인 2050'에는 일본의 이 3대 대도시권을 묶어 '슈퍼 메가리전super mega-region(초광역경제권)'을 만들겠다는 구상도 담고 있다. 비행기와 비슷한 속도인 시속 $600km$로 달리는 '리니어 신칸센(주오신칸센中央新幹線으로도 불린다)'으로 세 지역을 연결하는 계

● 인구가 증가하는 8곳은 수도권의 네 지역(도쿄도·사이타마현·지바현·가나가와현), 나고야권(아이치현), 오사카권(시가현), 후쿠오카현, 오키나와현이다.

획도 세웠다. 도쿄-나고야-오사카를 67분 만에 관통하는 자기부
상열차를 깔겠다는 것이다. 2014년 말에 착공했고 2027년까지 도
쿄-나고야 구간 완공이 목표다. 슈퍼 메가리전의 구축과 리니어
신칸센 건설은 경제 재도약을 위한 일본의 절실함을 보여주고 있
다.(하지만 대도시권의 외곽은 고령화가 급속히 진행될 것으로 예상하고
있다. 이에 따른 의료, 복지수요가 급증하지만 외곽은 이런 서비스의 사각
지대가 될 것이다. 일본 정부는 이들을 위해 의료, 복지기능을 다시 배치할
필요가 있음을 강조하고 있다.)

다음으로, 중소도시와 농어촌을 대상으로 하는 뭉치기 전략도
만들었다. 일본은 우리보다 먼저 지방도시의 빠른 쇠퇴를 경험했
다. 인구가 감소하니 도시 인프라 투자의 효율성이 낮아졌다. 인구
가 희소한 지역에선 도로·병원·상하수도 등 생활에 꼭 필요한 인
프라들이 노후화되어도 이를 어쩌지 못하곤 한다. 하지만 외곽개
발은 계속되어 시가지만 확대되고 있다. 이런 상황에서 지방이 소
멸될 것이란 위기감이 커져만 갔다.

더 이상의 인구유출을 막기 위한 '뭉치기 전략'이 필요했다. 이
전략은 향후 20년 후의 도시미래상을 그리는 '입지적정화계획' 속
에서 수립하도록 했다. 그 법적 근거는 '도시재생특별조치법' 속에
집어넣었다. 2014년 8월의 일이니 얼마 되지 않은 따끈한(?) 계획
이라 보면 된다. 효과를 검증하기도 짧은 시간이라 이 계획에 대해
논하기는 아직 이르다. 하지만 일본 전역에 이 계획이 확산되는 속
도는 놀랄 만큼 빠르다.

지난 2018년 8월 현재 전체 1718개의 시·정·촌 중 420개(약

24%)가 이 계획을 세웠거나 세우고 있다. 4개의 지자체 중 하나는 압축전략을 채택한 것이다. 이 중 177곳은 계획을 작성하고 공표까지 했다.[•] 중앙정부도 관련 부처를 동원해 도시압축화를 지원해주고 있다. 입지적정화계획은 불과 4년 만에 놀라운 속도로 번졌다. 이 추세대로라면 앞으로 10년간 대부분의 지자체들이 이 계획을 택하게 되리라 보인다.

농어촌 지역도 마찬가지다. 듬성하게 흩어져 있는 집락集落에 어떻게 생활서비스를 제공할 수 있는지가 가장 시급한 문제로 부각되었다. 이런 지역에서의 압축정책은 '작은 거점compact village'을 만들어 이 거점을 주변 집락들과 연결하는 것이다. 작은 거점과 주변 집락을 커뮤니티 버스 등의 교통네트워크로 연결하여 서비스의 원활한 공급을 추구한 것이다. 일본 정부는 전국 5000개 정도의 작은 거점을 만들려 한다. 작은 거점은 국토의 세포로서 역할을 하며, 이 세포가 주변 세포들과 연결되도록 말이다.

'작은 도시'도 뭉치면 강하다

지방 중소도시의 뭉치기 전략은 여기서 끝나지 않았다. 인구가 줄어드는 지자체의 세수가 감소했다. 또한 대학이나 응급실, 백화점 등의 고차高次 서비스들이 사라지기 시작했다. 공공시설을 없애는

● 도시기능유도구역과 거주유도구역을 함께 설정한 시·정·촌은 142곳, 도시기능유도구역만 설정한 시·정·촌이 35곳으로 나타나고 있다.(일본 국토교통성 홈페이지 (http://www.mlit.go.jp/)를 참조)

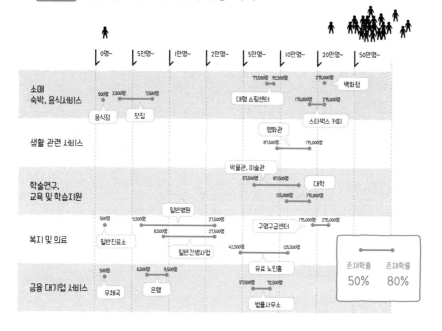

경우도 생겼다. [도표 15]는 각 서비스가 안정적으로 운영되기 위해선 최소한의 인구가 어느 정도 확보되어야 하는지를 보여주고 있다. 예를 들어, 백화점이 들어서려면 인구 30만 명 정도의 배후인구를 확보해야 한다. 인구 10만은 조그만 대학이 입지할 수 있는 최소한의 수치다. 인구 5만을 확보하지 못한 도시는 중증환자를 대상으로 하는 3차응급의료기관(일본에선 '구명구급센터'라 부른다)이 들어서기 힘들다.

이건 우리나라도 마찬가지다. 중증질환자를 대상으로 난이도가 높은 의료행위가 가능한 상급종합병원도 인구 30만 명 이하인 곳에서는 운영이 힘들다. 인구가 100만 명이 넘는 울산시나 창원시도

상급종합병원이 없다. 웬만한 백화점은 인구가 최소 30만 명 이상 되어야 출점을 고려하고, 대형 할인마트와 영화관도 인구 10만 이상의 배후인구가 필요하다.[18] 우리나라 기초지자체 중 영화관이 없는 곳도 30%(226개의 지자체 중 66곳)나 된다.[19] 인구가 감소해 이런 서비스들이 사라지면, 더 빠른 속도로 인구가 유출되는 악순환을 겪을 수밖에 없다. 그래서 일본의 인구감소 지역에선 여러 도시들이 연합해 기본 수요를 확보하겠다는 전략도 세웠다. 각 도시의 인구를 압축한 뒤 이들을 연결하면 '지방도시연합'이 구축되는 것이다. 연합도시들이 연결되면 '도시권'으로서의 기능을 할 수 있다.

광역적 연계에서는 중심이 되는 '중추도시'가 있어야 한다. 중추도시를 중심으로 주변의 조그만 도시들이 연계협약을 맺는 방식이다. 도시권을 만들기 위해서는 중추기능을 담당할 도시가 인근 도시들에게 연계 제안을 해야 한다.

현재 일본에는 28개의 연계중추도시권이 있다. 물론 연계를 위한 교통여건이 좋지 않은 곳도 있다. 이런 지역은 광역행정 단위인 도·도·부·현에서 커버한다. 도시 간 연계가 어떤 모습일지에 대해 막연한 느낌일 수도 있겠다. 연계중추도시권의 가장 대표적인 예인 하리마 권역圈域을 보자. 이 권역의 중추도시는 히메지시다. 지금의 히메지시는 2016년 5개의 도시(구舊히메지시+이에시마정町+유메사키정町+고테라정町+야스토미정町)가 통합해 만들어졌다. 이로써 인구 50만 이상을 확보했으며, 지금은 정령지정도시(법적으로 인구 50만 이상의 도시 중 선택됨)로 승격을 준비중에 있다. 정령지정도시로 올라가면 사무 권한이 많아져 중추도시의 기능이 강화되기 때문이

하리마 권역 연계중추도시권[20]

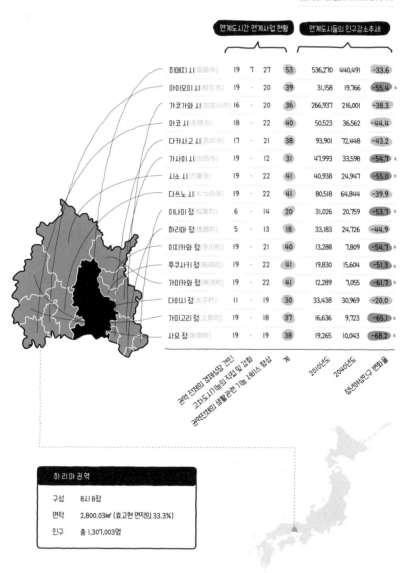

* 표시 수치 지역은 소멸가능성이 높은 지자체
청년여성인구 변화율은 20-39세의 여성 수로 추계

	연계도시간 연계사업 현황				연계도시들의 인구감소추세		
	권역 전체의 경쟁상장 견인	고차도시기능의 직접 및 강화	권역전체의 생활관련 기능 서비스 향상	계	2010년도	2040년도	청년여성인구 변화율
히메지 시(姫路市)	19	7	27	53	536,270	440,491	-33.6
아이오이 시(相生市)	19	·	20	39	31,158	19,766	-55.4 *
가코가와 시(加古川市)	16	·	20	36	266,937	216,001	-38.3
아코 시(赤穂市)	18	·	22	40	50,523	36,562	-44.4
다카사고 시(高砂市)	17	·	21	38	93,901	72,448	-43.2
가사이 시(加西市)	19	·	12	31	47,993	33,598	-54.7 *
시소 시(宍粟市)	19	·		41	40,938	24,947	-55.0 *
다쓰노 시(たつの市)	19	·	22	41	80,518	64,844	-39.9
이나미 정(稲美町)	6	·	14	20	31,026	20,759	-53.7 *
하리마 정(播磨町)	5	·	13	18	33,183	24,726	-44.9
이치카와 정(市川町)	19	·	21	40	13,288	7,809	-54.7 *
후쿠사키 정(福崎町)	19	·	22	41	19,830	15,604	-51.3 *
가미카와 정(神河町)	19	·	22	41	12,289	7,055	-61.7 *
다이시 정(太子町)	11	·	19	30	33,438	30,969	-20.0
가미고리 정(上郡町)	19	·	18	37	16,636	9,723	-65.1 *
사요 정(佐用町)	19	·	19	38	19,265	10,043	-68.2 *

하리마 권역

구성	8시 8정
면적	2,800.03km² (효고현 면적의 33.3%)
인구	총 1,307,003명

다. 또한 히메지시는 인근 15개 도시(7개의 시와 8개의 정)와 연계해 인구 130만 명의 도시권을 형성했다. 히메지시로의 통근·통학률이 높은 지역들을 연계한 형태다. 도시권의 경제성장전략도 세웠다.

그럼 어떤 연계사업이 가능할까? 너무나 다양한 연계사업이 있으니 큰 항목별로 주요 사업만 간략히 소개하겠다. 각개전투하던 지자체들이 생존을 위해 함께 어떠한 노력을 기울이는지 느껴보는 것으로 족하다.

우선 권역 전체의 경제성장을 견인할 목적의 사업이 있다. 하리마 권역에 속한 16개 시·정(8시+8정)은 힘을 합쳐 '풍작의 국가, 하리마' 사업을 만들었다. 이 사업의 구체적인 프로그램에는 하리마 지역에서 생산된 상품의 판로를 확대하기 위해 함께 국내외 상담회에 참여하고, 간사이 식문화연구회와 공동으로 사업을 실시하고, 전국의 호텔과 레스토랑에 하리마에 대한 정보를 보내고, 요리잡지와 연계하여 특집기사를 투고하는 사업 등이 포함된다. 기업의 유치를 위해 시·정의 기업환경을 함께 조사하고 정보를 공유하기도 한다. 그리고 기업유치를 위한 팸플릿도 함께 작성한다. 관광도 중요한 부분이다. 권역 내 자전거 코스를 만들고, 2020년 도쿄올림픽 개최에 맞춘 외국 여행객 대상의 관광프로그램을 '권역의 관점'에서 발굴하고 추진한다.

다음으로 고차 도시기능을 강화하는 사업이다. 중심지에 고차-중차-저차의 위계가 있듯이 도시 서비스에도 유사한 위계가 존재한다. 고차 중심지에는 백화점, 응급의료센터, 대학, 박물관 등의 고차 서비스가 들어간다. 중차(혹은 저차) 중심지에선 이들이 생존하긴 힘들다. 적자가 불가피하기 때문이다. 그러니 이 프로그램에선 인구가 50만 명이 넘는 히메지시의 역할이 클 수밖에 없다. 연계사업의 종류를 보자. 일단 제일 급한 게 의료다. 인구가 감소하고 노령화된 지역에선 의료가 더욱 절실하다. 히메지시는 의료서비스 중심성 강화를 위해 응급의료체계를 확보하는 프로그램을 만들었다. 또한 광역적 공공교통망을 구축하여 주변지역과의 연계를 강화하고자 했다. 주변의 대학들을 연계하고 지원하여 고등교육·연구개발의 환경을 정비하는 사업들도 동시에 추진하고 있다.

마지막으론 생활 관련 서비스를 향상시키는 사업이다. 현재 27개의 사업이 계획되어 있지만, 이들 중 하리마 중추도시권역에서 역점을 두는 사업은 '도서관 상호이용 촉진사업'과 '성년 후견지원센터 운영 사업'이다. 도서관 상호이용 촉진사업은 주민들이 권역 내 운영중인 37개 도서관을 편하게 사용할 수 있게끔 시스템을 구축하는 것이다. 성년후견지원센터 연계사업에서 '성년후견'이란 정신적 문제(예를 들어 자신이나 가족의 이름, 주소 등을 인지하지 못하는 경우)로 생활능력이 떨어지는 사람들에게 후견인을 붙여서 보호와 지원을 받게 하는 걸 말한다. 하리마권의 경우에는 성년후견 지원센터가 히메지시에만 운영되고 있는데, 주변 정町의 주민들을 대상으로 후견제도를 상담지원하고, 시민 후견인을 육성하는 연수프로그램을 운영하고 있다.

우리의 국토정책, 그리고 분권의 방향은?

이웃나라 일본의 국토정책에 대해 대략적으로 살펴봤다. 크게는 세 전략이다. ①대도시와 중소도시, 농어촌 지역을 모두 압축한다. ②압축된 대도시, 중소도시, 농어촌 지역을 교통망과 연계사업으로 잇는다. ③중소도시를 연합해 대도시처럼 기능할 수 있도록 구상한다.

지방 인구소멸이 현실화되기 전에, 우리는 이러한 일본의 노력을 주의 깊게 살펴야 한다. 그 모두가 우리 실정에 맞다는 건 아니다. 우리에게 적합한 모델은 적극적으로 수용하고 그렇지 않은 모델은 참고만 하면 된다. 실패라 여겨지는 건 반면교사로 삼으면 된다.

아래는 일본의 사례를 통해 우리가 배울 점들이다. 일본의 현재가 우리의 미래가 될 가능성이 높다는 점도 기억해두면 좋겠다.

1. 전국가적으로 '지방분권→격차완화(균형발전)'보다는, '(행정구역 개편을 통한) 격차완화 →지방분권'이라는 논의의 과정을 거쳤다. 이 과정에서 지방분권이 격차를 완화한다는 순진한(?) 레토릭은 등장하지 않았다.

2. 지자체별 나눠주기식 사업은 밑 빠진 독이었음을 깨달았다. 그 뒤 대도시권 육성정책이야말로 일본이 살길이란 것을 천명했다. 대도시 중심으로 흐르는 경제의 큰 방향에 대해 인정할 건 인정했다는 얘기다.

3. 국토 전역에 '선택과 집중' 원리가 구현되도록 전략을 짰다. 대도시·중소도시·농어촌 지역 모두에 압축전략을 적용해 거점을 만들었다.

그리고 이들을 이어 광역적 기능을 할 수 있도록 계획했다.

4. 중소도시들의 인구이탈을 방지하기 위해 도시들을 연합했다. 도시권을 형성하고 연계사업을 진행하고 있다.

참으로 배울 점이 많다. 그렇지만 문제도 있다. 가장 아쉬웠던 건 공간구조의 재편에 '효율성 중심'의 논리가 전면으로 내세워져 있다는 점이다. 그러니 국토 균형발전에 대한 의지는 뒷전으로 밀려나 있다. 최근에 '지방창생법' 제정으로 지방위기를 극복하고자 하지만, 이것으로는 많이 부족해 보인다. 잃어버린 20년에 대한 충격에서 벗어나지 못한 것일까. 아직도 일본은 '효율성 중심'으로 기울어져 있다. 아래의 내용은 일본의 사례를 검토하며 아쉬웠던 점들이다.

1. 일본의 행정구역 통합은 국가의 재정적 위기를 극복하기 위한 것이었다. 조그만 지자체를 정리하기 위한 '구조조정'의 성격을 띠고 있었다. 구조조정은 신자유주의적 경제학자들의 지지 속에서 반강제적으로 추진되었다.[21] 행정구역을 통합한 이후에도 여전히 지자체 간 인구·재정 격차는 크게 나타나고 있다. 이는 지방분권이 앞으로도 지방도시들 간의 격차를 확대시킬 가능성이 높음을 의미한다.

2. 대도시권 육성 과정에서 수도권과 지방의 격차가 더욱 커져만 갔다. 이는 대도시권 성장의 이익을 주변지역과 나눌 수 있는 시스템이 부재하기 때문이다. 일본이 내세우는 공간 전략은 압축과 연결이다. 정책을 자세히 들여다보면, '압축'의 내용은 구체적이지만 '연결'에 관한 건 추상적이다.

큰 거점과 작은 거점을 잇는 '상생의 끈'을 만드는 게 연결 전략이다. 연결을 위한 구체적 사업에 대한 고민이 부족했다.

3. 일본도 심각한 지방소멸 위기를 겪고 있다. 하지만 지방의 대응책은 '압축'과 '연합도시 구축'이라는 방어적 차원에 머무르고 있다. 현 상태라도 유지하는 것을 목적으로 한 곳도 많다. 예를 들어 연계중추도시권이 만들어진 이유는 지방의 인구유출을 방지하기 위해서다. 좋은 정책이긴 하지만 이 목적을 달성할 가능성은 높지 않아 보인다. 인구감소 시대의 '인구 빼앗기 경쟁'에서 누가 이길지는 너무나 뻔하다. 지방에도 '유출 방지' 차원을 넘어 인구를 적극적으로 끌어들이는 정책이 필요하다. 3대 대도시권 밖의 지방에도 적극적 대도시권 육성 정책이 절실한 이유다.

일본의 사례는 우리에게 많은 시사점을 준다. 국토 균형발전에 대한 강한 의지가 뒤따르지 않는다면, 일본은 3대 대도시권만 커버린 기형적 모습으로 변할 가능성이 높다. '대도시권 정책'은 공격적인 데 반해 지방도시는 수세적 정책을 사용하기 때문이다. 지방을 위한 더 과감한 정책이 나오지 않는다면, 그리고 대도시와 지방도시 간의 상생발전 시스템을 구축하지 않는다면 일본의 지역 간 격차는 더욱 커질 것이다.

그렇다면 과연 이제 우리는 어떤 노력을 해야 할까?

프랑스의 거점전략은 어떻게 진행되어 왔을까?

프랑스는 거점개발 전략을 택한 대표적인 나라 중 하나다. '거점개발'이라 하면 중앙이 모든 걸 틀어쥐고 이래라 저래라 하는 모습을 상상할 수도 있겠다. 하지만 꼭 그런 건 아니다. 프랑스는 지방자치가 고도로 발달된 나라다. 프랑스의 행정구역은 '레지옹-데파르트망-코뮌'의 세 단계로 구성돼 있다. 우리의 '광역지자체(시도)-기초지자체(시·군·구)'보다 한 단계가 더 많다. 2016년 현재 13개의 레지옹과 96개의 데파르트망, 3만5756개의 코뮌이 있다.(프랑스 본토 기준) 프랑스의 행정시스템은 우리와 큰 차이가 있다. 굳이 비교해보자면, 레지옹은 우리의 '도'보다 조금 더 큰 수준으로 생각하면 된다. 코뮌은 '시·군·구'에 해당하는 기초지자체라 할 수 있다. 데파르트망은 광역도 아니고 기초도 아닌, 굳이 표현한다면 '중역' 지자체쯤 될 듯하다.

프랑스 본토에 있는 22개 레지옹은 2016년 1월 13개로 통합되면서 권한이 강화된다. 이 통합으로 인해 레지옹의 평균인구는 약 300만 명에서 약 500만 명으로 커졌다. 프랑스는 이 레지옹 단위의 산업경쟁력 확보에 신경을 썼다. '경쟁거점 pôle de compétitivité' 정책을 도입한 게 단적인 예다. 경쟁거점을 키우는 정책은 일종의 '산업 클러스터를 만드는 정책'이다. 거점에서는 기업·대학·훈련기관·연구기관 등이 유기적으로 연계해 시너지 효과를 내도록 계획하고 있다.

　프랑스는 왜 거점전략을 도입했을까? 이유는 간단명료하다. 국가 간 경쟁이 점점 치열해지는 상황에서 기술혁신이 필요했기 때문이다. 거점을 통해 고부가가치 산업을 육성하고 고용을 늘리려 했다. 2007년에 모두 71개의 거점이 선정되었는데 '세계적 경쟁거점' 7개, '세계적 경쟁거점 후보' 10개, '국가적 경쟁거점' 54개다. 세계적 경쟁거점과 경쟁거점 후보지에는 정보통신기술, 바이오, 나노, 항공·우주 등의 첨단분야를 육성하려 했다.

　그럼 13개의 레지옹 중 어디에 가장 많은 경쟁거점이 지정되었을까? 바로 프랑스의 수도 파리를 포함하는 일-드-프랑스Ile-de-France 레지옹이다. 여기에 세계적 경쟁거점이 3개, 세계적 경쟁거점 후보가 2개 입지했다. 그리고 리옹이 속한 론-알프Rhône-Alpes 레지옹에 세계적 경쟁거점이 2개, 세계적 경쟁거점 후보가 1개가 들어섰다. 이 두 레지옹은 프랑스에서 가장 많은 인구가 분포하는 곳이다. 경쟁거점으로 지정된 곳은 세금이 감면되거나 면제된다. 그리고 정부의 전폭적인 지원을 받는다.

　데파르트망은 레지옹과 코뮌의 중간에 위치한 광역지자체이다. 1791년 프랑스 혁명정부에 의해 탄생한 것으로서, 국가통치를 위한 최초의 광역행정 단위였다. 하지만 2000년대로 들어서면서 레지옹의 역할이 커지면서 데파르트망의 사무는 점차로 줄어들게 된다. 데파르트망은 축소에 축소를 거쳐 2020년에 폐지될 예정이다. 그러니 여기서는 자세히 다루지 않도록 한다.

데파르트망이 없어지게 되면 프랑스의 행정구역은 '레지옹-코뮌'의 두 단계로 간소화된다. 코뮌도 데파르트망과 함께 1791년 프랑스 혁명정부에 의해 탄생한 가장 기초적인 지자체다. 하지만 기초지자체라고 해서 우리의 시·군·구 수준으로 생각하면 안 된다. 코뮌의 수가 무려 3만6000개 정도에 이른다고 하지 않았는가. 우리 기초자치단체보다 150배 이상 많은 수다. 코뮌은 프랑스 지방자치와 민주주의의 상징이기도 하다. 프랑스 인구가 6600만 정도니, 평균으로 따지면 코뮌 하나당 2000명도 되지 않는다.

하지만 코뮌도 코뮌 나름이다. 주민 수가 50명도 되지 않는 곳이 1000곳이 넘는다. 반면에 200만 명이 넘는 파리코뮌 같은 곳도 있다. 정말로 천차만별이다. 3만6000개의 코뮌 중 약 100개 정도만이 인구 5만 명 이상으로, 이들이 프랑스 전체 인구의 1/4에 해당한다. 나머지는 올망졸망한 크기다. 이런 곳들은 사이즈가 작기 때문에 여러 행정적·재정적 어려움으로부터 자유로울 수 없다. 이 문제를 극복하기 위해 1971년에는 '코뮌의 합병과 협력에 관한 법'을 제정해 코뮌 간 합병을 유도했다. 하지만 프랑스 정부의 노력은 큰 실패로 끝났다. 코뮌의 반발로 약 3% 정도만 통합한 것이다. 이유는 독자들도 예상할 수 있을 것이다. 코뮌에 대한 주민의 애착심도 있었지만, 단체장의 반발이 상당히 강했던 게 주요 원인이다.

그럼 프랑스는 행정·재정적 비효율을 어떻게 극복할 수 있을까.

물론 뭉칠 수밖에 없다. 이들이 택한 방법도 서로 협력하는 것이다. 조합을 만들기도 하고, 연합을 하기도 한다.

조합형은 100년도 넘는 역사를 가지고 있다. 가스·전기·상하수도·교통·치수·관개 등의 분야를 공동으로 처리하기 위해 조합을 만들어 운영했다. 하지만 조합형은 코뮌 간 이해관계가 상충될 경우, 도시계획과 연계한 정책을 추진하기 어려운 단점이 있었다. 그래서 1950년대에 연합형 코뮌이 만들어진다. 연합형 코뮌은 법적으로 정해진 '의무사무'가 있다. 그리고 지방세로 운영된다.

연합형은 네 가지 종류가 있다. 글로벌 차원의 대도시권 경쟁력을 강화하기 위한 대도시연합(메트로폴)은 13곳, 대도시들의 연합인 대도시공동체는 11곳, 중소도시들의 연합인 중도시공동체는 196곳, 마지막으로 농촌지역연합인 농촌공동체는 1842곳이 운영되고 있다.

이상의 프랑스 국토공간 정책을 요약하자면, 첫째로 균형발전의 관점에서 국토의 초광역화 정책을 사용하고 있다는 점이다. 1959년 21개의 레지옹이 처음 설치된 이후, 1982년 레지옹이 지방자치단체로 승격되었다. 그리고 2003년에는 헌법에도 레지옹이 명시되었다. 2009년에 22개였던 레지옹 중 일부를 통합해 15개로 줄이면서 초광역 지자체를 만들었다. 역할이 애매했던 데파르트망의 폐지를 결정한 것도 획기적인 조치였다.

둘째로, 대도시권 육성정책을 강하게 밀어붙이고 있다. 대도시권 정책은 레지옹의 권한을 강화하는 것, 그리고 대도시연합(메트로폴)을 통해 산업경쟁력을 강화하는 것을 골자로 한다.* 생활권과 산업활동의 영역이 보다 광역화되고 있는 추세 속에서 코뮌들을 합치는 것이다. 대표적으로 가장 강력한 대도시연합인 '그랑 파리Métropole du Grand Paris'를 보자. 2016년 1월에 탄생한 그랑 파리는 파리와 파리를 둘러싸고 있는 세 개의 데파르트망(오드센·센생드니·발드마른)의 연합체다. 그랑 파리에 포함된 코뮌만 131개다. 서울시와 비교해보면, 면적은 1.3배 정도 크고 인구는 70% 정도다. 대도시연합은 도시계획·주택·환경보호 등의 문제를 주로 처리한다. 이 연합이 탄생하면서 여러 코뮌들은 행정적·정치적 권한을 연합체로 이전했다.

셋째로, 경쟁력 확보를 위한 거점정책을 폈다. 71개의 거점은 지역의 산업경쟁력 확보를 위한 목적으로 국토 전반에 지정되었다. 하지만 세계적 경쟁거점은 가장 경쟁력이 있는 지역을 중심으로 선정되었다.

이 시점에서 독자들이 알아야 할 사실이 있다. 이 모든 것은 중앙정부의 강력한 주도로 만들어졌다는 점이다. 그럼 이런 초광역화된 국토정책, 대도시권 정책을 펴는 과정에서 지방분권과 지방자치는 어떻게 됐을까. 프랑스는 자신만의 방법을 찾아나갔다. 행정구

● 대도시권 연합에 대한 구상은 프랑스 전 대통령인 니콜라스 사르코지Nicolas Sarkozy로 부터 나왔다.

역을 레지옹-코뮌으로 이원화하면서, 굉장히 큰 레지옹 속에 아주 작은 코뮌들이 공존하는 구조를 만들어간 것이다. 프랑스는 경쟁력 확보를 위한 경제적 효율성은 '레지옹'을 통해 찾았고, 민주적 주민자치는 '코뮌' 속에 담았다. 다만 너무 쪼개져 효율성이 낮아진 코뮌은 조합과 연합체 구성을 통한 '협력과 연대'로 대응했다.

2부

균형발전, 어떻게 할 것인가

4장

100년 묵은 행정구역, 다시 설계하자

지역 간 격차를 줄이는 행정구역 개편

1부에서는 재정분권이 왜 국토의 균형적 발전을 망치는지에 대해 설명했다. 재정적 권한을 이양받는 주체는 226개의 기초자치단체, 그리고 17개의 광역자치단체이다. 중앙이 가지고 있던 일부 권한이 지방으로 넘어가면 지자체는 '자율성(원하는 것을 한다!)'이 강화되고 '책임성(한 일에 대해 책임진다!)'이 높아질 것이다. 자본주의 경제의 발달은 이 두 단어를 결합시켜 만든 '사적 자치私的 自治의 원칙'에 힘입은 바가 크다. 개인이 자유로운 의사에 따라 행동하되, 그 행동의 결과에 대해서도 책임을 지란 얘기다. 이 원칙은 경제적으로는 '자유 경쟁주의'를 떠받치고 있는 이념이다. 지방분권도 똑같다. 자율과 책임이 강조된 분권은 지자체 간 경쟁 심화를 불러온다. 이들은 서로 경쟁하면서 주민들의 요구에 맞는 차별화된 공공서비스를 제공하고자 노력할 것이다. 이렇듯 분권적 재정시스템의 본질은 '시장 지향적'이다.

"경쟁은 아름답다!" 필자도 이 말에 동의한다. 경쟁은 지자체의 잠재적 능력을 개발하게 한다. 생산성을 향상시킴으로써 주민 복리를 증진시킬 수 있다. 지자체에 활력을 주고 주민들의 자부심을 고양할 수 있다. 하지만 아름다운 경쟁에는 조건이 있다. 그건 바로 경쟁에 참여하는 플레이어들 간에 '기회가 균등'해야 한다는 점이다. 큰 격차가 존재할 때의 경쟁은 공정하지 않고, 공정하지 않은 경쟁은 아름다울 수 없다.

지자체들이 서로 경쟁하는 과정에서 수도권과 비수도권, 도시지역과 농촌지역의 격차는 더욱 벌어질 것이다. 그러니 분권을 하기 전에 격차부터 조정해야 한다. 이를 위한 가장 효과적인 수단이 행정구역 개편이다. 인구나 재정력을 기준으로 지자체 간 격차가 줄어들도록 행정구역을 통합하거나 분리하는 것이다. 물론 행정구역 개편이 지자체 간 격차를 줄이는 만병통치약은 아니다. 하지만 최소한 불공정한 경쟁으로 쓰러지는 지자체들이 생기지 않도록 할 수는 있다.

행정구역 개편의 방향에는 크게 '분리론'과 '통합론'이 있다. 상반되는 두 단어를 통해 알 수 있듯이, 분리론과 통합론은 서로 다른 곳을 바라보며 대립하고 있다. 분리론자들은 행정구역을 잘게 나누는 게 필요하다고 생각한다. 반면에 통합론자들은 우리나라의 행정구역이 너무 잘게 분할되어 있다고 생각한다. 그래서 몇몇 지

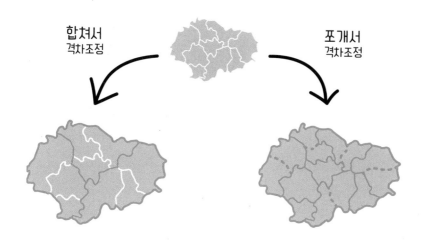

자체들을 합쳐 광역적으로 개편하자고 주장한다.

쪼갤지 아니면 합칠지를 결정하는 게 그렇게 어려운 문제냐고 반문할 수도 있겠다. 하지만 이건 서로 상충되는 두 이념의 대립과 관련이 되기도 한다. 바로 '민주성 VS 효율성'의 대립이다.

분리론자들은 행정구역을 더 작은 단위로 쪼개면 공공서비스를 주민들의 기호에 맞게 공급할 수 있다고 생각한다. 행정구역이 크면 주민들이 요구하는 교육·교통·의료·경찰·소방 등의 서비스를 제공할 수 없다고 얘기한다. 규모가 작은 행정구역이 주민자치를 활성화할 거라 믿고 있다. 주민들이 지역에 대한 애정을 가지고 스스로 지역 일에 발 벗고 나서기 위해선 자치의 공간이 너무 커서는 안 된다는 것이다. 행정구역을 크게 하는 것은 풀뿌리 민주주의를 해치는 것이라며, 그 자체가 제국주의적 사고를 반영한다고 비판한다.

분리론자들은 행정구역을 자잘하게 분리했을 때의 부작용 또한 잘 알고 있다. 행정구역의 분리는 버스노선을 둘러싼 갈등, 화장장이나 교정시설(교도소) 등 기피시설에 관한 갈등 따위를 일으킬 수 있다. 이에 대해 분리론자들은 행정구역을 통합하는 게 아니라 '지자체 간 협력'으로 풀어나가야 한다고 주장한다. 이웃 지자체와 협력하는 것 또한 협치協治를 배우는 좋은 기회가 된다고 말이다. 작은 행정구역이 가지는 장점은 또 있다. 행정구역을 작게 하면 행정구역 수가 늘어난다. 이웃 지자체가 많아진다는 건 비교 대상도 많아져 경쟁이 심화될 수 있다는 뜻이기도 하다. 이런 상황에서 지자체들은 더 좋은 서비스 제공을 위해 경쟁하기 마련이다. 질 낮은 서비스는 주민들의 원성을 살 수 있고, 나아가 인근 지자체에 주민들을 빼앗길 수 있다. 지자체 간 경쟁은 결국 지역주민들의 이익으로 돌아갈 것이다.

분리론자들이 강하게 주장하는 원칙이 있다. 가장 작은 단위의 행정구역에서 할 수 있는 일은 그곳에 맡기고, 그곳에서 하기 힘든 일만 상위 단위에 맡겨야 한다는 것이다. 이게 바로 상위 정부는 하위 정부를 '보충'하는 역할만을 해야 된다는 '보충성의 원칙principle of subsidiarity'이다.[1] 지방정부의 필요성을 강조하는 또 다른 논리로 자주 등장하는 게 월리스 오츠Wallace Oates의 '분권화 정리decentralization theorem'이다. 지역의 공공재를 생산하는 데 비용이 똑같이 든다면, 지방정부가 맡는 것이 중앙정부에 맡기는 것보다 효율적이란 게 핵심 골자다. 이유는 간단하다. 비용이 동일하다고 가정할 때, 지방정부가 주민의 특성과 요구사항을 보다 잘 파악할 수 있는 위치에 있기 때문이다.

이번엔 통합론자들의 주장을 보자. 통합론자들은 공공서비스의 효율 측면을 중시한다. 교통·통신의 발달로 생활권이 확대되었음을 강조하며, 생활권과 행정구역의 불일치가 엄청난 비용을 발생시키고 있다고 지적한다. 그래서 더 넓어진 생활권에 맞는 행정구역으로 조정해야 한다고 주장한다. 쓰레기 소각장·하수처리장·화장장 등의 공공시설을 226개의 기초지자체에 모두에 설치하는 것보다, 몇몇 곳에 크게 짓고 '규모의 경제'를 실현하는 게 좋지 않겠는가. 개별적으로 소규모의 공공서비스를 공급하는 것보다, 여러 지역을 하나로 묶어 대규모의 공공서비스 시스템을 구축하는 게 비용을 절감할 수 있다는 뜻이다. 어떻게 보면 오츠의 분권화 정리도 이런 통합론의 주장에 더 큰 힘을 실어주는 논거가 된다. 행정구역을 잘게 쪼개면, 지자체 간 협력사업을 통해 공공서비스를 공급해야 하는 일도 많아지는데, 이게 어디 쉬운 일이던가. 기피시설은 서로 안 받으려 하고, 선호시설은 서로 가져가려 싸우는 걸 많이 봐오지 않았는가. 공공재의 공급을 둘러싼 지자체 간의 갈등문제를 해결하는 데는 '지자체 통합'만큼 좋은 대안이 없다는 것이다.

물론 행정구역을 통합한다고 해서 문제가 완전히 사라지는 건 아니다. 통합된 지자체 안에서도 주민들은 자기 집 가까이에 기피시설이 들어서는 걸 반대할 것이기 때문이다. 하지만 이 경우는 통합 지자체가 피해를 보는 주민들에게 보상해주는 방식으로 해결하는 게 가능하다. 지자체 '간' 이해관계를 조정하는 것보다 지자체

'내' 이해관계를 조정하는 게 훨씬 수월할 수 있다.

행정구역을 합치면 행정비용을 절감할 수 있다는 장점도 있다. 2018년 기준으로 226개의 기초지자체 중 자체수입(지방세+세외수입)으로 공무원 인건비조차 충족시키지 못하는 곳이 71곳(약 30%)이나 된다.[2] 가장 심각한 곳은 영양군이다. 자체수입은 98억 원 정도인데, 공무원 인건비로만 315억 원 정도를 쓴다. 영양군의 인구가 1만6500명 정도니, 주민 1인당 공무원 인건비는 190만 원 안팎이다. 군위군·신안군·임실군·장수군·구례군·진안군·순창군·보성군 등도 인건비가 자체수입의 두 배를 넘는다. 반면 인구 70만의 화성시는 자체수입이 1090억 원 정도로, 주민 1인당 공무원 인건비는 15만 원이 조금 넘는 수준에 불과하다. 훨씬 효율적인 구조다.

물론 행정구역 통합으로 당장 공무원 인건비를 줄이지는 못한다. 1995년 출범한 39곳의 도농통합시를 대상으로 통합의 효과를 분석한 연구가 있다.[3] 이 연구에서는 통합이 공무원 수의 감축에는 효과적이지 못했다고 결론 내렸다. 하지만 통합 초기에 상승한 주민 1인당 공무원 인건비는 장기적으로 서서히 감소했다. 또한 현재 지방의회를 운영하면서 의정비와 운영비 등으로 연간 5000억 원이 소요되는데, 행정구역을 통합한다면 이 비용도 줄어들 수 있다.

이쯤에서 독자들도 행정구역 개편에 관한 두 가지 입장에 대해 어느 정도 정리가 되었을 것이다. 행정구역을 분리해야 한다는 주장은 민주성을 높이자는 주장과 맞닿아 있다. 반면에 행정구역을 통합하자는 주장은 효율성을 높이자는 주장과 맞물린다. 그러니 행정구역 개편과 관련된 '분리 VS 통합'의 의견 충돌은 '분권 VS

집권'의 논의와 맞물려 있기도 하다.

조선시대부터 그대로인 우리의 행정구역

행정구역에 대해 깊이 생각해본 독자들은 많지 않을 것이다. 서천군 출신도, 정읍시 출신도 자신이 나고 자란 곳이 마치 아주 오래전부터 존재해왔고, 앞으로도 그럴 것이라 생각할 수 있다. 전라도 땅에 태어난 사람은 평생 전라도 사람으로, 경상도 땅에서 태어난 사람은 계속 경상도 사람으로 인식되는 것처럼 말이다. 하지만 앞으로도 그럴까?

지방의 많은 도시들에서 인구가 빠르게 감소하고 있다. 20년 후면 30%의 도시들이 파산 위기에 몰릴 것이다. 이렇게 생과 사의 경계에서 고군분투하는 도시들은 대부분 지방에 있다. 앞으로도 지금의 행정구역이 지속될 수 있을까? 불가능할 것이다. 일단 지방도시들의 인구감소세가 멈추지 않고 있다. 지금의 추세라면, 크기는 서울시만 한데 인구 3만, 아니 2만도 안 되는 도시들이 속출할 것이다. 이 정도의 인구가 하나의 도시로서 얼마나 작은지 감이 오지 않을 수도 있겠다. 필자가 재직하고 있는 중앙대 서울캠퍼스의 경우 재학생 수가 1만 8000명을 넘는다. 여기에 교원 및 사무직원을 합치면 2만 명을 훌쩍 넘을 것이다. 한 번 생각해보자. 웬만한 비수도권 지자체들은 서울시보다 면적이 크다. 여기에 2~3만 명 정도가 퍼져 있는 모습을 상상해본다면 지방행정이 얼마나 어려워질지 짐작이 갈 것이다.

이 때문에 필자는 행정구역 개편은 '분리'가 아니라 '통합'이 맞는 방향이라고 본다. 지방도시들이 처한 현실을 생각하면, 지금은 민주성보다 효율성이 우선이라는 이야기이기도 하다. 정부가 추진하는 지방분권 역시 통합된 행정구역을 바탕으로 해서 이루어져야 한다. 그렇지 않다면 '골고루 잘사는 국토'라는 원하는 결과를 얻지 못할 가능성이 크다. 분권이 제대로 작동하기 위해선 지자체 간에 어느 정도 힘의 균형이 있어야 하기 때문이다. 그러니 지금이라도 행정구역에 관한 진지한 논의를 시작해야 한다. 행정구역 단위들 간에 어느 정도 키 높이를 맞추는 쪽으로 말이다.

행정구역은 말 그대로 '행정administration'을 위한 구역이다. 원활한 통치를 위해, 혹은 행정의 편의를 위해 인위적으로 설정된 것이다. 세금을 걷고, 각종 통계를 내고, 공공서비스를 효율적으로 공급하기 위해 그어진 보이지 않는 선이다. 제대로 설정된 행정구역은 '주민들의 삶의 질'을 높이는 데 일조한다. 행정구역의 경계가 주민들의 삶의 질을 높이는 데 걸림돌이 된다면 과감히 개편해야 한다. 물론 이게 생각처럼 쉬운 건 아니다.

우선 선거구와 맞물려 있기 때문에 정치인들은 이에 굉장히 민감히 반응한다. 또한 지역감정이나 지역이기주의로 인한 주민들의 반발도 각오해야 한다. 행정구역에 관해서는 너무나 많은 이해관계들이 얽히고설켜 있다. 그래서 그런지 현재 우리의 행정구역 기본 틀은 100년 전의 것을 그대로 이어오고 있다. 믿어지지 않을 수도 있겠다. 하지만 사실이다. 10년이면 강산도 변한다는데 무려 100년이 넘었다. 당시 구역의 경계는 산맥과 강을 중심으로 그어졌다. 2017년 현재 남한에는 2300개가 넘는 터널과 3만3000개 정도의 교량이 설치되어 있다. 이 정도면 산과 강의 경계가 무색해졌다고도 볼 수 있다. 이런 행정구역이 지금의 생활공간을 제대로 반영할 수 있을까? 지금의 행정구역체계가 우리에게 맞는 옷이라 할 수 있을까?

현 행정구역의 기원은 조선 초기로까지 올라간다. 태종 13년(1413년)에는 국토를 8개로 나누었다. 각 도는 지역 거점도시의 첫 글자를 따서 명칭을 붙였다. 예를 들어 충청도는 충주와 청주, 전라도는 전주와 나주, 경상도는 경주와 상주, 강원도는 강릉과 원주, 황해도는 황주와 해주, 평안도는 평양과 안주, 함경도는 함흥과 경성의 첫 글자를 땄다. 경기의 경우는 서울을 뜻하는 '경京'과 서울 근교의 땅을 뜻하는 '기畿'를 합쳐 만들었다.

태종 때 정해진 행정구역의 틀은 1896년(고종 33년) 갑오개혁 때 다시 한 번 조정된다. 이 시기에는 종전의 8도제를 13도제로 개편했다. 조선 남부의 3개도(전라·경상·충청)와 북부의 2개도(평안·함경)를 남도와 북도로 나누어 13도로 개편했다. 여기서 조선 남부의 광역 행정구역만 추려보면, 경기도·충청북도·충청남도·전라북도·전라남도·경상북도·경상남도·강원도의 8도가 해당된다. 지금 우리가 사용하고 있는 '도道'와 완전히 똑같다. '광역' 행정구역의 기틀이 잡힌 건 약 이렇게 120년 전 갑오개혁 때인 것이다.

기초자치단체의 틀이 잡힌 건 이보다 조금 더 뒤의 일이다. 기초자치단체의 개편은 1914년 일제 강점기 때 조선총독부에 의해 실시된 부·군·면府郡面 통폐합을 통해 이루어졌다. 1914년 이전에는

13개의 도 아래 12부 317군 4356면이 있었다. 12개 부는 대도시 지역으로 보면 되는데, 지금의 남한 지역에는 경성부·인천부·부산부·마산부·대구부·목포부·군산부의 7개 부가 있었다. 당시 부는 도시와 농촌이 섞여 있던 형태였는데 1914년 부·군·면 통폐합에서는 농촌지역을 별도의 군郡으로 독립시켰다. 군과 면이 약 2~3개 정도씩 묶여져 결과적으로 행정구역 개편 이후에는 전국 행정체계가 13도 12부 220군 2518면으로 개편되었다. 여기까지가 일제강점기 행정구역 개편의 개요다.

해방 이후에도 자잘한 행정구역 개편이 이어졌다. 하지만 대규모는 아니었다. 시와 구가 생기고, 특별시·광역시·특별자치시·특별자치도 등이 추가되었지만 예전 행정체계를 조금 더 세분화한 데 불과하다.

지난 100년 동안 비약적으로 발전한 교통·통신체계는 우리의 국토공간을 바꾸어 놓았다. 100년 전의 주요 교통수단은 도보와 우마차다. 하지만 지금은 총연장 4700km 정도의 고속도로가 국토 곳곳을 촘촘하게 연결하고 있고, 시속 300km로 달리는 KTX가 주요 도시들을 관통하고 있다. 이런 광역 교통망의 발달은 지역 간 접근성을 높여 시간거리time distance를 단축시켰다. 서울-강릉 KTX는 기존 열차와 대비해 4시간 30분, 자동차와 대비해 1시간 30분의 시간거리를 단축했다.

이와 관련한 국토연구원의 한 연구[4]가 참으로 흥미롭다. 이 연구는 '플로우 빅데이터flow big data'를 이용해 경부KTX와 호남KTX 개통 후 우리 국토의 시간거리가 22.4%나 줄었음을 보여줬다. 교

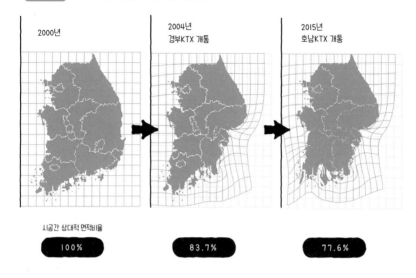

통의 발달은 사람들이 생각하는 공간의 개념을 바꾼다. 3시간 걸렸던 곳이 1시간으로 단축되면, 통행 횟수도 늘어나게 될 뿐만 아니라 낯선 공간이 익숙한 곳으로 바뀌게 된다. 국토연구원의 연구에 2017년 말 개통된 강릉행 KTX까지 추가한다고 생각해보라. 아마도 [도표 18]에서 우리나라 동쪽도 움푹 패인 형태로 그려져야 할 것이다.

2000년 이후 개통된 경부·호남 KTX만으로도 20%가 넘는 국토가 압축되었다. 그럼 부·군·면 통폐합이 있었던 1914년도에 비해서 우리 국토는 얼마나 좁아졌을까? 당시에는 기차로 서울에서 부산까지 12시간이나 소요되었다고 한다. 지금은 2시간 30분 정도 걸린다. 여기에 최첨단 통신기술까지 고려해보자. 적어도 국토의 500% 이상이 압축되지 않았을까. 이런 추측이 과장만은 아닐 것이다. 하지만 우리의 행정구역은 거의 변함이 없었다.

행정구역이 그대로인 게 그렇게나 큰 문제인지 궁금해할 수도 있겠다. 한번 생각해보자. 공간이 압축되면 통학·통근·쇼핑·여가 등 온갖 생활을 위한 터전이 바뀐다. 생활권이 달라진다는 뜻이다. 행정구역과 생활권의 괴리가 커지면, 지자체는 공공서비스를 제공하고 주민 생활을 지원하는 데 어려움을 겪을 수밖에 없다. 주민들도 마찬가지다. 행정구역이 달라 코 앞의 공공기관을 이용할 수 없는 주민들도 생겨난다. 바로 길 건너 학교를 두고 빙빙 돌아가는 일도 생긴다. 택시의 영업구역이 서로 달라 택시 잡기가 힘든 경우도 있다.[5] '공공서비스를 적시적소에 공급하는 것'과 '주민 생활편의를 높이는 것'은 행정이 추구하는 궁극적 목표다. 더욱이 지방분권으로 지자체의 권한과 역할이 더 커진다면 행정구역과 생활권의 일치는 더 중요한 문제가 된다.

최근의 행정구역 개편 시도들

실제로 그동안 행정구역 개편에 대한 논의가 정말 많았다. 대부분 말뿐이긴 했지만, '행정구역을 통합하자!'는 목소리는 컸다. 비교적 최근 진행된 논의들을 중심으로 살펴보도록 하자.

행정구역 개편 논의는 지방자치제도가 본격적으로 시작된 1995년에 시작되었다.* 1995년은 대한민국 지방자치 역사에 한 획을 그

● 우리나라의 지방자치제도가 본격적으로 시작된 시기를 1991년으로 보는 시각도 있다. 이때에 지방의회가 구성되었기 때문이다. 그러나 단체장선거는 1995년부터 시작

은 해다. 도지사·시장·군수를 주민의 손으로 직접 뽑았기 때문이다. 김영삼 정부(1993~1998)는 지자체장 선거를 하기 전에 행정구역 개편을 서둘렀다. 당시 여당인 민자당은 도道를 폐지하고 5~6개 정도의 시군으로 행정구역을 개편하려는 계획을 세웠다. 흐지부지되긴 했지만 광역화 논의의 첫 시도였다. 물론 김영삼 정부에서 성공한 것도 있다. 바로 전국에 걸친 대대적인 시와 군의 통합이다. 시는 도시적 특성이 크고, 군은 농촌 성격이 강하니 이 둘을 통합하면 '도농都農 복합형태'가 된다. 이러한 복합형태의 시를 만든 이유는 간단하다. 생활권이 같거나 역사·문화적 동질성이 강한 지역들이 군이 분리되어 있을 필요가 없던 것이다.

춘천시와 춘성군이 하나의 생활권이었고, 공주시와 공주군, 구미시와 선산군의 주민들도 생활권을 공유했다. 하지만 도시지역이 주변 농촌지역의 인구와 자원을 흡수하며 홀로 성장했고, 농촌은 어려워져만 갔다. 인근 도시와 합쳐 위축된 농촌을 살려야 한다, 하나의 시를 만들면 행정비용을 낮추고 도시를 효율적으로 관리할 수 있다, 무엇보다도 도시에서 발생한 이익을 위축된 농촌에 나누어줘야 한다는 주장이 공감을 얻었다. 그리하여 1995년 지방선거 직전에 39곳의 도농통합시가 탄생했다. 해방 이후 이루어진 최대 규모의 행정구역 개편이었다. 1995년의 시·군 통합은 생활권을 공유하는 두 곳의 지자체를 묶어, 도시를 효율적으로 관리하려는 목적이 있었다. 이때 통합된 39개의 시는 [도표 19]에서처럼 전국토

되었기에 이 시기부터라고 보는 시각이 지배적이다.

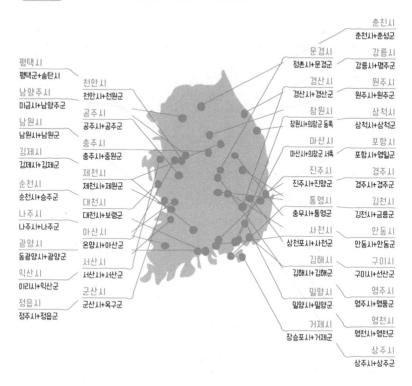

도표 19 1995년에 탄생한 39곳의 도농통합시

평택시
평택군+송탄시

남양주시
미금시+남양주군

남원시
남원시+남원군

김제시
김제시+김제군

순천시
순천시+승주군

나주시
나주시+나주군

광양시
동광양시+광양군

익산시
이리시+익산군

정읍시
정주시+정읍군

천안시
천안시+천원군

공주시
공주시+공주군

충주시
충주시+중원군

제천시
제천시+제원군

대천시
대천시+보령군

아산시
온양시+아산군

서산시
서산시+서산군

군산시
군산시+옥구군

춘천시
춘천시+춘성군

문경시
점촌시+문경군

강릉시
강릉시+명주군

경산시
경산시+경산군

원주시
원주시+원주군

창원시
창원시+의창군 동쪽

삼척시
삼척시+삼척군

마산시
마산시+의창군 서쪽

포항시
포항시+영일군

진주시
진주시+진양군

경주시
경주시+경주군

통영시
충무시+통영군

김천시
김천시+금릉군

사천시
삼천포시+사천군

안동시
안동시+안동군

김해시
김해시+김해군

구미시
구미시+선산군

밀양시
밀양시+밀양군

영주시
영주시+영풍군

거제시
장승포시+거제군

영천시
영천시+영천군

상주시
상주시+상주군

전반에 골고루 퍼져 있다.

　이후 정권에서도 행정구역 개편은 단골메뉴로 등장했다. 도농통합 이후의 행정구역 개편 논의에는 눈에 띄는 특징이 있다. 기초지자체를 2~3개씩 묶으려 했다는 점, 그리고 정부보다는 국회의원들이 제기했다는 점이다. 국회의원들은 100년 묵은 행정구역이 말이나 되냐고 한목소리를 냈다. 내용도 큰 틀에선 엇비슷했다. 핵심적인 내용은 두 가지로 압축된다. 도를 폐지하는 것, 그리고 지자체를 2~3개씩 묶어 그 수를 줄이는 것이다

예컨대 김대중 정부 시기(1998~2003) 당시 여당이었던 민주당은 기초자치단체 수를 130~160개 정도로 줄이려 했다. 2006년 노무현 정부 당시에는 도道뿐만 아니라 자치구도 폐지하거나 구청장을 시장이 임명하는 등의 안이 논의되었다. 여야를 가리지 않고 국회의원 모두가 잡음 없는 한목소리를 냈다. 방향도 같았다. 여러 행정구역들을 뭉치는 쪽으로 말이다. 국회의원들은 지자체들이 무분별하게 개발사업을 진행하고, 선심성 사업을 남발하며, 방만하게 재정을 운영한다고 비난했다. 지자체를 합쳐야 지방행정이 능률적이고 합리적으로 변한다고 주장했다. 하지만 능률성과 합리성을 외치는 속내에는 '정적(정치적 경쟁자) 제거'라는 목적도 있었다는 게 중론이다.

시장과 군수는 지역의 맹주盟主다. 인지도로만 따지면 국회의원보다 더 유명한 이들도 많다.[6] 하지만 이들은 세 번까지만 연임할 수 있다.[7] 세 번 연임한 지자체장은 주민들에게 매우 인지도 높은 정치인이다. 이들의 다음 행보는 연임 제한이 없는 국회의원직을 향할 가능성이 높다. 그러니 현역 지역구 국회의원이 이들에게 고운 시선을 보낼 리 없다. 언제라도 자신의 금배지를 빼앗아갈 수 있는 강력한 경쟁자니 말이다. 국회의원들은 이구동성으로 도를 없애고 지자체 수도 대폭 줄이자고 했다. 경쟁자를 줄이는 방법으로 행정구역의 광역화보다 깔끔한(?) 대안은 없다. 도를 없애면 도지사가 없어지고, 지자체를 60~70개 정도로 줄이면 지자체장도 1/4 수준으로 줄게 되니 말이다.

이 바닥을 속속들이 알고 있는 이들은 이렇게 말했다.[8] "지역구 국회의원과 시장·군수·구청장은 표밭이 일치한다."(박상천 전 민주당 지방자치위원장). "여야 국회의원 대부분은 민선 기초자치단체장의 존재에 큰 부담을 느낀다."(정우택 전 자민련 정책위원회 의장). "지역구 국회의원은 능력 있는 기초단체장은 차기 자신의 정적政敵으로 생각하여 견제의 대상으로 삼고, 다소 능력이 부족한 기초단체장은 무시하거나 업신여기고 자신의 지역정치 기반의 하수인으로 생각하는 경향이 많다."(전국 시장군수구청장협의회 주용학 전문위원).

물론 모든 국회의원들의 속내가 자신의 이해득실만을 따진 꿍꿍이셈이라고 단정할 수는 없다. 행정의 효율성과 비용절감을 위해 도를 없애고 지자체를 묶는 게 필요하다고 확신하는 의원들도 있을 것이다. 이들의 확신이 정말로 원하는 결과를 가져올 수 있는지에 대해서는 뒤에 좀 더 논의해볼 것이다. 다만 여기서는 행정구역 개편에는 국회의원과 기초지자체장의 이해도 만만치 않게 걸려 있다는 걸 강조하고 싶다.

하지만 현실에선 행정구역 통합 주장이 공염불에 그쳤다. 이명박 정부 때의 통합 시도를 살펴보자. 이명박 정부에서는 100대 국정과제에 '지방행정체제의 개편'을 집어넣고, 향후 10년간 통합지자체에 대해서는 1000억~4000억 원의 재정지원을 해줌과 동시에 정책특혜도 주겠다고 약속했다. 정부는 통합시 주민들이 받을 선물이 얼마나 좋을지 설득하려 애썼다. 그리고 2009년 9월 말 18개 지역(46개 시·군)이 정부에 통합건의서를 제출했다(아래의 [도표 20]⁹ 참조). 정부는 2009년 10월 24일부터 각 지자체별 주민 500명~1000명을 대상으로 여론조사를 실시했다. 그러자 시민단체들의

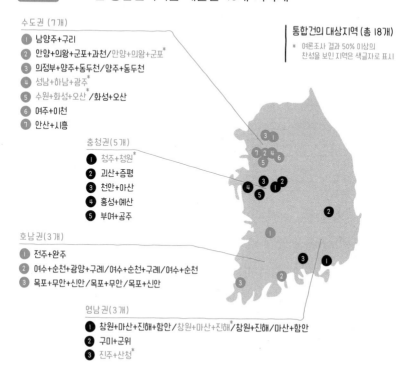

도표 20 2009년 통합건의서를 제출한 46개 지자체

수도권 (7개)
1. 남양주+구리
2. 안양+의왕+군포+과천 / 안양+의왕+군포[*]
3. 의정부+양주+동두천 / 양주+동두천
4. 성남+하남+광주[*]
5. 수원+화성+오산 / 화성+오산
6. 여주+이천
7. 안산+시흥

충청권 (5개)
1. 청주+청원[*]
2. 괴산+증평
3. 천안+아산
4. 홍성+예산
5. 부여+공주

호남권 (3개)
1. 전주+완주
2. 여수+순천+광양 / 구례/여수+순천 / 구례/여수+순천
3. 목포+무안+신안 / 목포+무안 / 목포+신안

영남권 (3개)
1. 창원+마산+진해+함안 / 창원+마산+진해[*] / 창원+진해 / 마산+함안
2. 구미+군위
3. 진주+산청[*]

통합건의 대상지역 (총 18개)
* 여론조사 결과 50% 이상의
찬성을 보인 지역은 색글자로 표시

반발이 잇따랐다. '자율 통합'이 아닌 '인위적인 강제통합'은 인정할 수 없다고 못박았다. 정부가 통합을 계속 강행할 경우 행정소송이나 주민발의 등의 방안도 사용할 것이라 으름장을 놨다.

하지만 이명박 정부는 이 같은 학계와 시민단체의 반발에도 불구하고 뜻을 굽히지 않았다. 그리고 그해 11월 50% 이상의 찬성률을 보인 지역들을 선정했다.([도표 20]에서 청록색 글자로 표시됨) 여기엔 다음과 같은 6개 지역(16개 시군)이 포함되었다.

① 안양권: 안양(75.1%)+의왕(55.8%)+군포(63.6%)

② 성남권: 성남(54.0%)+하남(69.9%)+광주(82.4%)

③ 수원권: 수원(62.3%)+화성(56.3%)+오산(63.4%)

④ 청주권: 청주(89.7%)+청원(50.2%)

⑤ 창원권: 창원(57.3%)+마산(87.7%)+진해(58.7%)

⑥ 진주권: 진주(66.2%)+산청(83.1%)

정부는 숨이 찰 정도로 행정구역을 통합하기 위해 전력을 다했다. 이듬해인 2010년 10월에는 '지방행정체제 개편에 관한 특별법'을 공포하고 시행하기에 이른다. 이 법은 통합에 성공한 지자체에 대한 다양하고 파격적인 인센티브를 명문화했다. 주민들의 우려도 잠재우려 했다. 통합 후에도 특정 지자체에 불이익이 가지 않도록 한다는 '불이익 배제의 원칙'도 법조항에 넣었다. 불을 보듯 뻔한 공무원들의 자리 걱정을 달래주기 위해 폐지되는 지자체의 공무원을 인사상 동등하게 처우한다는 '공무원에 대한 공정한 처우보장' 조항도 넣었다. 2011년 2월에는 대통령 직속으로 '지방행정체제 개편추진위원회'도 만들었다.

하지만 결과는? 초기에 통합을 신청한 18개 지역 중 통합된 곳은 두 곳뿐이다. 2010년 통합 창원시(창원+마산+진해)가 탄생한 후 한참을 지나, 2014년에 청주시(청주+청원)가 가까스로 통합에 성공했다. 거의 막판까지 갔던 안양권과 진주권은 선거구 조정문제로 통합대상에서 제외되었다. 성남권과 수원권도 통합이 좌절되었다. 그리고는 아직까지 지자체 통합 얘기는 들리지 않고 있다. 두 군데의 통합을 위해 그 난리법석을 치른 것이다.

행정구역 개편, 왜 이리 어려울까?

행정구역 개편은 김영삼 정부 이래 역대 모든 정부가 시도했던 과제다. 국회의원을 포함한 정치인들도 많은 애를 썼다. 하지만 이들의 노력에 비하면 결과는 정말로 보잘것없다. 잠시 생각해보자. 1995년의 도농통합은 큰 잡음 없이 일사천리로 진행되었다. 다수의 지자체들이 관련되었음에도 말이다. 하지만 지금은 행정구역 개편이 너무나 어려워졌다. 왜 이렇게 됐을까? 이유야 많겠지만, 여기서는 세 가지 정도로 정리해보고자 한다.

첫째, 1995년 주민 손으로 직접 단체장을 뽑은 후 관료들(특히 단체장과 공무원들)과의 이해관계가 복잡해졌다는 점을 빼놓을 수 없다. 지방자치가 도입된 이후 많은 것이 바뀌었다. 특히 지자체 단위로 예산을 계획하고, 집행하며, 행정업무를 처리하는 데 더욱 익숙해졌다. 인근 지자체는 협력할 대상이라기보단 경쟁할 상대로 여겨졌다. 이에 행정구역 경계는 더욱 뚜렷하게 부각되었다. 이제는 행정구역 개편이 지자체장과 공무원들, 지방의회 의원들의 이해와 너무나 긴밀히 맞물려 있다. 그러니 이 일이 쉽게 진행될 리 만무하다.

2014년에 가까스로 통합된 청주시와 청원군의 경우를 보자. 청원군은 청주시를 둘러싸고 있었다. 본래 두 지자체는 하나의 '청주군'이었다. 두 지자체가 분리된 것은 해방 이후의 일이다. 1946년 청주군의 중심부라 할 '청주읍'이 독립해 '청주부(나중에 청주시)'로 승격되었다. 삼국시대 이래로 문화권도 같고, 생활권도 같았다. 행정구역만 다를 뿐이었다. 1995년에는 통합을 위한 주민투표를 실시했다. 청주시민의 경우 91.3%의 높은 찬성률을 보였다. 하지만 청원군민은 34.3%만 통합에 찬성했다.[10] 두 지역 모두 과반의 찬성을 얻어야 통합을 이룰 수 있다는 규정에 따라 당시 통합은 물거품이 되었다.

2005년 두번째 시도에서도 청원군민의 46.5%만이 찬성해 통합이 또 다시 무산되었다. 한편 2006년 당선된 김재욱 청원군수는 통합을 반대한 막후 인물로서, 통합 대신 청원군의 시 승격을 추진했다. 먼저 시로 승격을 하고 동등한 입장에서 청주시와 통합을 추진하겠다는 것이었다. 이런 상황에서도 청주시의 구애는 계속되었다. 청주시장은 다시 한 번 공동여론 조사를 실시해 통합여부를 결정하자고 했다. 하지만 김재욱 청원군수는 "청주시가 주민여론을 거론하면서 (청원군의) 고유 권한을 간섭하고 있다"고 발끈했다.[11] 청원군민의 우려가 없었던 건 아니다. 시와 군이 합쳐지게 되면, 시 중심의 행정이 되고, 군민들은 소외될 것이란 우려다. 그리고 군 지역에 혐오시설이 들어올 수도 있다는 소문도 돌았다.[12] 청원군 공무원 노조 지부도 통합에 반대의사를 표했다. 군의회도 마찬가지였다. 군의원 12명 중 의장을 제외한 11명이 '통합반대특별위원회'를 구성했다.

하지만 이때 즈음해서 청원군민들의 여론도 서서히 변하고 있었다. 모 방송사의 여론조사 결과에서도 청원군 지역주민들의 상당수가 청주시와의 통합에 찬성했고, 시 승격보다는 통합이 중요하다는 의견을 표한 것으로 나타났다.[13] 일부 군민들은 시 승격에

통합 이전의 청주시와 청원군

반대하며 통합운동까지 벌였다. 이들은 군수와 공무원들이 통합을 반대하는 것은 자신들의 정치적 이해관계 때문이라 주장했다.[14] 실제로 당시 청원군 공무원들 사이에선 상위직과 핵심 보직이 청주시 공무원 중심으로 채워질 거란 우려가 있었다. 그리고 지방의회 의원들은 통합시가 출범할 경우 의원수가 축소되어 자신들에게 불리할 수 있다고 걱정했다.[15] 우여곡절 끝에 청원군은 2012년 4월 다시 한 번 주민투표를 실시했고, 79.03%의 높은 찬성률로 통합을 결정하게 된다. 청주-청원 통합시는 2014년 7월 공식 출범했다. 통합 청주시의 탄생 과정을 1995년의 도농통합 과정과 비교해보면, 정말로 지난하고 긴 과정이었다.

둘째, 행정구역의 통합이 어려운 건 이해득실로 인해 지역 간 감정의 골이 깊게 파였기 때문이다. 이웃한 지방자치단체들 간 감정싸움을 하고 있는 경우가 너무나 많다. 동남권 신공항 유치를 두고 일어난 부산시와 대구시의 갈등을 보자. 이 갈등에는 경상북도·경상남도·울산시도 직간접적으로 관여되어 있다. 이명박 정부에서 2008년 동남권 신공항을 30대 광역 선도프로젝트로 선정한 이후 영남권 내 도시들 간 잡음이 끊이질 않았다. 지금은 김해공항 확장으로 결정이 난 사안이지만, 동남권 신공항 갈등은 영남지역에 속해 있는 지자체들 간에 회복하기 힘든 생채기를 남겼다.

또 다른 예로 경기 북부 포천시와 연천군의 경우를 보자. 경기도 내 31개 지자체 중에 가장 낙후된 곳에 속하는 이 두 지역에서는 젊은 층의 인구유출이 심하다. 이에 맞물려 인구도 점차 고령화되고 있다. 이 두 지자체는 수도권인 경기도에 속하지만 북한과 인접한 접경지역[16]이라 거미줄과 같은 촘촘한 규제를 받아왔다. 또 수도권 정비계획의 규제도 적용돼 개발에 심한 제약이 있어왔다. 주민들은 사유재산인 땅을 마음대로 사용·처분할 수 없다. 공장도 못 짓는다. 대규모 아파트도, 4년제 대학도, 종합병원도 안 된다. 주민들은 자신들의 터전이 버림받았다고 말한다.

포천시와 연천군은 수도권 규제를 받는 경기도를 떠나고 싶어 했다. 이들이 생각한 묘안은 인근의 강원도 철원군과 합치는 것이었다. '도'의 경계를 넘어서는 통합이지만, 허무맹랑한 바람도 아니었다. 실제로 철원군 주민들은 행정구역만 강원도에 속해 있다고 느끼고 있으니 말이다. 철원군은 강원도의 도청소재지인 춘천시보다 포천시와 동두천시에 더 가깝다. 2014년 11월에는 시민단체를 중심으로 한 행정구역 통합추진위원회도 만들어졌다. 통합된 시의 명칭은 '통일시'로 정했다. 통일시는 강원도 소속이 되도록 계획했다. 규제를 받는 수도권을 벗어나면 기업과 대학에 대한 정부의 지원이 커질 거라 생각한 것이다. 통일 후 수도가 되겠다는 야심찬 계

획도 밝혔다.[17]

이런 시민단체의 움직임과는 달리 철원군 주민들의 반응은 미지근했다. 사실 이전에 철원군이 경기도로의 편입을 위해 포천시와 통합의사를 밝혔을 때, 포천시가 철원시의 낮은 재정자립도를 거론하며 통합을 반대했던 전력이 있었다. 당시 포천시가 통합을 원했던 곳은 구리시·남양주시였다. 그때 철원군 주민들은 자존심에 큰 상처를 입었다. 철원 주민들은 포천시가 "이제 와서 정부가 수조 원의 국비를 들여 DMZ세계평화생태공원을 조성하겠다고 발표하자 철원과 통합해 강원도로 편입하자는 얼토당토않은 주장을 하고 있다"[18]며 거부의사를 밝혔다. 두 지역 주민들의 감정의 골은 이미 패일 대로 패인 뒤였다. 앞으로 또 다른 논의가 진행될 수 있을까? 쉽지만은 않아 보인다.

셋째, 행정구역 통합이 힘든 이유는 현 시대의 분권 논의와 관련되어 있다. 풀뿌리 민주주의를 강조하는 사람들은 행정구역을 더 쪼개서 권한을 내려주지 못할망정, 통합의 '통'자도 꺼내지 말라고 한다. 행정구역 개편에 관한 가장 최근의 논의를 보자. 이명박 정부에서 강조한 행정구역 개편의 필요성은 두 가지로 압축된다. 100년 묵은 행정구역이 '효율적인 지역발전을 방해'하고, 그리고 '지역주의를 심화'한다는 이유에서였다. 정치권에도 여야를 가리지 않고 찬성했다. 그리고 다음과 같은 네 가지의 구체적인 이유를 댔다.

① 기초자치단체가 너무 조그마해 규모의 경제를 이룰 수 없다는 점

② 생활권을 제대로 반영하지 못한다는 점

③ 지자체 간 행정기능의 중복이 심해 낭비가 심하다는 점

④ 도를 기준으로 한 경계가 지역감정을 부추긴다는 점

이 네 가지 이유 중 앞의 세 가지는 효율성을 높이기 위한 것으로, 뒤의 한 가지는 지역감정을 없애기 위한 것으로 볼 수 있다. 아무튼 당시에는 행정구역 개편의 분위기가 그 어느 때보다 무르익었다. 하지만 이번엔 학계에서 집단적인 반대의사를 표명했다. 2009년 9월 14일 145명의 지방자치연구 학자들은 기자회견을 자청했다. 그리고 '정치권의 지방자치체제 개편안에 대한 학계의 우려'라는 이름으로 성명서를 발표했다. 성명서의 주요 내용을 발췌하면 "주민 가까이서 주민의 일상적 생활수요를 충족시키고 주민참여와 애향심의 원천인 기초자치를 사실상 폐기하는 것이며, 도의 약화 내지 폐지는 세계화시대의 치열한 지역 간 경쟁에서 국내 지역의 경쟁력을 현저히 떨어뜨리는 시대 역행적 개악 (…) 우리나라의 10분의 1 내지 100분의 1에 불과한 선진국의 경우에도 통합이 행정효율을 높인다는 확실한 증거가 확인되지 않고, 오히려 분절된 소규모 기초지방자치단체가 행정효율을 더 높인다는 연구가 우세 (…) 기초지방자치단체의 통합을 추진한 대다수 사례에서 행정효율과 민주주의 측면에서 기대한 효과를 거두지 못했다는 연구결과가 보고"[19]되었다는 내용이다.

지방자치연구 학자들은 대체로 통합을 통한 광역화가 민주성을 해친다는 입장이다. 주민밀착형 행정이 강조되는 새 시대에 행정구역 광역화는 퇴행적이며 과거지향적이란 게 가장 큰 이유다.

하지만 최근에는 이런 주장에 반하는 논의가 고개를 들고 있다.

민주성도 좋지만, 효율성 또한 무시할 수 없다는 것이다. 지방을 위해서라도 말이다. 지방의 인구소멸이 가속화되고 있는 지금의 상황은 지자체들이 (통합을 통해) 힘을 합쳐도 모자랄 판이란 논리다. 이들은 지방에서의 중복투자를 막고 규모의 경제를 이루지 않으면, '주민참여'고 '민주주의'고 하는 말들은 공염불에 불과할 거라 얘기한다. 최근 개최된 '오산·화성 통합을 위한 시민토론회'에서 이청수 지방자치발전연구원장이 말했다.

> 오산시는 역사적으로 화성시로부터 독립해서 만들어진 도시이므로 역사적 동질성, 주민의 생활권 등이 일치하며, 그동안 지속적으로 통합논의가 있어왔다. (…) 오산과 화성이 통합하여 광역대도시를 구축하여 수도권 서남부의 중추도시로 도약하는 전략이 필요하다. (…) 자치구역 통합의 목적은 비용, 규모의 경제, 생활권, 균형발전 등의 효과성 제고를 위한 것이다.[20]

기초지자체 간 통합을 넘어, 광역 간 통합을 말하는 이도 있다. 권영진 대구시장의 말이다.

> 대구를 포함한 경상북도는 대한민국 최고의 도시였다. 경제적으로도 물산物産에 있어서도 그렇다. 그런데 대구와 경북이 나뉘어지면서 따로 행정을 하고, 따로 경제를 하다 보니까 대구도 침체하고, 경북도 침체한 것이다. 인구는 떠나고 있다. 경북에 있는 많은 군들은 소멸의 위기에 있지 않은가. 합쳐야 한다. 세계가 메가시티

로 나가고 있다. 더 큰 단위의 시로 나가고 있다. 왜냐하면, 규모의 경제가 필요한 것이다. 대구 250만, 경북 270만 이렇게 따로따로 있어 가지고는 밖에서 보기에 별로 매력적인 시장이 되지 않는다. 한 550만 정도 되면 밖에서 서로 교역하고 투자하려 할 것이다. 그런 면에서 우리가 하나의 경제권을 형성하고, 궁극적으로는 행정통합으로 가야 된다고 본다.[21]

필자도 그렇게 생각한다. 인구가 소멸해가는 곳은 주변지역과 합쳐야 한다. 그리고 가장 시급한 경제문제부터 해결해야 한다. 떠나는 젊은이들을 붙잡지 못해 비어가는 동네를 보며, 자치와 분권, 자율과 책임을 외치는 건 무책임하다. 자치와 분권부터 먼저 강화해 지방경제를 살려야 한다고 주장하는 사람도 있다. 계속 강조했지만 지금처럼 지자체 간 격차가 큰 상황에선 너무도 현실을 모르는 얘기다. 지방은 먹고 사는 문제부터 해결해야 한다. 경제를 살려 사람이 모이는 공간으로 만들어야 한다. 그러기 위해서는 지방의 경제를 부흥시킬 수 있는 여건부터 조성해야 한다. 지방경제를 살리기 위한 해결책은 바로 행정구역 통합을 통한 광역화, 그리고 집적을 통한 경제 살리기이다.

최근의 OECD 연구도 이런 주장을 뒷받침하고 있다.[22] 독일·멕시코·스페인·영국·미국·네덜란드·일본을 대상으로 진행한 이 연구는 지자체 수가 감소하면, 생산성이 6% 정도 늘어난다고 분석했다. 또 인구가 두 배로 늘어나면 생산성도 2~6% 정도 증가한다고 밝히고 있다. 이는 수많은 문헌들 속에서도 반복되는 얘기들이다.[23]

5장

국토를 도시 중심으로 뭉치고 연결해야 한다

'거점개발'이라는 금기어

『지방도시 살생부』에서 압축도시의 방향을 설명하며 반복해 사용한 단어들이 있다. '선택' '집중' 그리고 '거점'이 그것들이다. 이런 용어를 사용하면서도 꺼림칙한 느낌이 없었던 건 아니다. 거점이란 단어에는 공간의 '빈익빈 부익부' '강익강强益强 약익약弱益弱'을 만드는 아우라가 묻어 있기 때문이다. 학술 분야에 따라 정도의 차이가 있겠지만, 국토·도시 분야에선 한동안 '거점'이란 단어를 꺼리는 풍토가 있었다. 누군가가 선택과 집중을 얘기하면, "그럼 그 외의 지역은 다 죽으란 말이냐"는 말부터 터져 나왔다. 때로는 약자의 아픔에 눈을 감는다는 '도덕적 비난'까지 감수해야 했다.

하지만 특정 공간에 일자리가 모이고, 사람들이 모이는 건 너무나 자연스런 일이다. 막는다고 해서 막을 수 있는 성질의 것이 아니다. 어딘가에 사람이 모이면 다른 어딘가는 사람이 줄어든다. 밀도가 높아지는 곳이 있으면, 낮아지는 곳도 생긴다. 국토·도시 분야를 공부한 사람들은 공간적 쏠림이 발생하는 이유에 대해 누구보다 잘 알고 있다. 그런 사람들조차 '거점'이란 단어를 꺼림칙하게 느꼈다. 단어가 터부시되면 나타나는 현상이 있다. 본질은 그대로인데 이름을 바꾸는 것이다. 혁신거점도 '혁신클러스터'가 되었고, 거점도시도 '중심도시' 혹은 '중추도시'가 되었다. 심지어는 이런 말을 하는 사람도 등장했다. "클러스터는 되는데 거점은 안 된다!" "도시의 집적은 인정하는데, 거점이 있어서는 안 된다!"

이해되지 않는 것도 아니다. 1960년대 이후로 경제발전을 위한 여러 전략들의 기조는 '선택해서 밀어주기'였다. 일단 한 곳을 밀어주고 나중에 같이 나누자고 약속했다. 하지만 약속은 지켜지지 않았다. 선택된 자들은 그렇지 못한 자들을 이용해 승승장구했고, 선택받지 못한 자들은 선택된 자의 기세에 눌려 더욱 쪼그라들었다. 지난 70년 동안 우리나라 대기업들도 그렇게 컸다. 하지만 선택되지 못한 부지기수의 기업들은 기억되지 않은 채로 사라졌다.

선택과 집중을 통한 불균형 발전전략은 국토정책에서도 그대로 나타났다. 한국전쟁 직후 미국의 잉여 농산물이 대거 들어왔다. 밀·보리·쌀 등의 농산물 원조는 1956년부터 1961년까지 이어졌다.(무상이었던 원조는 미국 국제수지가 악화되면서 1957년 이후부터 유상으로 바뀌었다.) 굶어 죽기 일보 직전이던 우리 국민들에게 원조 농산물은 천사의 선물이었다. 하지만 부작용도 있었다. 곡물가격이 급락해 우리 농촌이 큰 타격을 입은 것이다. 1961년 5·16 군사쿠데타 직후 공포한 '농산물가격유지법'도 악용되었다. 정부가 곡물 매입비를 생산비보다 낮게 책정했다. 농사를 지을수록 손해를 보게 된 것이다. 정부가 이런 저곡가 정책을 유지할 수 있었던 건 대규모 원조 자금과 미국의 잉여농산물 덕택이었다.[1]

농사로 생계를 유지하기 힘들어진 농민들은 떠날 수밖에 없었다. 농촌의 인구는 급감했다. 1960년대 우리나라 농촌 인구는 전체 인구의 60% 정도였지만, 20년이 지난 1980년대에는 30% 정도로 줄었다. 농민들이 향한 곳은 서울을 비롯한 대도시, 그리고 포항·울산·마산·여수에 이르는 동남해안 중화학 공업벨트에 위치한 거점도시들이었다.[*] 노동자들이 밀물처럼 밀려든 대도시에선 노동력이 평가절하되어 인건비가 낮게 책정되었다. 많은 이들이 공장의 일꾼, 버스 안내원, 구두닦이, 식모로 생계를 이어갔다. 이렇게 거점은 주변 농어촌의 인구를 빨아들이며 성장해 나갔다.

거점전략은 국토공간에서의 부익부 빈익빈 현상을 심화시켰다. 하지만 독자들이 한 가지 알아두어야 할 게 있다. 거점개발의 본래 의도는 이런 불균형이 아니란 사실이다. 거점전략은 '불균형 성장'에 토대를 두지만, 궁극적인 목적은 '균형적 발전'에 있다. 거점개발에 관한 이론은 1950년대 중반 경제학자 프랑수와 페로Frncoise Perroux가 처음으로 정립했다. 그는 성장잠재력growth potential이 큰

● 1965년~1980년 동안 14 19세의 농촌취업인구는 15.4%→5.1%로 줄었나. 20~29세 연령층은 25.5%→15.4%로 급속히 줄었다.(김덕련·서어리, 2015, 「박정희 덕에 잘살게 된 농촌? '눈덩이 빛' 안 보이나」, 『프레시안』, 2015년 2월 25일)

지역을 거점으로 삼아 이를 집중적으로 개발하고, 거점의 성장효과를 주변지역으로 파급시켜야 한다고 주장했다.[*]

페로의 이론은 앨버트 허시먼Albert Hirshman에 의해 더욱 발전한다. 허시먼은 1958년에 집필한『경제개발의 전략The Strategy of Economic Development』을 통해 기존의 학자들이 제시한 균형성장론을 혹독히 비판했다.[2] 그의 핵심적인 주장은 국가경제의 발전을 위해서는 한 개 혹은 몇 개의 성장거점을 발전시켜야 한다는 것이다. 그는 경제발전의 초기에는 거점이 주변의 인재와 자원을 흡수하며 성장한다는 점을 인정했다. 이게 바로 분극효과polarization effect다. 하지만 성장이 어느 정도 이루어지고 나면 성장의 효과가 주변지역으로도 퍼져 나가는 낙수효과trickling-down effect가 나타난다고 역설했다. 그리고 나중에는 '낙수효과'가 '분극효과'를 압도할 것으로 낙관했다. 그는 어느 시점에 낙수효과가 분극효과보다 커지는지 명확히 밝히진 않았다. 다만 언젠가는 모두에게 혜택이 돌아갈 수 있다는 희망적인 메시지를 담고 있는 건 확실하다.

1970년대부터 본격적으로 추진된 우리나라의 불균형적 국토개발도 마찬가지였다. 페로와 허시먼이 주장한 거점개발이론을 토대로 했다. '똘똘한 놈'을 잘 키워, 나중에 나누기로 한 것이다. 선택된 거점은 수도권과 동남해안 공업벨트(울산·포항·마산·창원·여수 등을 포함한 동남해안 도시들)였다. 성장엔진이 장착된 이 도시들은 약진에 약진을 거듭했다. 반면 주변 농어촌 지역의 상황은 나아지

● 성장극growth pole을 몇 개로 키운다면 결국 집중화된 분산화concentrated decentralization 전략을 추구하는 것이 된다.

지 않았다. 아니, 상대적 격차를 생각하면 더욱 가난해졌다는 표현이 사실에 가깝다.

1970년대부터 이렇게 우리의 국토는 선택된 도시들에 인구와 산업이 쏠리는 불균형적 성장을 이어나갔다. 그리고 격차는 계속 벌어져갔다. 페로나 허시먼이 말한 것처럼 성장의 이득이 주변으로 퍼져 '모두 잘 살게 되는' 그런 일은 없었다. '낙수효과'는 없었고 '국물효과'(?)만 있었다는 자조적인 푸념도 들린다. 지금 지방 중소도시는 인구소멸을 걱정할 정도다. 분명한 사실은, 거점개발은 있었지만 낙수효과는 없었다는 점이다. 그러니 "거점이란 단어는 꺼내지도 마라!"는 말이 심정적으로 이해가 가지 않는가. 그럼 우리는 이제 불균형 성장방식을 완전 폐기해야 하는 것일까?

지방 대도시권을 살려야 지방이 산다!

거점전략이 지방을 망쳤다. 그럼에도 불구하고 지방을 살리기 위해 거점을 육성해야 한다! 이 말이 모순적이라 느낄 수도 있겠다. 하지만 반드시 그래야만 하는 이유가 있다. 지금은 인구감소가 현실이 된 상황으로, '공간적 마태효과'로 인해 인구의 집중현상이 더욱 심화되고 지방의 인구소멸이 가속화될 것이기 때문이다.

지난 50년 동안의 인구 흐름을 생각해보자. 경제개발을 본격화한 1960년대 이후 인구이동의 흐름은 '농어촌→수도권과 공업도시'였다. 1990년대에는 전체 인구 중 농촌 인구 비율이 10% 이하로 떨어진다. 젊은이들이 모두 떠나버린 농어촌에는 인구유출이 크게 둔화되었다. 더 이상 이동할 사람이 없기 때문이다. 1990년대부터 인구이동의 흐름은 '중소도시→수도권과 지방 대도시'로 패턴이 바뀌게 된다. 아직까지도 이런 흐름이 진행중이다. 이 흐름의 끝자락엔 존폐의 기로에 선 지방 중소도시들이 있을 것이다. 그럼 지방 중소도시가 농어촌처럼 붕괴된다면? 그 다음의 흐름은 '지방 대도시→수도권'이 될 것이다.

대도시-중소도시-농어촌의 위계에서 지방 중소도시는 중간 허리에 해당한다. 허리가 튼튼하지 않으면 지방의 붕괴는 시간문제가 될 것이다. 그러니 중소도시를 살려야 한다. 하지만 이게 녹록하지 않다. 지방 대도시권 밖의 중소도시는 이미 성장동력을 크게 상실했기 때문이다. 최근 국토연구원은 인구 5만~50만의 도시 중 수도권과 제주도 이외 지역 중소도시 40곳의 성장세에 대해 분석했다.[3] 그 결과, 지난 10년간 40곳의 지방중소도시 중 25곳(약 63%)에서 쇠퇴가 진행되고 있었다. 성장하는 곳의 대부분은 수도권에 인접한 도시(춘천·원주·당진·아산·서산)이거나, 지방 대도시권에 인접한 도시(구미·경산·양산·거제)들이었다. 이들 도시들은 대도시와의 긴밀할 연계하에 성장할 수 있었다.

이게 바로 지방 대도시권을 살려야 하는 이유다. 아직 회생의 불씨가 남아 있는 지방 대도시권을 살리지 않으면 지방엔 인구소멸을 막을 수 있는 최후의 힘도 사라지게 된다. 후일을 도모하기 위해서라도, 당분간 대도시 중심의 거점 육성은 필요하다. 인구통계(혹은 경제통계)를 통해 우리 국토의 '잘 나가는 곳'과 '그렇지 못한 곳'을 확인해보면 '수도권 VS 지방(비수도권)'의 구도로 나타난다. 이

건 부인할 수 없는 사실이다. 하지만 지자체별 인구변화 추이를 유심히 들여다보면 또 다른 사실도 발견된다. 바로 '대도시권 VS 비대도시권'의 극명한 차이다. 우리 국토의 모습을 이렇게 요약할 수도 있겠다. 지방은 수도권에 비해 절대적으로 약하다. 하지만 지방의 모든 곳이 그런 건 아니다. 수도권의 위세에도 불구하고 지방 대도시권은 아직까진 그럭저럭 잘 버텨왔다.

얼마 전 한 신문에 지방 대도시의 인구문제가 대서특필로 보도되었다.[4] 표제는 「지방 대도시도 인구 무너진다」였다. 지난해 전국의 6대 광역시 중에 수도권에 속한 인천을 제외한 부산·대구·대전·광주·울산의 대도시 인구가 줄었다는 것이다. 2016년 한 해 동안 부산은 2만8000명, 대구 9000명, 광주 5500명, 대전 1만2000명, 울산 7000명 정도가 줄었다. 그리고 이렇게 인구가 줄어든 가장 큰 이유가 수도권으로의 인구유출이라고 진단했다.

이런 분석은 반만 맞다. 인구가 줄어들긴 했다. 하지만 큰 권역으로 보면 인구가 줄었다고 볼 수는 없다. 지방 광역시의 인구감소는 수도권과 유사한 형태로 나타났다. 서울의 인구는 2010년 1004만 명을 정점으로 계속 감소해 2018년 현재 980만 명 정도다. 세종시와 혁신도시 등으로의 이주가 인구감소의 원인으로 지적되곤 한다. 하지만 진짜 이유는 다른 데 있다. 판교·위례·미사·동탄·한강신도시와 같은 서울의 외곽으로 이동했기 때문이다. 지방 대도시들도 마찬가지다.

부산의 인구감소 패턴도 서울시와 유사하다. 부산 인구는 1990년대부터 꾸준히 감소해왔다. 그럼 이들은 어디로 갔을까? 2016년 통계만 봐도 인구이동의 흐름이 쉽게 가늠된다. 부산에서 수도권으로 이동한 인구는 7600명 정도다. 하지만 양산으로 간 인구는 1만1000명이다.[5] 수도권보다 부산 외곽으로 빠져나간 인구가 더 많다. 흥미로운 사실은 부산 인근 지역들이 빠르게 팽창해왔다는 점이다. 그러니 '부산권(부산+주변지역)'에는 인구가 꾸준히 유지되어 온 셈이다.

이제 누군가가 다음과 같이 질문한다고 치자. 부산에서 양산으로 이사를 가면 인구유출이라 볼 수 있는가? 뭐, 부산시의 입장에선 유출이라고 볼 수도 있겠다. 세금 낼 사람들이 밖으로 나갔으니 말이다. 하지만 부산 사람들의 입장에선 선뜻 뭐라 대답하기 어려울 것이다. 부산과 양산을 동일한 생활권으로 인식하고 있기 때문이다. 대구도 마찬가지다. 대구시의 인구 중 상당수가 경산으로 이사했다. 대구와 경산이 동일한 생활권이 된 지 이미 오래다. 대구에서 경산으로 이사를 가면 인구유출인가? 이 또한 대답이 어렵다.

지방의 대도시는 그 영역이 점차 확대되어왔다. 생활권은 도시의 경계를 넘어 대도시권으로 커졌다. 대도시권은 핵심 대도시와 주변의 여러 중소도시가 연합된 형태를 띤다. 노른자를 흰자가 둘러싸고 있는 계란 프라이 모양처럼 말이다. 대표적인 대도시권인 수도권은 서울특별시라는 '노른자'가 41개 기초지자체(=경기도 31개+인천광역시 10개)에 둘러싸여 있다. 지방 대도시권도 마찬가지다. 노른자 도시와 이를 에워싼 주변 도시들의 조합이다. 이런 대도시 권역은 지방에 네 곳이 있다. 부산·울산권, 대구권, 광주권, 대전권이 바로 그것이다.

우리나라의 5대 대도시권

수 도 권		서울특별시,	인천광역시,	경기도	
지방 대도시권	부산·울산권	부산광역시, 김해시(경남),	울산광역시, 창원시(경남)	경주시(경북),	양산시(경남),
	대구권	대구광역시, 군위군(경북), 칠곡군(경북),	구미시(경북), 청도군(경북), 창녕군(경남)	경산시(경북), 고령군(경북),	영천시(경북), 성주군(경북),
	광주권	광주광역시, 함평군(전남),	나주시(전남), 장성군(전남)	담양군(전남),	화순군(전남),
	대전권	대전광역시, 계룡시(충남), 옥천군(충북)	세종특별자치시, 금산군(충남),	공주시(충남), 청주시(충북),	논산시(충남), 보은군(충북),

[도표 22]에서 청록색 글자로 표시된 곳은 대도시권의 핵심지역이고, 나머지는 주변지역이다. 대도시권에 포함된 군소群小의 주변지역들은 핵심지역과 기능적으로 긴밀한 관계를 맺고 있다. 출퇴근·쇼핑·생활서비스의 이용 측면에서 생활권역이 동일하다. 하지만 대도시권에 속한 지역들이 모두 동시에 성장하거나 쇠퇴하는 건 아니다. 부산·울산권의 경우를 보자. 양산시와 김해시처럼 인구가 빠르게 성장하는 주변지역도 있고, 경주시처럼 인구가 감소하는 곳도 있다. 다른 대도시권도 마찬가지다. 대전권의 논산시와 공주시, 광주권의 나주시, 대구권의 영천시처럼 국토연구원에서 꼽은 대표적인 쇠퇴도시들이 있다.* 반면에 대구시 옆에서 경산시처럼

● 국토연구원에서는 20곳의 축소도시를 선정한 바 있다.(「저성장 시대의 축소도시 실태와 정책방안 연구(2016)」) 고착형 축소도시로는 태백·영주·상주·영천·밀양·공

빠르게 인구가 증가한 도시도 있다. 그러나 공통적으로 드러나는 패턴도 있다. 대도시권 주변 군郡지역들은 하나도 예외 없이 빠르게 쇠퇴했다는 점이다. 기초체력이 약한 도시들은 핵심지역에 지속적으로 인구를 빼앗겨왔던 것이다.

그럼 우리나라 대도시권에는 어느 정도의 인구가 살고 있을까? 수도권을 포함한 다섯 곳의 대도시권은 전체 국토 면적의 약 30% 정도를 차지한다. 여기에 전체 인구의 약 80% 정도가 살고 있다.(2017년 현재 5180만 명의 인구 중 4100만 명 정도가 대도시권에 몰려 있다). 이렇게 높은 수치는 수도권 인구 때문이라고 생각할 수 있겠다. 그럼 지방 거주민 중 지방 대도시권에 살고 있는 사람들은 비율은 어느 정도나 될까? 2017년 현재 거의 60%에 육박하고 있다.(2600만 명의 지방 인구 중 1520만 명이 부산·울산권, 대구권, 광주권, 대전권에 몰려 있다.)

지방 대도시권은 인구소멸 논의에서 비껴나 있었다. [도표 23]을 보자. 지방 4대 대도시권의 인구는 1995년 이후로 크게 변화하지 않았다. '지방의 위기다, 소멸이다' 하며 온 나라가 시끄러운 것과는 대조적으로 지방 인구의 60%가 거주하고 있는 대도시권은 지난 20~30년간 잘 버텨왔다. 앞으로도 이럴까? '당분간'은 버틸수 있을 것이다. 그러니 인구소멸이 지방 전체의 문제라고 통틀어 말하는 건 적절치 않다. 보다 정확히 말하자면, 인구소멸을 걱정해야 할 곳은 '대도시권에 속해 있지 않은 지방도시들'이다.(그렇지만

주·김제·정읍·남원 등 9곳, 점진형 축소도시는 익산·동해·경주·여수 등 4곳, 급속형 축소도시는 삼척·문경·안동·김천·보령·논산·나주 등 7곳으로 나타났다.

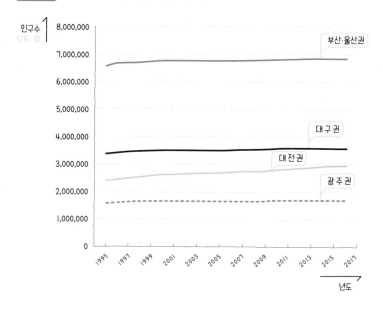

도표 23 지방 대도시권의 인구추이

인구수
단위: 명

부산·울산권

대구권

대전권

광주권

년도

'당분간'이란 표현을 쓴 것에 주목하길 바란다. 조만간 지방 대도시들도 인구소멸 위기를 겪을 수 있다!)[6]

　그럼 어떤 힘이 '인구'와 '일자리'를 대도시권으로 쏠리게 할까. 첫째는 지속되고 있는 저성장 기조를 들 수 있다. 경기불황과 맞물린 저성장 추세는 대도시권으로의 인구 집중현상을 부추겨왔다. 기업의 경우와 비교해보자. 경기가 침체되면 대기업과 중소기업 모두가 어려워진다. 하지만 침체가 길어질 경우, 대기업과 중소기업의 상황은 달라질 수 있다. 둘의 맷집이 다르기 때문이다. 영업이익으로 이자도 충당하지 못하는 한계기업은 대부분 중소기업이다. 핵심기술을 보유한 유망 중소기업조차도 자금난을 견디지 못해 도산할 수 있다. 투자도 상대적으로 더 안전한 대기업으로 쏠리게 된다. 대도시와 중소도시의 관계도 마찬가지다. 성장률이 낮아질 때는 대도시와 중소도시 모두 어려워진다. 하지만 저성장이 지속되었을 때 대도시와 중소도시의 처지는 달라진다. 사람도, 돈도 보다 가능성 있는 대도시에 몰리게 될 것이다. 이게 바로 대도시 중심의 성장세가 지속될 것으로 예상하는 이유이다.

둘째로 '산업구조조정' 또한 대도시권으로 인구이동을 부추기고 있다. 4차 산업혁명의 토대가 되는 지식기반 제조업과 서비스업들이 대도시 중심으로 성장하고 있다. 대도시 지역은 장래 새로운 성장동력이 될 수 있는 산업들이 집중되어 있는 곳이다. 또한 창의적인 젊은 인력이 많다. 그러니 기술 진보에 따른 변화를 수용하고 발전해나갈 여건이 마련되어 있다.[7] 곧 '산업구조조정'이 우리 사회의 핵심 키워드로 떠오를 판이다. 주력산업이었던 해운·조선·철강·건설·석유화학 등의 전망이 그리 밝지 않기 때문이다. 전통적인 제조업에 기대고 있는 도시들(특히 울산·여수·광양·포항·구미·거제 등의 전통적 산업도시들)은 신산업으로의 개편과정 속에서 더욱 힘들어질 것이다. 수도권을 비롯한 대도시권의 경우에는 산업구조조정 과정에서 뛰어난 적응력을 보이는 반면, 지방 중소도시의 경우에는 지금의 일자리마저 위협받을 가능성이 크다. 일자리가 모이면 인구도 따라 모일 수밖에 없다.[●]

셋째, 교통망 또한 5대 대도시권 중심으로 재편되고 있기 때문

● 물론 인구가 일자리를 촉발하는 경우도 있다. 수도권 주변의 도시들이 그랬다. 분당과 용인은 대규모 아파트 공급이 먼저 되고 이후에 일자리가 따라간 경우다. 하지만 이건 일자리가 차고 넘치는 상황에서만 가능한 일이다. 지금은 일자리가 점점 부족해지고 있고, 사람들은 귀해진 일자리를 쫓아 이동할 것이다.

이다. 인구와 산업이 집중된 우리나라의 대도시권들은 점점 더 연담聯擔형 메갈로폴리스megalopolis로 변해왔다. 도시와 도시가 연결되어 더 큰 도시로 변해왔다는 뜻이다.(핵심도시와 주변 중소도시들이 기능적으로 서로 달라붙는 현상을 '연담화conurbation'라고 한다.) 중심지가 주변 도시와 연계되면 생활권역이 커지고, 대형병원과 공공시설을 함께 공유할 수 있다. 이런 걸 가능하게 하는 건 광역 교통망이다.

대도시권별 주요 교통축은 모도시母都市(핵심도시)를 중심으로 사방으로 뻗어나가는 방사형 모양새다. 수도권은 총 11개의 축(고양/파주축, 의정부축, 구리축, 하남축, 성남축, 과천/안양축, 광명축, 인천·부천축, 김포축, 인천-김포축, 인천-시흥·안산축)을 염두에 두고 있다. 사방팔방으로 뻗은 교통축이 마치 방패연을 연상케 한다. 지방 대도시권도 마찬가지다. 부산·울산권은 7개(부산-울산축, 부산-양산축, 부산-김해축, 부산-창원/거제축, 울산-양산축, 울산-경주축, 울산-밀양·청도축), 대구권은 8개(영천축, 경산축, 청도축, 창녕축, 고령축, 성주축, 왜관·구미축, 군위축), 대전권은 6개(세종축, 청주축, 공주축, 논산/계룡축, 금산축, 옥천·보은축), 광주권은 5개(장성축, 담양축, 화순축, 나주축, 함평축)의 교통축을 계획하고 있다.* 모두 안에서 밖으로 뻗어나가는 모양새다.

[도표 24]를 보자. 이게 정부(국토교통부)가 고려하는 광역 교통

● 국토교통부 대도시권 광역교통 시행계획에서 부산·울산권 범위는 광역교통법 시행령보다 넓게 지정되어 있다. 부산·울산권과 대구권 사이에 위치해 있는 청도군은 광역교통 계획상 두 곳 대도시권에 중복적으로 속해 있다.

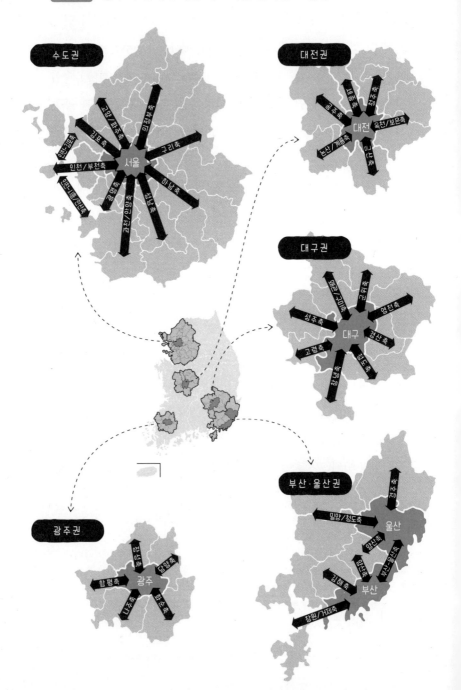

도표 24 　정부가 구축하려는 대도시권 방사형 교통망

망의 모양새다.[8] 기존의 순환형 교통망은 핵심도시가 중심적 역할을 하기에는 한계가 있다. 중심으로 연결되기가 쉽지 않기 때문이다. 핵심도시의 외곽이 팽창하면 주변도시와 융화되며 하나의 큰 덩어리가 된다. 이런 큰 덩어리 도시를 만드는 데는 방사형 교통축만큼 좋은 게 없다. 핵심도시를 가운데에 놓고 사방으로 쭉쭉 뻗어가는 방사형 체계에서는 중심으로 에너지를 모으기 쉽다. 교통 결절점과 역세권이 중요해질 수밖에 없는 이유다. 그러니 앞으로 대도시권은 교통 결절점(특히 역세권) 주변으로 인구와 산업이 재배치될 수밖에 없다.

이제 논의를 정리해보자. 대도시권의 성장은 경제적 어려움 속에서 나타난 자연스런 흐름이다. 원하든 원치 않든 간에 대도시권 중심의 공간적 재편은 계속될 것이다.[*] 이게 바로 '특단의 조치' 없이는 인구이동의 흐름을 수도권→지방 또는 대도시권→지방 중소도시로 바꾸기 힘든 이유이다. 그렇다면 우리의 선택은 무엇이어야 할까? 대도시들의 성장을 막으면서까지 이 흐름을 돌리려 애써야 할까? '공간의 형평성'을 추구하는 이들의 주장처럼, 낙후된 지방 중소도시가 성장할 수 있게끔 더 많은 투자를 해야 하는 걸까? 그렇지 않다. 그런 방식은 지방의 남은 성장 가능성마저 닫아버릴 수 있다. 지방에서 아직 인구와 일자리를 모을 힘이 남아 있는 곳은

● 이런 대도시권 선호현상을 가장 빠르게 반영하는 지표는 '부동산 가격'인데, 지방에서 상대적으로 높은 부동산 가격은 대도시 중심으로 형성되고 있다. 2018년 우리나라 개별공시지가는 전년 대비 6.28%가 상승했는데 가장 가격이 많이 뛴 곳은 제주도(17.5%)이고, 그 다음으로 부산(11.0%), 세종(9.06%), 대구(9.03%), 울산(8.54%), 광주(8.15%)가 뒤를 이었다.(최정현, 2018, 「개별공시지가 전국 평균 6.28% 상승」, 『프레시안』, 2018년 5월 30일)

대도시권임을 우리는 인식해야 한다.

그러니 대도시권이 더욱 성장할 수 있도록 공간정책을 펴나가야 한다. 그럼 그 바깥 지역은 소외되어도 좋다는 것인가? 당연히 그렇지 않다. 대도시권에서 발생한 성장 이익을 비대도시권 지역과 나누어 가져야 한다. 여러 차례 강조했듯이, 대도시권은 주변지역의 도움을 받으며 성장했기 때문이다. 그러니 상생시스템에 대한 고려가 있어야 한다. 대도시만 밀어주는 건 불균형 국토를 만들었던 전철을 또 한 번 답습하는 것이다.

대도시권과 중소도시연합체의 연결

대도시권으로 인구와 산업이 몰리는 현상은 더욱 강화될 것이다. 그리고 인구 고령화, 광역교통망의 발달, 성장동력 상실과 저성장, 4차 산업혁명이라는 메가트렌드 속에서 '대도시권 VS 비대도시권 중소도시'의 격차 구도는 더욱 선명해질 것이다. 이런 메가트렌드를 만들어낸 건 바로 '시장market'이다. 시장의 힘이 공간적으로 발현된 것이 '대도시권화 현상'이다. 대도시권 쏠림현상은 거스르기 힘든 거대한 흐름이다.

시장을 거스르는 오기는 부작용만 낳기 쉽다. 호랑이처럼 센 상대를 이기려면 호랑이 등에 올라타야 하듯, 시장의 힘을 역이용해야 한다. 시장의 흐름을 이용해서 지방을 살리는 호조건을 만들어야 한다. 대도시권화의 광포한 흐름은 거스를 수 있는 그런 유의 것이 아니다. 그러니 대도시의 성장을 옥죄는 정책을 써서는 안 된다.

이제는 대도시의 성장을 인정해야 한다. 하지만 그 다음이 더 중요하다. 대도시 성장의 이익을 주변 도시와 나누는 '상생 시스템'을 갖춰 나가야 한다. 이 둘이 패키지로 가야 한다. 그래야 모두가 '윈윈'하는 길이 열린다.

대전·광주·대구·부산 등의 대도시들은 인구소멸을 염려할 만큼 비관적이지 않다. 도시의 범위를 대전권, 광주권, 대구권, 부산·울산권의 '대도시권역'으로 본다면, 상황이 그리 나쁜 건 아니다. 이 지역들은 그나마 인구와 산업을 유지하고 있다. 상대적으로 일자리와 젊은이들이 많고, 일자리와 연계가 가능한 대학도 있다. 지역에 특화된 산업도 있고, 신산업을 유치할 능력도 된다. 지방 대도시권은 저출산·고령화·저성장의 파고 속에서 지방을 살리기 위한 최후의 보루다. 지방을 살릴 마지막 불씨다.

대도시권만큼은 아니지만 지방의 성장을 더욱 촉진할 수 있는 조그만 불씨들도 있다. 바로 지방의 중추도시들과 산업도시들이다. 중추도시들은 춘천·원주·강릉·충주·천안·전주·군산·익산·목포·순천·진주 등이다. 산업도시들은 당진·아산·서산·여수·광양·포항·거제 등이 포함된다. 이런 도시들은 주변 도시들과의 연계 속에서 다시 도약할 수 있다.

많은 수의 지자체들이 존폐의 위기에 처하게 될 20~30년 후를 내다보며, 우리 국토공간을 구상하는 게 필요하다. 대도시권은 서로 연결되어 하나의 덩어리가 되어야 한다. 국토는 대도시를 중심으로 뭉치고, 대도시는 서로 연결되어 국토 전체가 하나의 거대도시super-city를 이루는 형태다.

대도시권이 연결되기 위해서, 대도시 내에 연결거점이 만들어져야 한다. 앞으로도 대도시권은 사람들이 선호하는 공간으로 남아 있을 것이다. 대도시권이 더욱 매력적인 공간으로 변하기 위해선 중심지를 더욱 밀도 높게 개발하는 게 중요하다. 외곽 팽창을 자제하고, 도시 내 교통의 결절점 중심으로 인구와 산업(특히 지식기반산업)을 모아야 한다. 이건 수도권도 예외가 아니다. 중심부에 에너지를 모아야 한다. 도시는 혁신의 엔진이고, 도시의 힘은 개인들의 '인접성'이 극대화되는 밀도 높은 환경에서 나오기 때문이다.[9]

하지만 정책은 이와는 반대로 가고 있다. 최근의 논의를 보자. 서울 집값이 폭등하자 정부가 서둘러 대규모 주택을 공급하겠다고 발표했다.(2018년 9월) 여기까진 좋다. 하지만 서울을 둘러싼 일부 그린벨트를 풀어 330만m^2(100만 평) 이상의 신도시 4~5곳을 개발하겠다는 거다. 왜 그린벨트를 풀려는 걸까? 도심부에는 그렇게 많은 주택을 공급할 땅이 없다는 게 이유다. 이에 대해 박원순 서울시장은 그린벨트를 풀지 않고도 공급이 가능하다고 했다. 그의 말을 들어보자.

주로 외곽 공급에 치우친 주거 정책은 잘못됐다. (…) 교외가 아닌 서울 도심에 공공임대주택을 공급하겠다. (…) 광화문·을지로 등 업무 빌딩으로 가득한 도심은 주거율이 낮다. 기존 노후 건물 자리에 높은 층수의 주상복합빌딩을 새로 짓는 방식으로 도심 공공임대주택을 늘리는 방안을 추진하겠다. (…) 도심에다 경관을 해치지 않는 범위에서 높은 건물을 많이 지을 것이고, 분양이 많아

지면 주택 가격에 문제가 생기니까 공공임대를 주로 하겠다.[10]

박원순 시장은 가락동 옛 성동구치소 부지 등 도심에 노는 땅(유휴지)도 개발이 가능하고, 광화문과 을지로의 업무지구가 위치한 도심의 빈 빌딩도 활용할 계획이라 했다. 도심 상업지와 준주거지 용적률(건물 각 층별 바닥 면적의 총합과 그 건물이 세워진 토지 면적 사이의 비율. 용적률을 높인다는 건 그만큼 건물을 높이 짓는다는 의미) 인센티브를 줘서 임대주택 공급을 중산층에게도 확대하겠다고 했다.[11] 이렇게 도심에 주택을 공급하면 '도심공동화'도 막을 수 있다고 덧붙였다.

정부계획에 대한 박원순 시장의 반대에 "박 시장이 대권 욕심에 문재인 정부에 각을 세우기 시작했다"는 뒷얘기도 나왔다. 이런 발언이 '정치적 계산'에서 나왔는지 아니면 '평소 소신'인지는 모르겠고, 이 책의 관심사도 아니다. 다만 도시 내부에도 주택을 공급할 공간이 충분하다는 것, 그리고 공동화된 도심을 살리기 위해 토지 이용을 복합화해야 한다는 주장에는 100% 공감한다. 아니, 대도시권이 발전하기 위해서는 반드시 그래야만 한다고 생각한다.

세종대 변창흠 교수의 말도 들어보자. "유럽 대부분의 지역은 상업·업무와 주거지역이 결합해 있다. 특히 프랑스 파리의 도심 건물을 보면 1, 2층에는 상업시설, 그 이상 층은 주거시설이 들어서 있어 도심이 활성화돼 있다. (…) 도심 외곽에 주택을 공급하면 도심은 황폐해질 수밖에 없다."[12]

도심에 더 많은 주거기능을 넣어야 한다는 의견은, '그린벨트를 꼭 해제해야 하는가'라는 문제와 엮지 않고도 그 자체로 충분히 고려해볼 만한 가치가 있다. 물론 상업·업무용 건물을 주거용으로 바꾸는 건 간단한 일이 아니다. 주차장을 확충해야 하고(상업·업무용 건물은 주차장 의무 설치 면적이 작다), 바닥에 난방도 넣어야 한다. 게다가 일조권도 확보해야 해서 법 개정이 필요하다. 이를 위한 리모델링 비용도 문제다. 부수고 다시 짓는 것보다 더 많은 비용이 들수 있다는 지적도 있다.[13] '도심 활용이 어려울 수 있다'고 지적하는 전문가들도 많다. 하지만 어려울 수 있다는 게 하지 말아야 한다는 걸 의미하진 않는다. 서울의 도심은 아직도 저활용되고 있기 때문이다. 서울 지하철 294개의 역세권 주변의 용적률은 160%다. 서울시 상업지역 용적률(307%)의 절반에 불과하다.[14] 역세권 주변 용적률을 상향하면 주택을 충분히 공급할 가능성이 있다.

가장 인구밀도가 높은 서울시도 이런 고민을 하는 터에 지방의 대도시권이야 마땅히 도시 중심지의 복합적 개발을 고민해야 한다. 외곽 팽창을 자제하고 중심부를 더욱 조밀하게 만들기 위해 노력해야 한다. 공기를 압축하면 온도가 높아지는 것처럼, 도시도 밀도를 높여야 에너지를 만들어낼 수 있다. 그래야 일자리와 젊은 인구를 끌어들일 수 있다. 지방 대도시권이 활기를 잃으면 남아 있던 인구도 수도권으로 향하게 될 것이다. 이들을 붙잡을 힘도 압축해야 생긴다. 도시의 여러 기능들을 압축하고 경제적 활력을 불러일으켜 '지방 대도시권→수도권'으로의 인구이동 흐름이 발생하지 않도록 해야 한다.

이렇게 각 지방의 대도시권을 발전시키고 서로 연결하는 것이 우리가 추구해야 할 균형발전의 방향이다. 서울·대전·광주·대구·울산·부산의 대도시권들이 서로 긴밀하게 연결되면 나라 전체를 커버하는 '거대도시'가 탄생한다. 이게 바로 메갈로폴리스megalopolis다. 주요 아시아 국가들은 인접한 여러 메트로폴리탄 지역들을 묶는 거대도시를 만들고 있다. 일본의 3대 대도시권들(도쿄권·나고야권·오사카권)이 연계된 메가시티mega-city가 바로 메갈로폴리스이다. 중국도 베이징을 중심으로 메갈로폴리스를 만들고 있다. 베이징과 톈진, 허베이성을 합한 '징진지京津冀'는 우리나라 수도권에 대응되는 곳이라고 볼 수 있다.

징진지는 스케일부터 어마어마하다. 한반도 크기와 맞먹는다. 인구도 1억1000만 명 정도나 된다. 그러니까 중국의 계획은 한반도만 한 '거대도시'를 만들겠다는 거다. 징진지 내 특화발전 계획도 세웠다. 베이징은 정치·문화·국제교류·과학기술 도시로 그 색깔을 분명히 하고자 한다. 톈진은 국제항구이자 금융중심도시로, 허베이는 제조업기지와 물류기지이자 전략자원 비축의 중심지로 특화하려 한다. 주요 거점들이 서로 얽히고설킨 중국의 수도권은 세계 최대의 메갈로폴리스로 부상할 것이다. 이런 네트워크 구축을 통해 중국이 궁극적으로 이루고자 하는 바는? 바로 '국가경쟁력 강화'다. 우리나라는 중국이 계획하는 메갈로폴리스 면적의 반도 되지 않는다. 전지역이 하나의 거대한 메갈로폴리스가 되는 것, 그리고 메갈로폴리스 내 모든 지역이 특화·균형발전을 하는 것, 이건 실현불가능한 몽상이 아니다.

여기까지가 국토의 압축전략이다. 대도시권으로 압축해 거점을 키우고, 이런 거점들을 연결하여 이들이 경제를 견인하도록 한다. 그럼 나머지 도시들은? 중소도시들도 원도심(혹은 교통 결절점)을 중심으로 압축해야 한다. 그리고 압축된 곳을 연계해 생활권을 공유하는 도시연합체를 구성해야 한다. '연합'을 통해 주민들이 행정구역을 넘어선 대학이나 응급실, 백화점 등의 고차 서비스들을 공유하도록 만드는 것이다.

3장에서 일본의 '연계중추도시권'에 대해 상세히 설명했다. 일본의 지방 중소도시 또한 인구감소와 세수감소로 생활인프라 공급이 원활하게 이루어지지 않는 곳이 많다. 이에 대응하여 중추도시를 중심으로 주변의 도시들이 협약을 맺고, 연계사업을 벌이는 방식으로 생존책을 모색했다. 그래야 공공서비스와 생활인프라 제공이 가능하다. 일부 연계중추도시권의 연합 목적은 '권역의 인구를 유지하는 것'이라 밝히고 있다. 일단은 '살아남는 게' 목적이다.

독일의 경우도 마찬가지다. 독일은 중소도시가 3000개 정도로 국토 면적의 약 70%(인구 기준으로 약 61%)를 차지하고 있다. 하지만 이 중 40%가 넘는 중소도시들이 인구감소 및 일자리 문제를 겪고 있다. 인구감소로 고민하는 도시들이 겪는 공통적인 문제는? 이제는 독자들도 쉽게 답할 수 있을 것이다. 바로 세수감소와 기반시설 공급의 어려움이다. 독일의 대응도 일본과 크게 다르지 않았다. 중소도시들을 묶어 공공서비스와 생활인프라를 제공하는 것이다.[15] 이를 위해, 도시 간 네트워크를 구성한 곳들을 대상으로 도시관리지원 프로그램을 운영하고 있다. 이 프로그램을 위한 돈은 연방정부가 1/3을 보조하고 나머지는 주정부와 해당 지자체가 충당

'거점의 구축'과 '도시 간 연결' 전략

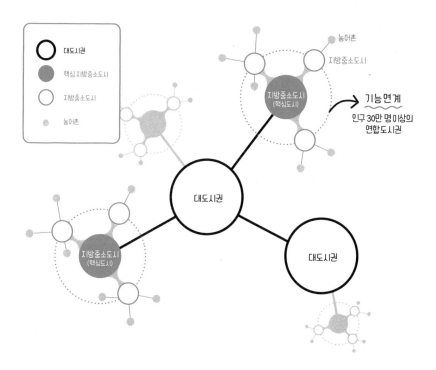

하고 있다.

　지금까지의 논의를 그림으로 표현하자면 [도표 25]와 같다. 다시 한 번 정리한다. 우리 국토는 '대도시권-중소도시-농어촌'의 위계를 갖는다. 대도시권에서는, '도시권 압축→압축된 도시권 연결'의 과정을 거치고, 중소도시들은 '도시 압축→압축된 도시 연결→도시 연합'의 과정을 거친다. 농어촌 지역은 작은 거점을 통해 인근 대도시나 중소도시의 배후지역으로 연결될 수 있다.

중소도시와 농·산·어촌을 압축하는 방법

압축도시계획은 전국에 빠르게 확산될 것이다. 생기를 잃어가는 지방 중소도시에서 도시 압축은 '선택'이 아닌 '필수'가 될 수밖에 없다. 압축하지 않으면 생존 자체도 보장받을 수 없는 상황이 올 것이기 때문이다. 그럼 중소도시의 압축은 어떻게 진행될 수 있을까? (여기서는 일본의 압축도시계획에서 사용된 용어들을 그대로 소개한다. 낯선 단어들이 많이 나오겠지만 이해하는 데 큰 어려움은 없을 것이다. 조만간 '한국형 압축도시계획'을 보는 날도 있을 것이다.)

압축도시에 대한 일본의 계획은 '입지적정화계획'을 통해 이루어지고 있다. 적정화란 주거시설뿐만 아니라 의료시설·복지시설·상업시설 등을 '적절한appropriate' 곳에 배치시킨다는 뜻이다. 그럼 적절한 곳은 어디인가? 바로 도심에 있는 교통 결절점이다. 병원·문화센터·상가·관공서 등 인구를 끌 수 있는 시설을 교통 결절점 주변에 모아두는 것이다. 이런 시설들이 도심에 빽빽히 집중되어 있는 걸 상상해보자. 인구도 자연스레 이들 주변으로 모일 수밖에 없다. 주민들이 시설과 가까워지면 도보나 대중교통으로 도시를 돌아다닐 가능성이 커진다. 그러니 도시를 압축할 때는 '인구를 강제로(?) 재배치'한다고 생각하면 안 된다. 주요 시설들을 모으고, 인구가 따라오도록 설계하는 게 핵심이다. 압축작업에는 중단기적 비전이 필요하다. 단번에 압축하려다간 부작용만 나타날 수 있다. 그러니 계획기간은 10년 혹은 그 이상으로 설정한다.

일본 기후현 기후시의 압축계획을 담은 [도표 26][16]을 보면서

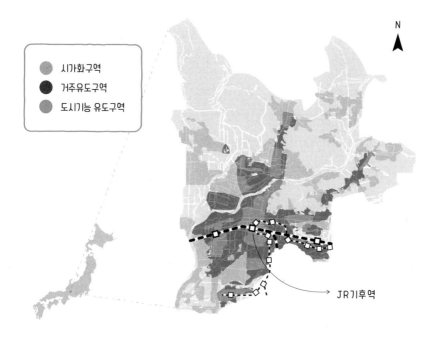

시가화구역
거주유도구역
도시기능 유도구역

JR기후역

세 단계의 압축방식을 이해해보자. 우선, 압축계획이 들어가는 구역을 정해야 한다. 이 구역은 도시 행정구역 내 일부 지역을 대상으로 할 수 있고, (도시가 작은 경우) 행정구역 전체를 대상으로 정할 수도 있다. 중요한 건 '압축될 곳'만을 대상구역으로 잡지는 않는다는 점이다. '압축되는 곳'과 이로 인해 '듬성해지는 곳'을 함께 고려해야 하기 때문이다. 압축되는 곳은 주택이나 생활인프라가 추가적으로 필요할 수 있다. 반면에 듬성해지는 곳은 빈집이나 놀리는 땅(유휴공간)을 어떻게 처리할지 고민해야 한다. 인구가 감소하는 도시에서 한 지역을 밀집할 경우, 주변지역은 더 크게 쇠퇴할 수 있다. 이게 두 곳을 함께 고려해야 하는 이유이다.

둘째로, 구역 내에서 사람들이 이미 밀집되어 있는 곳을 찾는다. 인구를 압축할 곳(거주유도구역)을 설정하기 위해서다. 도시에서 '개발이 이루어진 곳(시가화구역)'과 '그렇지 않은 곳(시가화조정구역)'을 구별해야 한다.• 인구를 모을 지역, 즉 '거주유도구역'은 이미 개발이 이루어진 곳일수록 좋다. 또한 역세권이나 버스노선이 많은 지역일수록 좋다. 그래야 중복투자를 막을 수 있다. 일본에선 이미 개발이 이루어진 곳을 '시가화市街化구역'이라 부른다. 도시화가 진행되어 도로가 깔리고 주거·상업·공공시설이 밀집된 구역을 생각하면 된다. 시가화구역 모두를 거주유도구역으로 잡는 건 아니다. 도시에 따라 큰 차이가 있긴 하지만, 일반적으로 시가화구역 중 약 50% 정도만 거주유도구역으로 정한다.[17]

대부분의 경우 교통 중심지 역할을 했던 원래의 도심(원도심)은 거주유도구역에 포함된다. 원도심은 도시 외곽의 개발로 인구가 빠져나가 휑뎅그렁한 상태로 남아 있는 경우가 많다. 방치된 빈 주택이 많고 노후화된 건물이 줄줄이 모여 있다. 이런 지역은 대부분 도시의 한가운데에 있기에 여전히 인프라가 양호하다. 그러니 생활인프라를 추가로 건설해야 하는 부담이 적다. 시가화구역이 군데군데 분포해 있는 경우도 있다. 이 경우 거주유도구역도 이에 따라 여러 곳에 설치할 수 있다. 이렇게 이미 시가화된 공간을 재활용

• 일본의 도시계획구역은 '시가화구역'과 '시가화조정구역'으로 나뉜다. 여기서 '시가화조정구역'은 앞으로 도시화될 지역으로, 무분별한 시가화를 방지하기 위해 당분간 개발을 유보한 구역이라 보면 된다.

해야 그리 크지 않은 비용으로 적정한 인구밀도를 유지할 수 있다.

셋째로, 도시의 핵심기능을 모을 곳(도시기능 유도구역)을 설정한다. 계란 프라이로 비유하자면, 도시기능 유도구역은 노른자 부위에 해당한다. 흰자위는 거주밀도가 높은 거주유도구역이다. 도시의 핵심기능이 거주유도구역 내에 있어야 도보나 대중교통 이용이 편리해진다. 유도시설의 예로는 상업시설(편의점·슈퍼 등), 금융시설(은행·우체국 등), 의료시설(병·의원), 교육문화시설(초등학교·중학교 등), 육아지원시설(탁아소·유치원 등), 공공시설(주민센터·경찰서 등), 사회복지시설(재활·장애인 지원시설 등)을 꼽을 수 있다. 이런 시설들이 도시기능 유도구역 내로 들어올 경우 세금을 깎아준다든지, 필요한 비용에 대해 대출을 원활하게 해준다. 반면에 유도구역 밖에 이런 시설들이 입지하는 경우에는 반드시 지자체에 신고하게끔 했다.* 유도구역 내로 진입하는 건 편하게, 밖으로 나가는 건 불편하게 만든 것이다.

물론 도시기능 유도구역을 잡는 방법과 내용은 도시마다 차이가 있다. 인구가 증가하고 있는 도시의 경우는 도시기능 유도구역을 넓게 잡기도 한다. 반면에 쇠퇴하는 도시의 경우는 유도구역의 범위를 좁게 잡는다. 예를 들어, 인구감소 추세에 있는 구마모토시의 경우가 대표적이다.[18] 구마모토시에서는 도시기능 유도구역 내 대중교통의 결절점을 확인하고, 결절점 800m 밖에 유도시설이 들어서는 걸 제한했다. 800m를 기준으로 잡은 이유는 간단하다. 대

● 거주유도구역 밖에 3가구 이상의 주택을 건설하거나 재건축, 용도변경, 1만m^2 이상의 유사개발행위에 대해서는 착수 30일 전에 지자체에 신고하게 했다.

중교통을 중심으로 도보로 10분 내 도달할 수 있는 범위에 도시기 능을 집적하겠다는 것이다.

이렇게 도시기능들을 한 곳에 모아야 각종 서비스를 효율적으 로 제공할 수 있다. 일본에는 거주유도구역 없이 도시기능 유도구 역만을 지정한 시·정·촌들도 많이 있다. 하지만 두 구역을 함께, 그리고 동시에 설정하는 게 원칙이다. 굳이 순서를 따져야 한다면 거주유도구역을 먼저 설정하는 게 바람직하다. 도시기능 유도구역 이 거주유도구역 내에 포함된 상황에서 '큰 구역→작은 구역' 순으 로 계획하는 게 일반적이기 때문이다.

마지막으로, 농촌·산촌·어촌에서의 압축전략도 중요하다. 이 들 지역에서 인구감소는 지자체의 존립마저 위협하고 있다. 농· 산·어촌은 인구감소로 인해 점점 더 최소한의 생활서비스도 제공 하기 어려운 지역이 되어가고 있다. 인구가 너무 적어 성긴 지역을 '인구 과소지역'이라 부른다. 인구 과소지역에서 가장 문제가 되는 것은 공공시설이 제대로 공급되지 않고 있다는 점이다. 주민복지 의 관점에서 보면 공공시설 공급은 인구수와 관계없이 이루어져야 한다. 하지만 인구가 희소한 지역일수록 공공시설의 효율성은 떨 어질 수밖에 없고, 취약한 재정상황을 고려한다면 이는 그냥 무시 할 만한 것이 아니다. 실제로 인구 과소지역의 공공서비스 제공을 위해 많은 중앙정부 재원이 투입되고 있는 상황이고, 앞으로 그 액 수는 더욱 증가할 것으로 예상되기 때문이다.

일본에서는 이런 문제를 해결하기 위해 '작은 거점'을 만들기 시작했다. 작은 거점은 '입지적정화계획'의 축소버전이라 할 수 있다. 인구가 매우 고령화되어 있는 농·산·어촌에는 자동차를 운전하기 어려운 노인들이 많다. 그래서 도보 이용이 가능하도록 교통이 편리한 곳에 작은 거점을 만들어준다. 그리고 그곳에 식료품점·일용품 상점·금융기관·진료소 등을 집중적으로 배치하는 것이다.

어느 나라든 대체로 농·산·어촌이 직면한 가장 큰 문제는 생활인프라의 부족이다. 생활인프라는 원활한 일상생활을 위해 '필수적'으로 요구되는 서비스이다. 먹고, 자고, 놀고, 이동하고, 애 키우고, 치료하는 등의 '인간이 인간답게 사는 데' 꼭 필요한 서비스란 뜻이다. 그러니 이런 서비스가 부족한 지역의 주민들은 삶의 질이 낮을 수밖에 없다. 이게 최근 문재인 정부에서 '생활인프라 최저기준'을 도입하려는 이유이다. 생활인프라 최저기준은 '국민생활의 최저기준national minimum' 개념의 지역 버전이다.

최소한의 복지수준은 낯선 개념은 아니다. '최저 주거기준' '맞춤형 급여 최저보장수준' 같은 제도를 떠올리면 된다. 다만 차이가 있다면 지금까지의 최저기준은 주로 개인이나 가구에 적용되었다면, 이번에는 '지역(공간)'에 적용되는 것이다. 이에 대해 정부 관계자는 "소득수준 향상에 따라 국민 삶의 질 향상과 행복 가치가 점차 중요해지는 데 반해 어떤 지역은 과도한 인프라 투자로 재원이 낭비되고, 어떤 지역은 수요에 비해 인프라가 턱없이 부족해 지역별 격차가 크다. (…) 지역별로 일정 시간 내 이동해 도달할 수 있는 인프라 시설의 최소 기준을 마련한 후 이에 미달하는 지역과 인프라서비스 부문에 우선 투자하겠다는 의미"[19]라고 설명한다.

최저수준을 보장해야 하는 법적 근거도 있다. 대한민국 헌법에도 "모든 국민은 인간으로서의 존엄과 가치를 가지며, 행복을 추구할 권리를 가진다(제10조)" "모든 국민은 법 앞에 평등하다. 누구든지 성별·종교 또는 사회적 신분에 의하여 정치적·경제적·사회적·문화적 생활의 모든 영역에 있어서 차별을 받지 아니한다(제11조 제1항)" "모든 국민은 인간다운 생활을 할 권리를 가진다(제34조 제1항)." 분야별 개별법도 마찬가지다. 학습권에 관해서는 교육기본법에 "모든 국민은 평생에 걸쳐 학습하고, 능력과 적성에 따라 교육 받을 권리를 가진다(제3조)", 건강권에 관련해선 보건의료기본법에 "모든 국민은 이 법 또는 다른 법률에서 정하는 바에 따라 자신과 가족의 건강에 관하여 국가의 보호를 받을 권리를 가진다(제10조 제1항), 문화권에 관해서는 문화기본법에 "모든 국민은 성별, 종교, 인종, 세대, 지역, 정치적 견해, 사회적 신분, 경제적 지위나 신체적 조건 등에 관계없이 문화 표현과 활동에서 차별을 받지 아니하고 자유롭게 문화를 창조하고 문화 활동에 참여하며 문화를 향유할 권리(이하 "문화권"이라 한다)를 가진다(제4조)"고 명시하고 있다.

그럼 현실은? 말이 길어질 수 있으니, 여기에선 건강권에 관련된 것만 보도록 하자. 우리나라 기초지자체 중 23곳엔 응급의료기관 자체가 없다. 기초지자체의 15% 정도(34곳)는 분만을 위해 1시간을 이동해야 하는 상황이다. 주민생활과 더욱 밀착된 읍·면·동 단위로 내려가면 상황은 더 심각하다. 응급의료기관 없는 읍이나 분만하기 어려운 면이 부지기수다. 생활인프라의 최소기준이 정해진다면, 의료서비스의 경우에는 아마도 '응급의료기관이 ○분 거리에 있어야 함' '분만실이 ○분 거리에 있어야 함' 등의 기준을 상상해볼 수 있을 것이다. 또한 도서관·유치원·소방서 등도 마찬가지다. 이들 시설까지 ○분에 도착할 수 있도록 서비스가 제공되어야 한다는 기준을 세울 수 있을 것이다.

이상적으로 말한다면, 국민이라면 전국 어느 곳에 살든 차별받지 않고 이런 서비스를 제공받을 수 있어야 한다. 하지만 우리 모두 이것이 현실적으로는 극히 불가능한 일이라는 걸 안다. 인구가 여기저기에 퍼져 있고, 앞으로 더 드문드문 떨어져 살게 된다면 어떻게 모든 이에게 만족할 만한 서비스를 제공할 수 있겠는가. 방법은 단 하나다. 인구를 특정 지역에 모여 살도록 유도해야 한다. 특히 인구가 감소하고 있는 중소도시와 농어촌지역에서 그런 거점을 만드는 건 필수적이다. 서비스와 사람이 모인 거점을 만들어 가능한 많은 주민들이 필요불가결한 서비스를 받을 수 있도록 유도해야 한다. 그래야 농·산·어촌도 지속될 수 있다. 이처럼 거점전략은 도시나 마을의 생존에 직결되어 있다.

도시를 압축할 때 유의할 점

일본의 사례를 참고할 때 우리 중소도시 상황과 많이 다른 점도 염두에 두어야 한다. 도시계획제도도 다르고, 주택의 형태와 생활인 프라의 구성도 다르다. 그러니 우리의 사정에 맞게 응용하는 게 필요하다. 실제로 도시를 압축할 때 예상되는 어려움과 관련해 여러 강연에서 받았던 우려의 질문들을 요약해보면 다음과 같다.

첫째, 유도구역에서 배제되는 주민들의 불만에 대한 우려다. 유도구역은 개발사업과 정비사업을 통해 보다 압축적인 지역으로 전환될 것이다. 그러니 이 구역 밖에 거주하게 될 주민들은 불안할 수밖에 없다. 지금 살고 있는 지역이 방치되진 않을까, 가뜩이나 기울어져가는 마을이 더욱 황폐화되진 않을지 우려가 들 것이다. 집값과 땅값의 하락에 대한 불안감도 있을 것이다. 그래서 구역 설정 단계에서는 이런 우려를 불식시킬 방안이 필요하다. 예를 들어, 압축지역에서의 이익(예컨대 집값 상승으로 인한 재산세 증대)이 유도구역 밖으로 배분될 수 있다는 점을 주민들에게 설명해야 한다. 압축되는 지역은 밀도가 높아져 집값이 오를 수 있다. 수요·공급법칙에 의해 나타나는 당연한 현상이다. 이 과정에서 저소득층이 배제되는 현상도 발생할 수 있다. 여기에 바로 정부의 역할이 있다. 정부는 압축되는 지역에 임대주택을 적극적으로 공급해야 한다. 그렇게 해야만 고령자와 사회적 약자도 함께하는 주거환경을 만들 수 있다.

둘째, 이주로 인해 공동체가 붕괴되는 게 아니냐는 걱정도 있었다. 거주유도구역을 정한다는 것은 인구가 재배치됨을 의미하기도한다. 일부 주민들이 살던 곳을 떠나야 하는 상황도 발생한다. 소멸위기에 있는 지역들은 고령화 비율이 매우 높다. 대도시로 옮긴 자녀들이 모셔오려고 해도 거부하는 이들도 많다. 다른 도시에서 새로운 인생을 시작할 만큼 여생이 넉넉하지 않기도 하고, 오랜 시간을 함께 보낸 친구·친척·이웃들이 주변에 있기 때문이기도 하다. 하지만 기존 지역 내에서 이동하는 건 거부감이 덜할 수 있다. 특히자동차 운전이 어려운 노인들에게 슈퍼마켓과 문화센터, 도서관을걸어갈 수 있다는 건 엄청난 장점이다. 특히 의료시설이 밀집된 거점은 노인들에게는 더 없이 좋은 환경이 된다. 물론 반발이 없을 수는 없다. 일본의 경우에도 그랬다. 이때 공무원들이 직접 발로 뛰며주민들을 만나 설득했다. "모여 살지 않으면 이 지역은 사라질 겁니다. 이렇게 아름다운 곳을 후손들에게 물려줘야 하지 않겠는지요."이 말을 들은 노인들 상당수가 이주에 동의했다고 한다. 도시를 압축하지 않는다면 고령화된 지방도시들은 더욱 듬성해질 것이고, 고령자들은 외딴 지역에 고립될 수밖에 없다. 기본적으로 도보 생활이 가능한 지역 환경을 만들도록 노력해야 한다.

셋째, 압축된 구역에 거주하는 인구가 통째로 유출될 수 있다는 우려가 있다. 맞다. 압축된 곳이 대도시와 연결되면 인구가 통째로 빠져나갈 수 있다. 교통이 좋아지면 중소도시 주민들은 대도시로 원정 쇼핑을 간다. 고속철도나 도로의 개통에 따른 빨대효과straw effect가 지방 중소도시의 상권을 무너뜨릴 수 있다는 건 잘 알려진 사실이다. 경기도 동두천의 관광특구는 2007년 지하철 1호선 연장선 개통으로 상권의 침체를 겪고 있다. 춘천시는 2002년 ITX 청춘열차가 개통된 이후 통학이 가능해진 학생들로 인해 대학 주변 상가가 공동화되었다. 2016년 말 SRT의 개통 이후 수도권 빅5 병원(서울아산병원·연세세브란스병원·서울대병원·삼성서울병원·서울성모병원)의 건강보험 급여비는 12.2% 증가했다.[20] 이런 빨대효과는 쇼핑·의료·교육·문화 등 다양한 분야에서 지방 경제를 위축시키고 있다.

하지만 대도시와 접근성이 증가한다고 무조건 빨대효과가 일어나는 건 아니다. 서울의 용산역과 광주의 광주송정역이 KTX로 연결된 이후 어떤 변화가 있었을까? 호남KTX 개통 후 두 지역 시민들의 신용카드 사용액을 비교한 결과를 보자.[21] 쇼핑·음식(요식)·숙박의 세 업종을 대상으로 한 분석 결과는 매우 흥미롭다. 용산역 10km 내에서 광주시민들의 카드사용액은 8.7% 증가했다. 업종별로 보면 쇼핑 −0.3%, 음식 +20.7%, 숙박 −30.2%로 나타났다. 반면에 광주송정역 10km 내에서 서울시민이 쓴 카드사용액은 12.9% 증가했다. 업종별로는, 쇼핑 +6.9%, 음식 +16.0%, 숙박 +8.7%였다. KTX는 서울에 대한 광주시민들의 생각을 바꾸어놓았다. 서울은 더 이상 숙박까지 하며 관광할 지역이 아닌 것이다. 하지만 서울시민에게 광주는 여전히 하루 이상 체류할 가치가 있는 매력적인 도시다.

교통의 발달이 무조건 지방에 불리한 것만은 아니다. 낙수효과가 빨대효과보다 클 수 있도록 지방을 가꾸어야 한다. 지방도시들은 보다 적극적으로 지역 특유의 자원을 발굴해나가야 한다. 서울시의 DNA를 그대로 베끼다간 어느 누구에도 매력적이지 않은 밍밍한 도시로 전락할 수 있다.

6장

지방을 살리기 위한
세 가지 공간전략

지방을 살리기 위한 역대 정부의 노력들

"정치하는 사람들은 수도권만을 위해 정책 결정을 한다"는 말을 많이 들었다. 하지만 역대 정부의 정책을 보면 꼭 그런 것만은 아니다. 수도권 집중 현상에 대한 위기의식은 1960년대로 거슬러 올라간다. 이때부터 산업화가 본격적으로 시작되었고, 일자리를 좇은 이촌향도의 흐름이 나타났다. 1960년에 34%에 머물렀던 도시화율(도시지역에 사는 인구의 비율)은 불과 10년 만인 1970년에 약 50%로 증가했다. 여기에는 수도 서울의 성장이 가장 큰 몫을 담당했다. 서울은 불어나는 인구를 수용할 주택이 부족해 난리였다. 인프라가 부족한 상황에서 인구가 몰리니 생활환경도 엉망이 되어갔다. 북한과 가까운 서울에 인구가 이렇게 집중되면 위험하다는 풍문도 나돌았다. 비대해진 서울이 폭격당하면 모두가 끝이라는 공포심마저 생겼다.

　이 즈음에 수도이전에 대한 정부의 고민도 시작되었다. 실제로 행정수도만 따로 이전할 계획도 세웠다. 1975년 박정희 대통령은 진해의 한 휴양지에서 청와대 기자와 점심식사 도중 다음과 같이 말했다.

　　수도권 인구분산 정책의 획기적인 방안은 수도를 옮기는 것밖에 없다. (⋯) 서울서 자동차로 2시간 정도 걸리는 곳에 인구 100만 명 규모의 새 행정도시를 건설하는 것이 좋겠다. (⋯) 수도를 옮기더라도 완전 행정도시로 하여 관공서만 옮기겠다.[1]

　당시 검토된 행정수도는 지금의 세종시 일부지역인 조치원을 포함해 청주·대전·공주 등이었다. 하지만 행정수도 이전계획은 주한미군 철수문제가 부각되면서 백지화되었다. 5조 원으로 추산되는 수도이전 비용을 국방력 강화에 써야 한다는 목소리가 커졌기 때문이다.

　1980년대 들어서도 수도권의 인구는 멈출 기미를 보이지 않았다. 당시 전두환 정부(1980~1987)가 뽑아든 칼은 '수도권정비계획'이다. 2018년 현재에도 막강한 영향력을 발휘하고 있는 이 계획은 물밀 듯 들어오는 인구와 산업(공장)을 정리정돈하려는 뚜렷한 목적이 있다. 하지만 수도권정비계획은 수도권만을 염두에 둔 건 아니다. 수도권에 대한 정책이 지방의 인구와 산업에 곧바로 영향을 주는 구조에서, 지방을 살리려는 의도가 컸다.

실제로 수도권정비계획의 규제 내용은 매우 세다. 공장도 마음대로 지을 수 없고, 대학도 새롭게 진입할 수 없다. 공공청사, 대형건축물, 개발사업에 대한 규제도 강하다. 이들을 규제하는 이유는 무엇일까. 이들은 존재 자체가 인구를 끌어들이는 매력 덩어리(?)이기 때문이다. 큰 공장이 들어서면 주변에 근로자들이 몰린다. 그래서 산업단지를 만들 때 이들이 거주할 배후주거지 또한 함께 고려하는 것이다. 대학 하나가 들어서면 어떤 경제적 파급력이 있는지 잘 알고 있을 것이다. 젊은 세대가 몰리는 상권의 상당수가 대학가 주변에 위치해 있다. 공공청사도 마찬가지다. 공공청사는 인구가 많은 곳에 배치되기도 하지만, 공공청사가 배치된 곳에 인구가 따라가는 경향도 있다.

1980년대 초반에 수립된 수도권정비계획은 이런 '인구집중유발시설'* 들이 수도권에 쉽게 들어오지 못하게 했다. 하지만 강력한 규제는 아니었던 듯하다. 그랬다면 지금 수도권에 이리도 많은 인구가 모여 있겠는가. 수도권정비계획이 만들어질 당시에는 약 35% 정도의 인구가 수도권에 거주했다. 하지만 지금은 우리나라 절반의 인구가 살고 있다.

수도권정비계획에 대해선 학계에서도 의견이 분분했다. 한쪽에선 이 계획이 '수도권의 경쟁력을 갉아먹고 있다'고 주장했고, 다

● 수도권정비계획법 제2조에서는 '인구집중유발시설'을 "학교, 공장, 공공청사, 업무용 건축물, 판매용 건축물, 연수 시설, 그 밖에 인구 집중을 유발하는 시설로서 대통령령으로 정하는 종류 및 규모 이상의 시설"로 정의하고 있다.

른 한쪽에선 '덕택에 지방이 이 정도라도 살아남을 수 있었다'고 받아쳤다. 지금도 폐지와 존속(혹은 강화)을 둘러싼 입장차가 여전하다. 특히 지방에선 수도권정비계획 폐지에 대한 거부감이 매우 강하다.

이 계획이 왜 '국토의 균형적 발전'이라는 본연의 목적을 달성하지 못했을까? 누가 이런 질문을 하면, 필자는 "수도권정비계획은 반쪽짜리 정책이었기 때문"이라 답할 것이다. 수도권에 대한 규제만 있었을 뿐, 지방에 대한 투자는 소홀히 했기 때문이다. 지방에도 적극적인 투자를 했어야 했다. 수도권에 주리를 트는 '채찍 정책'은 있었지만 지방에 일자리를 만드는 '당근 정책'은 매우 약했다.

'지방 투자'에 대한 인식 변화는 노무현 정부(2003~2008) 때부터 나타났다. 노무현 대통령은 수도권을 규제하는 것만으로는 지방을 살릴 수 없다고 생각했다.• '수도권 규제'에 '지방 투자'를 더했다. 국가균형발전특별법이 제정되고 행정중심복합도시••(1곳), 혁신도시(10곳), 기업도시(6곳) 등에 관한 계획들도 세워졌다. 이 셋 중 기업도시는 거의 흐지부지되어버렸다. 민간기업의 투자를 유인할 목적으로 기업도시 6곳(전남 무안, 충북 충주, 강원 원주, 충남 태안, 전남 영암·해남, 전북 무주)이 선정되었지만, 정작 당사자인 기업들

● 노무현 정부는 '국가균형발전특별법' '신행정수도건설특별법' '지방분권특별법'이라는 국토균형발전 3대 특별법을 제정했다.

●● 행정중심복합도시(일명 행복도시)는 수도권의 중앙행정기관을 대거 이전시키기 위해 만든 행정기능 중심의 도시로서 세종시 내에 계획되었다. 크기도 어마어마하다. 분당의 4배(약 73㎢) 정도로 인구 50만 명으로 계획했다. 건설비용도 약 45조 원 정도가 투입돼 메가톤급 신도시라 불려도 손색이 없다.

이 관심을 보이지 않았다. 행정중심복합도시도 수도권 바로 아래 충북 일부 지역을 포함해서 만들었다. 때문에 수도권과의 통행량 이 상당히 많다. 혁신도시는 달랐다. 전국 곳곳의 균형을 맞추기 위한 거대 프로젝트였다. 여기서는 혁신도시 사업에 대해 집중적으로 설명하고자 한다.

전국 10곳에 골고루 지정된 혁신도시는 대학·연구소·공공기관 등이 어우러진 지역의 거점공간으로 계획되었다. 혁신도시를 크기 순으로 나열해보면, 전북 혁신도시(9.852km^2), 광주전남 혁신도시(7.361 km^2), 충북 혁신도시(6.899km^2), 경남 혁신도시(4.093km^2), 대구 혁신도시(4.216km^2), 경북 혁신도시(3.812km^2), 강원 혁신도시(3.596 km^2), 울산 혁신도시(2.984km^2), 제주 혁신도시(1.135km^2), 부산 혁신도시(0.935km^2) 순이다. 모두 합쳐 44.9k m^2의 땅이다. 서울 여의도 면적(2.9km^2)의 15배가 넘는 대규모 개발이다. 2018년 8월 현재까지 투입된 사업비도 천문학적이다.[2] 전북 혁신도시에는 1조5229억 원, 광주전남 혁신도시 1조4175억 원, 충북 혁신도시 9969억 원, 경남 혁신도시 1조557억 원, 대구 혁신도시 1조4501억 원, 경북 혁신도시 8676억 원, 강원 혁신도시 8396억 원, 울산 혁신도시 1조390억 원, 제주 혁신도시 2939억 원, 부산 혁신도시 4127억 원이 투자되었다. 모두 합쳐 10조 원에 가깝다.

노무현 정부가 추구했던 공간정책은 명료했다. 이들이 국가균형발전을 위한 '성장거점'으로 작동하기 바랐던 것이다. 그를 위해 수도권 공공기관들이 지방으로 대거 이전했다. 조만간 10개의 혁신도시가 모두 완성될 것이다. 그러면 공공기관의 수도권 집중이

85%에서 35% 정도로 확 줄게 된다.(이 수치에는 행정중심복합도시로 이전한 공공기관도 포함한다. 2018년 8월 현재 계획했던 153개 중 150개 기관이 이전을 완료했다.)

10곳의 혁신도시로 이전하는 직원 수를 모두 합하면 4만1548명이나 된다. 적다고 생각할 수도 있겠다. 하지만 이들이 모두 가족과 함께 이전한다면 그 파급효과는 생각보다 크다. 3인 가족을 기준으로 하면 12만4644명이다. 이주하는 인구의 소비수준도 꽤나 높다. 그러니 지역 상권도 더욱 활기를 띨 것이다. 이들은 또한 고급 인력들이다. 특정 분야에 대한 전문성이 꽤나 높다. 이들이 주변의 대학·기업·공공기관과 연계될 때 나타나는 시너지 효과도 무시할 수 없다. 이런 긍정적 효과들이 모두 합쳐진다면, 그곳을 떠나려고 했던 인구도 마음을 바꿀 것이다. 그러니 직원 수 4만 명을 가볍게 봐선 안 된다. 혁신도시가 성공적으로 운영된다면 지방도시가 갖는 인구효과(인구이전효과+인구유지효과)는 4만 명에 100을 곱해도 과장이 아닐 수 있다.

혁신도시가 탄생한 지 10년도 넘게 지났다. 그러나 안타깝게도 주변에서 혁신도시가 성공적이었다고 평가하는 사람은 많지 않다. 이전한 공공기관 직원들의 낮은 가족동반 이주율이 이를 방증하고 있다. 국토교통부에 따르면 2017년 6월 말 현재, 10개의 혁신도시로 옮겨간 67개 공공기관 직원들의 가족동반 이주율은 약 32%에 불과하다.[3] 3명 중 2명의 직원들이 가족과 떨어져 홀로 살고 있는 셈이다. 강원도 원주에 위치한 강원 혁신도시를 보자. 한국광물자원공사·대한석탄공사·한국관광공사 등 12개의 공공기관이 원

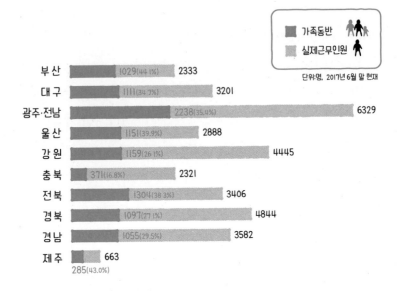

도표 27 혁신도시 공공기관 직원 가족동반 이전 현황(2017년 6월 말)

가족동반 ■
실제근무인원 ■

단위:명, 2017년 6월 말 현재

지역	가족동반	실제근무인원
부 산	1029(44.1%)	2333
대 구	1111(34.7%)	3201
광주·전남	2238(35.4%)	6329
울 산	1151(39.9%)	2888
강 원	1159(26.1%)	4445
충 북	371(16.8%)	2321
전 북	1304(38.3%)	3406
경 북	1097(27.1%)	4844
경 남	1055(29.5%)	3582
제 주	285(43.0%)	663

주로 이전했다. 하지만 가족과 함께 이주한 직원은 4445명 중 1159명(약 25%)밖에 되지 않는다. 그러니 금요일에는 직원들의 '원주 대탈출'이 일어나 주말이면 텅 비어버린 유령도시가 된다. 일부 업소에는 아예 토요일 영업을 하지 않기도 한다. 진천군과 음성군의 경계에 자리잡은 충북 혁신도시는 사정이 더 좋지 않다. 이곳에는 9개의 공공기관이 이전했다. 공공기관 직원 2321명 중 371명(16%)만이 가족을 동반해 이주했다. 매일 오후 6시가 되면 공터에 주차되어 있는 대형버스들이 직원들을 싣고 서울로 향한다.*

● 가족동반 이주율은 26.9%(2015.12월)→30.6%(2016.12월)→33.5%(2017.9월)로 점차 증가하고 있긴 하다. 또한 이 통계에 '미혼·독신자'를 합치면 이주율은 48.5%(2015.12월)→52.7%(2016.12월)→58%(2017.9월)로 나타난다. 이에 대해서는 국토교통부 홈페이지 (http://www.molit.go.kr/)를 참조.

그렇다면 왜 이리도 혁신도시 활성화가 어려울까? 학계의 비판은 크게 두 가지 정도다. 먼저, 균형 '발전'이 아닌 균형 '배분(?)'에 더 많은 신경을 썼다는 비판이다. 거점이 성장하기 위해서는 산産-학學-연硏-관官의 연계를 통한 시너지 효과를 내는 게 필요하다. 그러려면 기업도 끌어모아야 하고, 우수한 대학도 있어야 한다. 연구기관들도 자신의 분야와 연계된 기업과 대학에 대해 잘 파악하고 있어야 한다. 하지만 지방에선 기업이 부족하다. 수도권에 비해 대학의 연구 환경도 좋지 않다. 거점을 키우기 위해선 자원들을 최대로 끌어모아야 하는데, 지방은 가용할 수 있는 자원이 너무나 부족하다. 그래서 지방에 너무나 많은 거점을 지정했다는 비판이 나오고 있다.

지방의 광역자치단체는 모두 14개이다. 여기서 수도권에 가까운 대전광역시와 충청남도를 뺀 나머지 광역자치단체들이 혁신도시를 골고루 나눠 가졌다. 지방 광역자치단체 수준에서 거점을 만드는 큰 방향은 맞았다. 하지만 지방에 10곳이나 혁신도시를 지정할 필요가 있었을까? 만일 지방 3~4곳에 혁신거점을 잡아 집중적으로 투자했다면 어땠을지 아쉬워하는 사람도 많다.

거점 수가 너무 많아 효과가 없었는지에 대해서는 사실 검증하기 힘들다. '국토에 비해 거점의 수가 많았다'는 비판은 이 책의 남은 부분을 읽으며 계속 고민해보기로 하자. 하지만 노무현 정부 때 지정한 거점은 10곳만이 아니었다는 건 짚고 넘어가자. 혁신도시 10곳 이외에 행정중심복합도시(1곳)와 기업도시(6곳)도 거점으로 계획했다. 모두 17곳이다.

또 혁신도시를 광역지자체들끼리만 나눠 가진 게 아니다. 시·군 수준에서 사이좋게(?) 나눈 곳도 있다. 가장 규모가 큰 전북 혁신도시는 전주시와 완주군 사이에 새롭게 만들었다. 충북 혁신도시의 경우는 진천군과 음성군이 나누어 가졌다. 혁신도시에 이주한 관련기관들은 또 어떠한가. 이들 역시 기계적으로 배분되었다. 혁신을 위해서는 연관 산업군이 모여야 하는데, 그렇게 되지 않은 경우도 있었다.

농업관련기관은 전북(농촌진흥청·농업기술실용화재단·국립농업과학원), 광주전남(농식품공무원교육원·한국농촌경제연구원), 경북(국립농산물품질관리원·국립종자원)이 나눠 가졌다. 에너지기관도 광주전남(한국전력공사·한국전력거래소·한전KPS·한전 KDN), 전북(한국전기안전공사), 경북(한국전력기술)이 나눠가졌다. 산업관련 기관의 경우는 울산(한국산업안전보건공단·한국산업인력공단), 진주(한국산업기술시험원), 대구(한국산업단지공단·한국산업기술평가관리원), 세종(산업연구원)으로 분배되었다. 교육·법·교통·우정郵政 등도 마찬가지다. 대체로 이런 식이었던 것이다.

다음으로, 혁신도시의 진짜 문제는 대부분이 논밭을 매입해서 새롭게 만든 '신도시'라는 점이다. 그것도 기존의 대도시 바로 옆에 말이다. 굳이 말로 설명할 필요도 없을 것 같다. 읽던 책을 잠시 멈추고, 스마트폰으로 지도검색 서비스에서 아무 혁신도시나 쳐보시라. 백문이 불여일견이다. 혁신도시에서 압도적인 비중을 차지하고 있는 건 아파트다. 공공기관들과 '혁신클러스터'라는 산업용지는 아파트 단지 중간에 깍두기처럼 끼워넣어졌다. 신도시 건설사업과 별다른 차이가 없었다.

인구가 감소세로 돌아선 지역에서 이런 식의 신도시 건설은 의도치 않은 문제도 일으켰다. 혁신도시가 인근 도시(특히 도시의 원도심)의 인구를 빼앗아가며 성장한 것이다.[4] 경북 혁신도시는 김천시 동쪽에 새로 만들어졌다. 이로 인해 5km 떨어진 김천시 원도심은 큰 타격을 입었다. 최근 혁신도시로 유입된 전입자 중 절반이 김천의 원도심에서 왔다는 통계도 있다.[5] 진주시 동쪽을 개발해 새롭게 만든 경남 혁신도시도 마찬가지다. 혁신도시로 인해 진주시 전체 인구는 증가했지만 과거 5년간 진주시 구시가지의 사정은 급속히 나빠졌다. 상권 중심지인 중앙동의 쇠퇴가 가속되었고, 주거지가 밀집했던 이현동과 신안동에선 인구가 빠져나가고 있다.[6] 나주시 동쪽에 개발된 광주전남 혁신도시로 인해 나주시의 구도심 중심상가는 큰 타격을 입었다.[7] 대구·강원·울산·제주 혁신도시의 경우도 모두 동일하다. 예외 없이 구시가지의 상권과 주거지에 큰 타격을 입히고 있다.

10곳 중 9곳의 혁신도시가 신도시 형태로 만들어졌다. 예외적인 곳은 기존 시가지 내에 네 곳의 혁신지구를 만든 부산 혁신도시뿐이다.[*] 어떤 이들은 기존 도시 안에 적당한 땅이 없어서 어쩔 수 없었다고 말하기도 한다. 하지만 그건 잘못된 얘기다. 아직도 도시에서 이용할 만한 땅은 많다! 다만 도시 외곽의 논밭과 같은 '싼 땅'을 찾기 어려울 뿐이다. 당시 혁신도시 사업을 주도했던 성경륭

● 부산 혁신도시는 동삼혁신지구(해양수산), 문현혁신지구(금융), 센텀혁신지구(영화·영상), 대연혁신지구(주거기능)가 부산 곳곳에 흩어진 형태로 개발되었다.

전 국가균형발전위원회 위원장은 2017년 9월 혁신도시 포럼에서 "참여정부 시절 시작된 혁신도시 조성사업은 지역별 거점 자족도시를 만들겠다는 본연의 정책 목적과 달리 부동산 개발에 치우쳐 왜곡됐다"[8]고 말했다.

혁신도시에 그 많은 아파트가 들어선 이유는 '아파트 건설→인구유입'이라는 공식에 매몰되었기 때문이다. 하지만 순서는 '일자리 증가→점진적 인구유입→아파트 건설'이 되어야 했다. 기존 시가지 내 유휴부지(놀고 있는 땅)나 사용도가 낮은 건물을 재건축해 일자리를 중심으로 한 혁신거점을 조성했다면 어땠을까, 아쉬움이 남는 이유이다.

이 모든 비판에도 불구하고, 혁신도시의 성패를 평가하기엔 아직 이르다는 의견도 있다. 문재인 정부에서도 '혁신도시 시즌2'를 기획하고 있다. 예전보다 일자리의 중요성을 더욱 크게 인식하고 있는 듯하다. 지방대학과 지역인재 육성 네트워크도 더욱 확대될 듯하다. 모두 좋은 방안들이다. 그러나 혁신도시가 정착해나가는 과정에서 우리 모두가 관심을 기울여봐야 할 부분이 있다. 바로 혁신도시가 스스로의 '탄생 목적'을 실현해나가고 있는지 여부다. 지방 거점의 역할을 하고 있는지, 그리고 이를 통해 '균형적 발전'을 이루고 있는지 여부 말이다.

이명박·박근혜 정부의 지역정책은 적폐일까?

지방 살리기 노력은 이명박 정부(2008~2012) 때도 이어졌다. 이명박 정부는 '지역의 경쟁력이 국가의 경쟁력'이란 모토를 전면에 내세웠다. 지역이 글로벌 경쟁력을 가져야 한다고 생각했다. 당시 세계화globalization 현상과 지방화localization 현상을 합친 '세방화glocalization'란 단어가 화두로 등장하기까지 했다.

세계화란 민족국가의 경계가 약화되고 세계가 하나의 단일한 체계로 나아감을 가리키는 말이다. 교통·통신의 발달로 세계가 한 덩어리가 되면, 국가와 중앙정부의 힘을 약화될 것이란 예상도 나왔다. 하지만 세계화는 너무나 추상적인 개념이었다. 시민들에게 '세계'라는 공동체는 너무도 컸다. 거스를 수 없는 세계화의 흐름 속에 시민들의 무력감은 이에 대한 반작용으로 지방화의 욕구를 키웠다. 그렇지만 너무 작은 공동체를 강조하는 것도 문제였다. 조그만 마을을 통해 복지나 일자리 같은 문제를 해결하기에는 역부족이었다. 이때 나타난 게 '세방화'다. 세계화의 큰 흐름 속에서 지역이 큰 역할을 할 수 있다는 믿음이 자라났다. 스스로 일자리 문제, 복지 문제를 해결하면서 말이다.

이에 이명박 정부는 지역이 세계 경제에 영향력을 행사할 거라 생각했다. 하지만 지역의 성장을 추진하는 데 자잘하게 쪼개진 행정구역이 걸림돌이었다. 이명박 정부는 지자체 간 협력이 부족했던 탓을 행정구역 문제로 돌리며, 광역적 지역발전 정책이 필요함을 역설했다. 이때 나온 것이 '광역경제권'에 대한 구상이다. 동시에 이전 정권이 추진한 행정중심복합도시와 혁신도시가 광역경제권 구상에 방해가 된다고 여겨, 행정중심복합도시로의 행정부처 이전 계획을 백지화하겠다고 선언했다. 뿐만 아니라 혁신도시 재검토 방침도 밝혔다. 그러나 지방의 반발이 강해지자 한 발 물러나, 행정중심복합도시와 혁신도시와는 별도로 예전의 16개 시·도 단위를 5+2 광역경제권으로 통합하여 권역별로 특성화된 발전을 추진하려 했다. 5+2에서의 '5'는 수도권·충청권·호남권·대경(대구경북)권·동남권의 5개 권역을, '2'는 강원권과 제주권을 의미한다. 지역정책에서 행정구역 단위를 넘어선 최초의 시도였다. 게다가 대도시권 정책의 필요성을 이해한 아주 중요한 정책이었다.

광역경제권의 경쟁력을 높이기 위해 각 권역에 지역경제를 이끌어갈 '선도산업propulsive industries'을 지정했다. 지역별로 특화된 산업을 육성해서 권역이 세계적인 경쟁력을 갖추는 것이 목적이었다. 그리고 산업에 필요한 인력도 키우려 했다.

하지만 결과적으론 효과가 크지 않았다. 7개의 '광역경제권 발전위원회'도 만들었지만 사업의 총괄·조정기능이 없는 위원회가 할 수 있는 일은 별로 없었다. 특히 행정구역을 넘어선 연계·협력에는 한계가 있었다. 그리하여 '5+2 광역경제권' 정책은 유야무야로 끝나고 말았다. 7곳은 이름만 광역경제권으로 불렸을 뿐 예전과 달라진 건 아무것도 없었다.

이제 박근혜 정부(2013~2017)의 지역정책으로 넘어가보자. 박근혜 정부는 이명박 정부의 '광역적 공간정책'에 비판적 입장을 취했다. 너무나 큰 광역단위로 이루어져 주민들의 정책 체감도가 떨어진다는 게 이유였다. 광역경제권 정책은 완전히 폐기되었다. 박근혜 정부는 주민 체감도가 높은 분야에서 지역 간 격차가 심화되고 있는 현실에 주목했다. 특히 주거·교육·문화·환경·보건·의료

등의 사업에 관심을 기울였다. 그리고 '지역행복생활권' 정책을 내놓았다. 정책의 체감도를 높이기 위해 실생활의 불편을 해소하는 데 역점을 두고, 자연스레 공간적 단위를 '생활권'에 집중했다. 하여 63개의 생활권(수도권 8개 포함)을 구성해 생활권 내 지역 간 협력사업을 추진했다. 여기에는 중추도시권 20곳, 도농연계권 14곳, 농어촌 생활권 21곳에 포함되었다. 하지만 이 또한 행정구역을 넘어서는 협력사업이 만만치 않다는 것을 확인할 뿐이었다. 생활권이란 이름으로만 불렸을 뿐 예전과 똑같았다.

자, 여기까지 1980년대부터 최근 노무현-이명박-박근혜 정부로 이어지는 지방 살리기 정책을 살펴보았다. 그래서 지방이 살아났는가? 이에 대한 대답은 부정적일 수밖에 없다. 그럼 과거의 정책들에선 어떤 점이 문제였을까? '국토 균형발전'의 가치를 무엇보다도 앞세웠던 노무현 정부 때부터 지금까지 그 많은 노력에도 불구하고 지방은 계속 쪼그라들고 있다.

하지만 여기서 강조하고 싶은 게 있다. 실패한 정책 모두가 쓸모없는 건 아니다. 정책 실패가 정책의 필요성을 없애는 건 아니다. 실패한 이유가 정책 자체에 있는 게 아니라면 더욱 그러하다. 혁신거점 정책(노무현 정부)이나 5+2 광역경제권 정책(이명박 정부), 행복생활권 정책(박근혜 정부)은 모두 지역정책으로 크게 손색이 없었다.

노무현 정부의 혁신거점 정책은 지방에 성장동력을 만들려 했다는 점에서 그 중요성이 크다. 다만 너무 많은 거점들을 신도시 형태로 계획했기에 정책의 효과가 크지 않았다. 이명박 정부의 광역

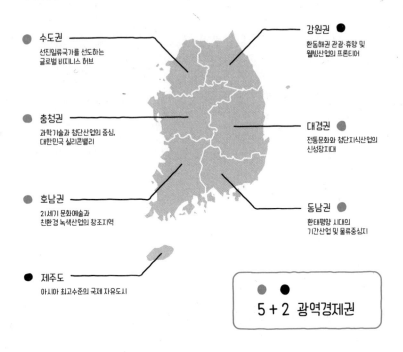

도표 28 이명박 정부의 '5+2 광역경제권'

● 수도권
선진일류국가를 선도하는
글로벌 비지니스 허브

● 강원권
환동해권 관광·휴양 및
웰빙산업의 프론티어

● 충청권
과학기술과 첨단산업의 중심,
대한민국 실리콘밸리

● 대경권
전통문화와 첨단지식산업의
신성장지대

● 호남권
21세기 문화예술과
친환경 녹색산업의 창조지역

● 동남권
환태평양 시대의
기간산업 및 물류중심지

● 제주도
아시아 최고수준의 국제 자유도시

● ●
5 + 2 광역경제권

경제권 정책은 대도시권 정책의 중요성을 인식했다는 점에서 높이 살 만하다. 문제는 시·도 간, 광역경제권 내 지자체 간의 연계협력을 꾀하는 구체적인 대안이 없었다는 점이다. 박근혜 정부의 행복생활권도 마찬가지다. 지역 간 경쟁으로 인해 생활인프라가 제대로 공급되지 못한 현실을 제대로 간파한 정책이다. 하지만 이 정책 또한 '지역 간 협력 부재'라는 걸림돌을 넘지 못했다.

노무현 정부의 '거점', 이명박 정부의 '광역적 공간계획', 박근혜 정부의 '연계협력'은 국토 균형발전을 이루기 위한 중요한 공간정책 수단이다. 각 정부의 정책들을 모두 융화할 수 있는 묘안이 있다면, 이들은 엄청난 폭발력을 갖고 지방을 살리는 기폭제가 될 것이다. 지난 세 정부의 정책을 모두 한데 녹인다면 어떤 모습일까? 아마도 다음 문장으로 요약될 수 있을 것이다.

"보다 넓은 공간단위를 염두에 두고(이명박 정부), 거점을 키워서(노무현 정부), 이런 거점을 중심으로 주변 도시들과 연계협력 방안을 모색하자!(박근혜 정부)"

이제부터는 역대 정부의 지역정책들이 어떻게 지방을 살리는 데 유용하게 사용될 수 있는지 상세히 설명할 것이다. 지방의 생존전략은 다음의 세 가지를 기본으로 다시 짜여져야 한다.

STEP 1. 보다 넓은 공간단위를 염두에 두어야 한다!

STEP 2. 뭉치기 전략을 통해 거점을 만들어 에너지를 모아야 한다!

STEP 3. 거점을 중심으로 주변 도시들과 연계협력 방안을 모색해야 한다!

국토의 균형발전은 어떻게 이루어야 하는가?

현재 집권하고 있는 문재인 정부의 균형발전 정책이 추구하는 3대 가치는 분권·포용·혁신이다.[9] 지역맞춤형 문제해결을 위해 '분권'을 해야 하고, 지역 간 그리고 지역 내 균형발전을 위해 '포용'해야 하며, 침체된 경제를 살리기 위해 '혁신'해야 한다는 것이다. 이 세 가지 가치는 국가와 국토의 균형적 발전을 위한 것이다. 하지만 필자는 거기에도 순서가 있다고 생각한다.

지방의 위기가 점점 더 현실로 다가오는 상황에서, 가장 중요한 건 경제문제의 해결이다. 그러니 혁신을 통해 지방의 경제를 살려 일자리를 만드는 게 가장 중요하다. 그 다음에 쇠퇴하는 지역을 끌어안는 포용정책을 써야 한다. IMF 보고서에서도 "성장은 포용의 기초이고 소득격차를 줄이는 수단"이라 강조한 바 있다. 분권은 이런 '포용적 혁신성장'을 촉진하는, 그리고 민주적 가치를 높이는 수단이 될 수 있다.

그럼 혁신성장이란 무얼까? 문재인 정부가 기획재정부에 새로 설치한 '혁신성장본부'의 홈페이지에는 혁신성장을 "우리 경제·사회의 구조와 체질을 근본적으로 바꾸고, 사람중심의 경제를 실현하기 위한 성장전략"이라 정의했다. "시장으로 얘기하면 창조적 파괴이고, 국가경제로 이야기하면 구조개혁"이란 말도 붙어 있다. 왜 우리에게 혁신성장이 필요한지에 대해선 이렇게 설명을 한다. "최근 우리 경제는 성장동력 저하와 고용창출력 약화 등 구조적 문제에 직면"해 있고, "반도체·자동차·조선 등 기존 주력산업에 편중된 경제구조가 지속되는 반면, 새로운 미래 먹거리 발굴은 부족"하고, "청년실업률이 9%에 도달할 만큼 일자리 상황도 심각하며, 분배상 어려움도 계속"되고 있기 때문이라는 것이다.

이런 말이 아니더라도, 지금 현실이 갑갑하다는 건 누구나 느끼고 있을 것이다. 정부가 얘기하는 것처럼 시장을 '창조적으로 파괴'(?)해야 뭔가가 풀릴 것 같다. 우리 경제에 새로운 도약과 변화가 필요하다는 건 대다수가 공감하고 있다.

이런 혁신성장을 가능하게 하는 세 가지 조건이 있다. 그건 첫째로 창의적 사고를 하는 '인력', 둘째로 활력을 잃은 경제를 살릴 '미래 주력산업'과 이를 뒷받침하는 '과학기술', 셋째로 앞의 둘을 결합해 시너지 효과를 내게 하는 '제도'이다. 이 중 하나라도 없으면 혁신성장은 불가능하다. 그럼 이러한 세 조건들을 모두 충족시킬 수 있는 곳은? 바로 대도시이다. 대도시에는 젊고 유능한 고학력 인구가 집중되어 있다. 정부가 선정한 8개의 핵심 선도사업(초연결 지능화, 스마트 공장, 스마트팜, 핀테크, 에너지 신산업, 스마트시티, 드론, 자율차)의 최적지도 대도시권이다. 대도시의 성장을 억제하는 정책을 써선 안 되는 이유다. 대도시권을 적극적으로 키우되, 성장의 실익을 주변과 나누어 가져야 한다. 국토의 균형발전 계획도 이런 방향 아래 다시 짜여야 한다.

STEP1: 광역적 시각을 가져야 한다!

우선, 지방이 성장하기 위해서는 '예전보다 넓은' 공간단위의 계획이 필요하다. 지방이 당면한 가장 시급한 과제는 무엇인가? 인구 늘리기가 아니다. 공·폐가 대책 마련하기도 아니다. 지방은 '경제 살리기'에 집중해야 한다. 이게 지방이 풀어야 할 최우선의 과제다. 경제문제를 해결하면 나머지는 저절로 해결된다. 그러니 '경제성장의 터'부터 고민해야 한다. 경제성장의 공간적 단위를 도시로 보는 건 옛 방식이다. 지금은 시대가 달라졌다. 대도시권 혹은 그보다 더 큰 광역권만이 지역발전을 이끌 수 있다. 그러니 도시 간 연계협력 시스템을 구축해야 한다. 지방에 대도시권을 키워야 수도권에 대항해 산업과 인구를 빼앗기지 않을 수 있다. 오마에 겐이치 박사는 『The Next Global Stage』(2006)에서 국가의 역할이 축소되고 도시들의 광역적 연결망인 '지역국가region state'가 부상할 것임을 설파한 바 있다. 오마에 겐이치는 말한다.

> 인터넷 시대에는 개인과 기업, 도시의 발언이 힘을 얻게 돼 있다. 예컨대 중국의 성장엔진인 상하이(上海) 톈진(天津) 다롄(大連) 시는 인구 700만~2000만 명으로 웬만한 국가 수준이다. 이런 도시는 베이징의 의견에 별로 신경 쓰지 않는다. 오히려 4000조 엔(약 4경8400조 원)에 이르는 세계의 유휴자금 유치를 두고 치열한 경쟁을 벌이고 있다. 이제 더는 국민의 세금으로 번영하는 시대가 아니다. 싱가포르가 대표적인 사례다. 다른 나라의 돈과 회사, 부자를 불러들여 번영하고 있다. 도시 간 경쟁이 역동적인 경제 발전의 원천이다. 이런 도시 주도의 발전은 국가 모델로 설명할 수 있는 게 아니다. 국민국가 개념은 이미 완전히 끝났다고 생각한다.[10]

2017년 기준 중국 상하이 인구는 2400만 명을 넘어섰다. 우리나라 수도권보다 인구가 많다. 톈진은 1600만 명, 다롄은 650만 명 정도다. 홍콩은 730만 명 정도다. 세계적 경쟁력을 갖춘 싱가포르도 인구 560만 명이다. 오마에 겐이치는 이들을 '지역국가'라 부르며, 앞으로 세계 경제의 주체로서 위력을 발휘할 것이라 말했다. 정말 지역국가가 나타나고 있는 것일까? 지역국가는 '엄청나게 큰 대도시권'이다. 이런 도시권의 성장은 국가와 도시의 '디커플링decoupling' 현상을 가져온다고 한다. 우리말로 '탈동조화非同調化' 현상으로 번역되기도 하는데, 쉽게 말해 '따로 논다'는 뜻이다.

런던의 디커플링 현상을 보자. 지난 10년간 영국의 GDP성장률은 1~2%대에 머물러왔지만 런던의 집값은 3배 정도 폭등했다. 이제는 더 이상 런던이 영국을 대표하지 않는다. 이런 현상은 유럽연합EU 이탈에 관한 찬반투표에도 나타났다. 영국 전체의 탈퇴 지지율은 약 52%였다. 이 결과로 영국은 유럽연합을 떠났다. 하지만 런던 주민들의 의견은 크게 달랐다. 탈퇴를 지지한 것은 40% 정도만이었다.

우리나라에서도 그런 기미가 나타나고 있다. 수도권의 디커플링 현상이다. 최근 1년간 수도권의 주택거래는 늘고, 지방은 줄고 있다. 집값도 수도권은 상승하지만, 지방은 하락하고 있다. 수도권과 지방의 극명한 대조는 디커플링의 전조前兆현상이다. 지방자치가 더욱 활성화된다면, 수도권에서 일어나는 경제적·정치적 흐름이 한국을 대표하지는 않을 가능성이 높다. 지방에도 광역단위의 경제권이 확대 발전되면, 이 또한 국가 전반의 경제적·정치적 흐름과는 분리되어 움직일 가능성이 크다.

수도권은 이미 지역국가로서의 역할을 하고 있다. 지방의 대도시권도 세계적 경쟁력을 갖춘 곳으로 성장할 수 있다고 생각한다. 그러려면 꼭 필요한 선결조건이 있다. 도시(혹은 행정구역) 단위를 뛰어넘어, 보다 큰 단위로 경제권을 설정하는 것이다. 지방이 오마에 겐이치가 얘기한 '지역국가'로 활약하려면, 인구는 500~1000

만 명 정도가 좋을 것이다. 세계적 경쟁력을 갖춘 싱가포르·홍콩·스위스·오스트리아·스웨덴 등도 이 범위 내에 있다.(물론 하나의 경제공동체로 묶인 유럽국가들은 조금 맥락이 다르긴 하다). 인구 500만에서 1000만 명 정도면 '복지정책'과 '일자리 정책'을 스스로 펼 수 있는 단위가 된다. 세계적 경쟁력을 가진 지역으로 성장할 수 있다는 뜻이다.

우리 지방도 지역국가로 작동할 수 있게끔 토대를 마련해야 한다. 도시들이 각개약진하며 서로 제 살을 깎아먹는 경쟁을 하는 게 아니라, 서로 힘을 합쳐 넓은 시각에서 발전을 도모할 수 있어야 한다. 도시들을 묶는 데는 다양한 방법이 존재할 것이다. 예를 들어 전국의 기초지자체 간 인구(혹은 교통)의 흐름이 강한 곳을 확인한 후 이들을 광역의 단위로 묶는 방법이 있다. 하지만 이렇게 묶으면 일부 시·군의 행정구역이 바뀌는 일이 발생할 수 있고, 반발이 많을 것이다. 그러니 현재의 광역체계를 인정하면서 점진적 통합을 이루어가는 게 바람직할 것이다.

상황이 이러하니 필자는 다음과 같은 방식을 제안한다. 우선 광역자치단체를 통합하여 '초광역권' 단위를 만들자. 수도권은 이미 하나의 대규모 생활권이자 경제권이다. 구석구석이 전철과 버스 노선으로 촘촘히 엮여 있다. 그러니 서울특별시·인천광역시·경기도를 하나로 묶는 게 필요하다. 그러면 인구 2500만 명 정도의 메가시티가 탄생하게 된다. 인구규모로는 중국 상하이와 비슷한 급이다.

수도권만 더 비대해지는 게 아니냐고 우려할 수 있겠다. 수도권과 비수도권의 갈등이 영호남 갈등의 수준을 넘었다고도 한다.[11] 이런 상황에서 수도권을 더 키우는 게 말이 되냐는 비난의 목소리도 들리는 듯하다. 하지만 이제는 대도시권이 우리 경제를 돌리는 '성장터'임을 인정해야 한다. 행정구역을 경제권(혹은 생활권)과 일치시켜야 경제를 살리고 주민들의 불편을 줄여나갈 수 있다. 다른 한편으로 지방에도 수도권과 어깨를 나란히 할 수 있는 초광역 대도시권을 키워야 한다. 물론 인구가 수도권처럼 2500만 명일 필요는 없다. 대도시권을 형성해 나름의 특색을 가지고 발전할 수 있는 인구규모로도 충분하다.

우리나라 제2의 도시인 부산을 중심으로 한 초광역권은 어떻게 묶여야 할까? 당연히 부산과 경제적·지리적으로 관계가 깊은 울산과 경남이 함께 묶여야 한다. 이들을 합치면 인구 800만 명의 광역권이 구축된다. 인구로 보면, 스위스·오스트리아와 비슷한 수준이다.

또 대구광역시와 경상북도가 합쳐지면 인구 510만 명의 광역권이 탄생한다. 국지적인 조정도 필요할 것이다. 경상남도에 속하지만 대구광역시와 생활권을 공유하는 창녕군 같은 경우도 있기 때문이다. 중요한 건 공통의 생활권과 지역 간 관계를 고려해서 묶어줘야 한다는 것이다. 전라권도 마찬가지다. 광주광역시·전라남도·전라북도를 묶어야 한다. 그러면 인구 510만 명의 광역권이 만들어진다. 광주는 전라권 곳곳의 에너지를 모아서 성장한 경우다. 하지만 현재는 광주의 성장 이익이 주변으로 전달되지 않고 있다. 광주를 제외한 전라권 중소도시들은 거의 모두가 인구감소로 고통 받

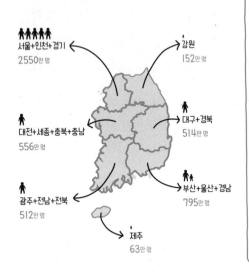

도표 29 **7개 초광역권의 인구**

서울+인천+경기
2550만 명

강원
152만 명

대전+세종+충북+충남
556만 명

대구+경북
514만 명

광주+전남+전북
512만 명

부산+울산+경남
795만 명

제주
63만 명

단위: 천명 단위: 명/㎢

	인구	인구밀도
서울	9,776	16,154
부산	3,429	4,454
대구	2,465	2,790
인천	2,923	2,751
광주	1,501	2,995
대전	1,531	2,839
울산	1,166	1,099
세종	276	593
경기	12,809	1,258
강원	1,521	90
충북	1,605	217
충남	2,148	261
전북	1,830	227
전남	1,796	146
경북	2,681	141
경남	3,355	318
제주	634	343
계	51,446	513

2017년도 기준 통계

는 중이다. 광역권을 형성해 광주를 중심으로 지역을 발전시키고, 힘들어하는 도시들을 도울 계획을 짜야 한다. 충청권에선 대전광역시·세종특별자치시·충청남북도가 뭉치면 인구 550만 명 정도가 된다.

그러고 나면 강원도(150만 명)와 제주도(65만 명) 두 곳이 남는다. 이들 지자체는 다른 지자체와 묶을 수도 있고, 별도의 독립된 광역단위로 남길 수도 있다. 다른 곳과 묶는다면 강원도는 충청권에, 제주도는 전라권과 함께 고려하는 것이 바람직할 것이다. 이렇게 되면 5개의 광역경제권이 만들어진다. 하지만 강원도와 제주도는 별도의 광역권으로 남는 방안이 좋다고 생각한다. 두 가지 이유에서다. 첫째, 강원도는 충청남북도와 문화·역사적 배경이 다르다. 또 교통으로 본다면, 강원도의 거점도시인 원주·춘천·강릉 등은 충청권보다는 수도권과 더 유기적 연계에 있다. 제주도의 경우도 전라권과 경제·생활권을 공유하고 있다고 보기 어렵다. 둘째, 강원도와 제주도는 문화관광산업을 육성시키기 좋은 자연환경과 문화 자원을 가지고 있기 때문이다.

중앙정부는 이런 초광역 지자체에 힘을 실어줘야 한다. 현 정부가 추진하는 분권 국가의 초석은 이런 초광역 단위에 깔려야 한다. 그리고 이런 공간단위를 중심으로 우리 국토의 균형적 발전을 이루어 나가야 한다. 226개 기초지자체의 인구 분포를 보면, 인구 불평등도를 나타내는 지니계수가 2017년 기준으로 약 0.5 수준이다. 이런 격차에서 분권은 더 큰 격차를 만드는 기폭제가 된다. 그럼 공간단위를 조금 더 광역적으로 본다면 지니계수는 어떻게 바뀔까? 16개 시·도 단위(세종특별자치시는 충청남도로 포함)로 본 지니계수는 약 0.3 정도이다. 훨씬 줄었다. 그럼 이제 공간단위를 7개(수도권, 충청권·전라권·대경권·부울경권·강원권·제주권)로 더 크게 뭉쳐보자. 이런 공간단위로 계산된 지니계수는 0.2로 더 낮아진다. 226개 기초자치단체 → 16개 시·도 → 7개의 광역경제권으로 갈수록 지니계수는 급속도로 떨어진다. 17개의 광역지자체를 7개의 초광역 지자체로 통합하고, 이를 균형발전의 공간단위로 보아야 한다.

행정구역을 통합하면 각각의 광역지자체는 광역적 시각에서 거점을 구축할 수 있다. '압축과 연계 전략'을 광역적 시각에서 세울 수 있다는 뜻이다. 도시 간 연계를 통해 큰 거점과 작은 거점을 연결하고, 상생발전 프로젝트를 통해 큰 도시에서 발생한 이익을 작은 도시로 이전시키는 것이 가능해진다.

이런 저런 세미나에서 행정구역 통합이 필요하다고 말하면 어김없이 받는 질문이 있다. 그게 쉬웠다면 벌써부터 이루어졌지 않겠냐는 것이다. 맞는 말이다. 지자체 간 이해관계가 너무 다르고, 선거구와도 맞물려 있으며, 공무원과 지방의회 의원들의 반발도 감수해야 한다. 너무 민감한 사안이다. 하지만 생각해보자. 어렵다고 시도하지 않으면 앞으로는 더더욱 힘들어질 것이다. 특히 지방자치가 진전될수록 행정구역 통합의 기회는 더욱 멀리 달아날 것이다.

단체장을 주민들이 직접 뽑기 시작했던 1995년 상황을 돌이켜보자. 필자는 이때가 행정구역을 개편할 수 있는 가장 좋은 시기였다고 생각한다. 이미 지역주민들이 뽑은 단체장이 탄생한 이후, 행정구역 개편은 더욱 풀기 어려운 난제가 되어 버렸다. 앞으로도 마찬가지다. 중앙정부가 지자체들에게 권한을 나누어주면 줄수록, 자자체 간 이해관계는 더욱 선명하게 드러날 것이다. 기초단체장과 지방 공무원들의 권한도 예전보다 커질 것이다. 그럴수록 행정구역 개편은 더 어려워질 게 분명하다. 지방분권보다 행정구역 개편이 우선되어야 하는 이유가 여기에 있다.

STEP2: 초광역권 내에서 뭉치고 연결해야 한다!

지방에선 거점구축이 매우 중요하다. 거점을 만들어 에너지를 만들어야 한다. 광역적 도시권을 설정한 다음에는 도시권 내 여러 도시들 간의 위계를 고민해야 한다. 그 위계 속에서 거점 혹은 거점으로 클 수 있는 곳을 확인하는 게 필요하다. 앞서 강조했지만 '개인'에 대한 정책과 '공간'에 대한 정책은 근본적인 차이가 있다. 개인은 모두 똑같은 무게의 존엄과 가치를 지니고 있다. 하지만 공간은 그렇지 않다. 쓸모 있는 공간도 있고, 그렇지 않은 곳도 있다. 공간은 집적이 되어야 효율성(혹은 생산성)을 높일 수 있고, 그래야 주민들 삶의 질도 높일 수 있다.

서울시와 수도권에서 어떻게 도시들 간 위계를 정하고 거점을 발전시킬 수 있을까. 서울시는 25개의 자치구로 구성되어 있다. 서울시 안 대부분의 자치구는 인구 30만 명이 넘을 정도로 웬만한 도시보다 인구가 많다. 서울시가 개별 자치구의 입장을 모두 고려해서 균형발전을 추구해야 한다면 25개의 거점을 만들 수도 있었다. 하지만 서울시는 2030 도시기본계획을 발표하면서 도심 거점을 딱 '세 곳'만 꼽았다. 한양도성(역사문화중심지), 영등포·여의도(국제금융중심지), 강남(국제업무중심지)이 그 세 곳이다. 이처럼 서울시 전역에서도 중심지 역할을 하는 선택된 공간이 있다. 그리고 도심 아래 광역중심과 지역중심을 만들어, '3개 도심-7개 광역중심-12개 지역중심' 시스템을 갖추었다.

● 광역중심은 도심의 기능을 보완하면서 지역균형발전을 도모하는 역할을 수행하도록 계획되어 있다. 용산, 청량리·왕십리, 창동·상계, 상암·수색, 마곡, 가산·대림, 잠실이 여기에 포함된다. 이들 광역중심은 생활권별로 하나씩 선정했다.(지역특성을 고려해서 동북권과 서남권엔 2개의 광역중심이 지정되었다.) 12곳의 '지역중심'에는 동대문, 망우, 미아, 성수, 신촌, 마포·공덕, 연신내·불광, 목동, 봉천, 사당·이수, 수서·문정, 천호·길동이 포함된다.

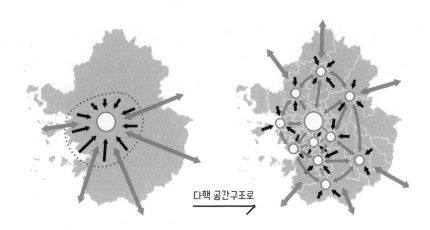

다핵 공간구조로

이제 범위를 서울이 포함된 '대도시권'인 수도권으로 넓혀보자. 2020 수도권 광역도시계획에서는 수도권을 5개 지역(중부·서부·남부·북부·동부 지역)으로 나누고 있다. 이 계획에서는 도시 위계를 '주핵도시-1차 거점도시-2차 거점도시-3차 거점도시'의 네 단계로 나누고 있다. 주핵도시는 물론 서울이다. 1차 거점도시는 주핵도시 서쪽의 인천, 남쪽의 수원으로 정했다. 2차 거점도시에는 평택·파주·동두천이 포함되며, 3차 거점도시에는 남양주와 이천이 포함되었다.

선택된 지역들이 거점의 역할을 잘 수행하고 있는지에 대해서는 논란이 있을 것이다. 계획이 실제와 따로 놀고 있다는 비판도 있을 것이다. 이런 비판을 놓고 왈가왈부하려는 것은 아니다. 핵심은 공간에는 위계가 있다는 것이고, 위계상의 거점을 잘 이용해 권역

전반에 걸쳐서 균형을 잡을 계획을 세워야 한다는 것이다.

수도권은 초광역권인 동시에 대도시권이다. 하지만 지방에서는 초광역권 내 대도시권부터 키워야 한다. 주핵도시와 거점도시의 위계를 잡고 발전계획을 세워야 한다. 지방에 구축된 대도시 거점은 개발사업이 집중되고 산업이 활성화되는 공간이 될 것이다. 중앙정부도 여러 혜택과 지원을 줌으로써 지방 대도시권이 발전할 수 있도록 도울 수 있다. 지원을 받은 거점들 중 몇몇은 혁신을 주도할 거점으로 성장할 수 있다.

어떤 이는 "배가 고픈 건 참는데, 배가 아픈 건 못 참는다. 이게 인간의 속성"이라며, 불균등한 거점개발방식의 문제점을 지적하기도 했다. 하지만 모두가 똑같이 나누는 식으로 공간계획을 하다간, 지방은 배고픈 것을 지나 존망을 걱정하는 처지에 놓일 것이다. 다시 한 번 말하지만, 지방에서 가장 시급한 문제는 '경제 살리기'다. 그리고 경제를 살리기 위해서는 제대로 된 공간정책이 들어가야 한다. 에너지를 거점에 모아, 일단 살릴 수 있는 것부터 살려야 한다. 그래야 지방은 또 다른 내일을 기약할 수 있다.

물론 거점이 주변지역의 에너지를 먹고 자라며 성장의 실익을 혼자 독차지할 수도 있다. 주변지역으로의 확산효과가 나타나지 않을 수 있다는 얘기다. 그렇지만 거점 자체의 효용을 부정해서는 안 된다. 거점을 만들어 사람(혹은 일자리)이 모이면 집적의 이익이 생긴다. 공공서비스의 효율성도 높아지고, 기업의 생산성도 높아진다. 그러니 사회가 누리는 이익의 파이도 커진다. 거점 그 자체는 나쁜 게 아니다. 거점이 이익을 독식하게 방치하는 시스템이 나쁜 것이다. 우리가 고민해야 할 것은 거점의 이익이 주변지역으로 퍼질 수 있는 시스템이다.

거점개발 방식 속에서 주변의 에너지를 흡수하며 발전하는 곳과 그에 따라 힘을 잃어가는 곳은 서로 남이 아니어야 한다. '에너지를 빨아들이는 곳'과 '에너지가 빨리는 곳'을 하나로 봐야 이 두 지역이 '우리'라는 의식을 가지고 '동반성장'할 수 있다. 개별 지자체를 넘어서 광역적 단위로 생각하고 정책을 짜는 게 필요하다.

하지만 현실은 어떤가. 2015년 벌어진 서울시 강남구 독립 탄원 사건을 보자.[13] 당시 강남구는 옛 한전부지 개발에 따라 얻게 된 1조7000억 원 정도의 공공기여금을 두고 서울시와 갈등을 빚었다. 강남구는 그 돈이 개발 과정에서 불편을 겪는 강남구민에게 쓰여야 한다는 주장했고, 서울시는 서울시민 전체를 위해 사용해야 한다는 입장이었다. 이에 당시 신연희 강남구청장은 "강남구를 서울시에서 분리독립하고 강남특별자치구를 설치해달라"고 서울시에 건의했다. 서울시는 즉각 반발했다. 강남은 중앙정부와 서울시의 역량을 집중투자해서 성장한 곳이니만큼 독립은 안 된다는 거다. 맞는 말이다. 강남구는 주변지역, 아니 온 나라의 자원을 이용해 성장했다. 강남은 1970년대 서울의 '3핵 도시구상' 속에 포함된 지역이다. 구도심과 여의도에 버금가게 성장할 지역으로 선택된 것이다. 강남은 서울을 넘어서 국가발전축(서울-부산 축)에 편입된 지역이기도 하다.

강남 개발의 서막을 알렸던 제3한강교(지금의 한남대교)와 경부고속도로를 생각해보자. 1960년대 말 건설된 한남대교는 왕복

12개 차로다. 한강에 있는 서울시 29개의 다리 중 가장 폭이 넓다. 2017년 현재 하루 20만 대 이상의 자동차가 통과한다.[14] 교통량도 단연 1위다. 이 한남대교의 건설비용은 국민 모두가 댄 것이다. 경부고속도로 또한 1971년 국가예산의 1/4분에 육박하는 429억 원의 비용을 들여 중앙정부가 건설했다.[15] 우리나라 최고의 학군은 단연 강남이다. 1970년대 중반 강남 개발을 위해 당시 최고의 명문고였던 경기고를 비롯해 휘문고·서울고 등을 이전시켰다. 이후에도 강남을 위한 전국민적 투자는 계속 이어졌다. 서울 서소문에 있던 대법원과 검찰청도 1990년대 중반까지 차례로 이전되었다. 강남을 위한 배려는 아직도 멈추지 않는 듯하다. 그러니 강남은 혼자의 힘으로 성장한 게 아니다. 주변지역에 투자될 수도 있었던 자원들이 강남에 집중적으로 투자된 결과다.

그런데 강남구는 배은망덕(?)하게도 지역에서 나는 이득을 홀로 차지하려고 하며, '독립'까지 추진하려 했다. 만약 강남구가 서울시에 속해 있지 않았다면, 공공기여금 분배를 둘러싼 갈등은 더 심했을 것이다. 이렇듯 이미 한데 묶여 있는 곳도 벗어나려 하면서까지 이익을 독차지하려 하는데, 별개의 지자체들끼리 이익을 나누는 게 쉬이 가능할까? 그러니 거점개발은 '에너지를 빨아들이는 곳'과 '에너지가 빨리는 곳'을 하나로 묶고 연결시킨 이후에 이루어져야 한다. 인구감소 시대에는 한 지역의 발전이 다른 한 지역의 쇠퇴를 유발하는 제로섬 게임의 역학관계가 작동하니, 더더욱 이들을 하나로 묶어 보는 넓은 시각이 중요하다.

STEP 3. 거점을 중심으로 연계협력 방안을 모색해야 한다!

그렇다면 어떤 식으로 거점과 주변지역을 묶는 상생시스템을 구축할 수 있을까? 일단은 두 사업을 결합하는 방법, 여러 지역의 돈을 모아 재배분하는 방법, 첨단기술을 바탕으로 공공서비스를 공급하는 방법, 이렇게 크게 세 가지 형태를 고려해볼 수 있다.

첫째, 거점에서의 개발사업을 주변 쇠퇴지역의 사업들과 연결하는 방식이다. 거점 개발사업의 경우에는 거점만 이익을 가져가지 않도록 사업을 결합해서 진행해야 한다. 대도시-중소도시-농어촌지역 간의 연계 개발사업을 지속적으로 발굴해야 한다. '약자를 끌어안는 포용적 도시'가 있듯, 소외된 지역을 끌어안는 '포용적 지역정책'이 있어야 한다. 도시계획에도 '잘 나가는 지역'과 '그렇지 못한 곳'을 하나로 묶어 개발하는 방식이 있다. 도시개발사업에서의 '결합개발제도'가 하나의 예가 될 수 있다.

이 제도는 사업성이 높은 지역과 수익이 나지 않는 공익사업 지역을 묶어서 하나의 개발구역으로 묶는다. 이들은 서로 붙어 있을 수도 있고, 멀리 떨어져 있을 수도 있다. 요지는, 사업성이 높은 지역을 개발함으로써 얻는 이익의 일부를 수익이 나지 않는 공익사업이 필요한 지역에 투자하는 것이다. 이런 결합개발방식에서 공익사업이 필요한 지역으로는 문화재 보호지역, 자연보호를 위해 개발이 제한된 지역, 주변의 군사시설로 주거환경이 좋지 않은 지역 등이 대표적이다. 이런 곳에 거주하는 주민들(보다 정확히 말해 토지와 건물의 소유자들)은 억울할 수밖에 없다. 문화재 보호, 자연보호, 군사시설 등은 국민 모두를 위한 것이지만 자신들만 피해를 보고 있기 때문이다. 그러니 사업성이 높은 지역의 개발이익을 이쪽에 배분하는 식으로 보상해주는 것이다.

핵심은 이렇다. 거점의 개발사업과 쇠퇴지역의 정비사업을 묶는 쪽으로 결합개발방식을 추진해야 한다. 대도시 거점에서의 사업은 이익이 나지만 쇠퇴지역에선 이익을 내기 어려운 경우가 대다수이기 때문이다.

둘째, 여러 지역에서 거둔 돈으로 낙후지역에 재배분하는 방법이다. '지역상생발전기금'이 대표적인 형태다. 수도권의 광역지자체인 서울·경기·인천 세 곳에서 매년 3000~4000억 원 정도의 기금을 만들어, 비수도권지역 광역지자체와 나누는 방법으로 운영되고 있다. 하지만 이런 방식으로 상생기금을 만드는 게 쉽지는 않다. 그 이유는 주는 쪽과 받는 쪽이 너무나 명백히 드러나 있기 때문이다. 그러니 거점지역 주민들로서는 "우리도 힘든데 왜 주변과 나눠야 하냐"는 반발이 있을 수 있다. 또한 부자 지자체에서 어느 정도의 기금을 내는 게 적당한지에 대한 이견도 있을 수 있다. 실제로 지역상생발전기금을 운영하는 과정에서 수도권 지자체들은 너무 많이 기여한다고 생각하고, 비수도권 지자체들은 너무 적게 받는다고 느끼고 있다.

이러한 이유로 기금의 형태가 아닌, 광역단위의 행정구역에서 모든 기초지자체로부터 '공동세'를 거두어 다시 나누는 방법을 고려해볼 수 있다. 공동세란 특정 세목을 지정하고서 이 세목으로 걷은 세금을 일정한 기준에 따라 배분하는 제도다.[16] 이 제도를 운영하는 가장 대표적인 나라는 독일이다. 독일은 3가지 조세(소득세·법인세·부가가치세)를 징수해, 일정 비율로 연방정부·주정부·게마인데(독일의 기초지자체)로 배분한다. 미국도 이 제도를 잘 활용하고 있다. 미국에서는 지자체의 특성에 맞게 스스로 공동세를 조성하고 있다. 세율을 높여 공동세를 조성하는 곳도 있고, 기준년도 세액의 초과분으로 공동세를 마련하기도 한다. 또 어떤 곳은 공동세의 세액을 협상으로 결정하기도 한다.

우리나라에 공식적인 공동세 제도는 없다. 하지만 내용적으로는 공동세를 운영하는 지자체도 있다. 서울시는 25개의 자치구에서 걷는 재산세의 50%를 모아, 모든 자치구에 똑같이 배분하는 '재산세 공동과세제'를 2008년에 도입했다. 재산세는 자치구에서 걷는 세금의 80% 정도를 차지한다. 그러니 공동과세제가 지자체 간 재정격차를 감소시키는 효과가 막강하다. 서울시에서 가장 많은 재산세를 걷는 강남구와 가장 적게 걷는 강북구의 재산세 차이는 13배나 된다. 그래서 공동과세제가 도입된 뒤 서울시의 자치구 간 재정격차는 크게 줄어들었다.[17] (부자 자치구들은 2007년 8월 공동과세제에 대해 권한쟁의심판을 청구했지만, 헌법재판소는 2010년 합헌 판정을 내렸다.)

셋째, 연계협력사업을 활성화해야 한다. 거점에서 만들어진 긍정적 효과를 주변으로 확산시키는 사업들이 필요하다. 4차 산업혁명 시대의 다양한 기술을 통해 거점도시에서 발생하는 이점을 주변지역에 퍼지게 할 수 있다. 기술을 통해 거점을 연결하면 지역 간 교육·의료·문화격차 등을 줄일 수 있다. 많은 예들이 있겠지만, 대표석으로 의료분야 연계사업의 예만 보고자 한다.

도시와 농촌의 의료격차는 고질적인 문제다. 농촌지역 의료기관에는 전문시설도, 전문의도 부족하다. 환자 수가 적은 터에 이를 별도로 갖출 여력이 없기 때문이다. 이러니 정밀검사를 하기도 힘들고, CT를 찍어도 제대로 판독하지 못하고 대도시 병원으로 보내는 경우가 많다. 그래서 정부는 2015년부터 '취약지 원격협진 네트워크 구축 사업'을 시작했다. '대도시 거점 병원'과 '취약지 병원' 사이에 영상·음성·진료기록을 실시간 전송할 수 있게 시스템을 구축하는 사업이었다.* 대도시 거점 병원에는 취약지역의 환자 진료를 위해 상주하는 전문인력도 배치된다.

광주 대도시권의 경우를 보자. 광주 대도시권은 광주를 포함해 나주·담양·화순·함평·장성이 포함된다. 이 지역에서 단연 으뜸인 병원은 광주의 전남대병원이다. 전남대병원은 거점 병원이 되어 주변 취약지역 6개 병원 응급실과 원격협진 시범사업을 운영하고 있다. 여기에는 나주종합병원(나주시), 영산포제일병원(나주시), 담양사랑병원(담양군), 화순성심병원(화순군), 함평성심병원(함평군), 장성병원(장성군) 등이 포함된다.

원격협진 덕택에 죽다 살아난 사람도 있다. 취약지역에서는 심근경색이 발병한 경우, 적절한 치료를 받기가 든 형편이다. 2015년 7월에 취약지역의 한 주민이 극심한 가슴통증으로 응급실에 갔다.

● 정부의 노력에도 불구하고 이 사업이 잘 진행되고 있는 건 아니다. 2017년에는 정부가 계획한 예산 13억5000만 원(시스템 구축 6억 원+원격협진기관 운영비 7억5000만 원) 중 실제 집행된 돈은 9억 원 정도다. 참여기관이 부족했던 게 주요 이유로 꼽히고 있다.

하지만 경험이 충분치 않은 의사는 무슨 병인지 확신이 없었다. 그는 대도시 거점 병원에 있는 응급의료센터에 원격협진을 요청했다. 그리고 심근경색 가능성이 높다는 거점 병원 의사의 소견에 따라 치료를 실시하고, 더 전문적인 시술을 위해 환자를 이송했다. 이 환자는 수술 후 이틀 만에 퇴원했다.[18]

쇠퇴지역이 많아지자, 정부는 2019년부터 치매환자·장애인·거동불편자에 대한 원격협진도 실시하기로 했다. 이를 위해 원격의료를 맡을 보건소 50곳을 신규 지정하기로 했다. 거점지역의 광역치매센터에 있는 신경과(혹은 정신건강의학과) 전문의가 취약지역 보건소 의사와 원격으로 연결되는 것이다. 주로 협진으로 전문의약품을 처방받는 식이다.[19] 앞으로 원격의료기술은 대도시-중소도시-농어촌지역을 연결해 취약지역 주민들의 의료접근성을 높이는 방향으로 활용될 수 있을 것이다.* 다른 서비스에 대해서도 첨단기술을 활용한 연계협력이 가능할 것이다.

이제 논의를 마쳐야 할 시점이다. 평소 지방문제에 대해 애정 깊은 문제제기를 많이 해온 전북대 강준만 교수가 한 신문 칼럼을 통해 『지방도시 살생부』에서 국토균형발전의 대안으로 제시한 지방대도시 거점구축에 우려를 표한 적이 있다. 경제적 효율성에 기댄

---

* 현재 의료법상 이런 원격협진은 의사끼리만 가능하며, 의사가 환자를 원격으로 진료하지는 못한다. 의료계는 의료 영리화를 우려하며 의사-환자 간 원격진료에 대해서는 강하게 반대하고 있다. 물론 의사-환자 간 원격진료가 허용되면 동네 병원이 몰락하고 상업적인 대형 병원이 득세할 것이라는 의료계의 우려도 귀담아 들을 필요가 있다. 하지만 갈수록 커지는 지역 간 의료 격차를 해소하기 위해서는 원격진료를 더 광범위하게 활용할 필요가 있다는 게 필자의 생각이다. 일본 또한 1997년에 도서벽지 환자를 대상으로 원격의료를 제한적으로 허용했으며, 지금은 전면적으로 허용된 상태다.

지방 대도시 키우기가 또 다른 불균등을 만들지 않을까에 대한 우려였다. 그의 우려에 깊이 공감하며, 이에 대한 확실한 답을 내놓는 것이 필자의 다음 과제가 될 것이다. 여기선 부족하나마 짧게 언급하는 것으로 마무리하려 한다.

이 책을 읽는 내내 골치가 아팠다. 그간 지방과 관련된 이야기는 '수도권 대 지방'이라는 이분법 구도에 충실해 복잡하게 생각할 것이 없었는데, 이 책은 기본적으로 지방에 대한 강한 애정을 바탕에 깔고 제3의 길을 제시하고 있기 때문이다. (…) 이 주장의 선의와 취지는 십분 이해하면서도 이런 생각이 드는 것은 어쩔 수 없다. 현 '서울공화국' 체제는 다른 나라들과 맞짱 뜨기 위해 서울만 집중적으로 키운 결과가 아니었나? 그로 인해 한국이 발전한 건 인정하더라도 문제는 그 비용, 즉 지방의 낙후다. 똑같은 일이 지방 내에서 벌어지지 않을까?" (…) 불균등 발전의 불가피한 점을 인정할 경우, 그로 인해 불이익을 받는 사람들에게 어떻게 보상을 할 것인가? 그들에게 "그냥 팔자소관으로 알고 니가 당해!"라고 말하는 철면피 수법으로 대응할 것인가? 우리는 그간 이런 문제를 해소할 수 있는 기본 틀을 만드는 일을 피해 다니면서 갈등이 생길 때마다 땜질식으로 해결하는 미봉책을 써왔다. 그래서 누가 더 크게 우느냐에 따라 보상의 크기도 달라지는 이른바 '우는 아이 젖 주기' 현상이 생겨났고, 한국이 세계적인 '시위 공화국'이 된 결정적 이유가 되었다.[20]

필자가 말한 결합개발, 세금을 통한 재분배, 과학기술을 이용한 협력사업 등은 거점과 주변지역 간 상생의 끈을 만드는 방법이다. 그리고 동시에 강준만 교수가 얘기한 '기본 틀을 만드는 일'이다. 지방 대도시 거점을 키워야 하지만, 거점이 독주하게 놓아두어선 안 된다. 대도시 거점은 주변지역의 희생 없이는 성장이 불가능하기 때문이다. 그러니 주변지역에 대한 '연대의 책임감'과 '도적적 의무감'도 가져야 한다. 우리 국토 전역에 이런 책임과 의무에 기반한 상생 시스템이 구축되어야 한다.

다시 한 번 강조하고 싶다. 지방도시 활성화의 성패 여부는 성장 동력의 터인 거점의 구축에 달려 있다. 하지만 선택과 집중의 과정 속에서 주변지역이 박탈되고 배제되는 걸 막아야 한다. 이를 위해서는 에너지를 '빨아들이는 곳'과 '빨리는 곳'을 하나로 묶어야 한다. 남이 아닌 우리가 되어 서로 함께 발전하는 윈윈win-win 전략을 펴야 한다.

도시에도 적정 규모가 있을까

도시 인구의 적정 규모에 대해서는 많은 학자들이 관심을 가져 왔다. 하지만 이들이 내놓은 결과는 정말로 천차만별이다. 어떤 이는 150~250만 명이 적당하다고 하고, 또 다른 이는 1600~1800만 명 정도가 최적 규모라고 한다. 하지만 인구수만을 가지고 적정 규모를 논하는 건 옳지 않다. 왜일까? 다음과 같은 질문을 해보자. 200만이 적은 인구인가, 많은 인구인가? 대답하기 어렵다. 도시 크기에 따라 답변이 달라질 수 있기 때문이다. 인구가 7만 명으로 비슷한 과천시와 홍천군을 예로 들어보자.(두 지역 모두 임야의 비율이 높고, 각종 도시계획 규제로 묶여 있다.) 과천시 크기($35.8km^2$)의 도시에 인구 200만 명이 모여 산다면? 천문학적인 혼잡 비용을 지불해야 할 것이다. 하지만 서울시 면적보다 3배나 큰 홍천군($1819km^2$)의 경우는 얘기가 다르다. 개발이 어려운 산지를 제외해도 인구 200만 명은 충분히 수용할 수 있다.

그럼 이제 적정 인구에 관한 도시경제학의 입장을 들어보자. 도시경제학에서는 크기·인구·밀도를 섞어서 계산하는 경향이 있다. 도시에 인구(밀도)가 모이면 '규모의 경제'로 인한 편익이 커진다. 하지만 편익benefits만 생기는 건 아니다. 비용costs도 발생한다. 인구가 집중됨에 따라 편익과 비용 모두 상승하지만, 이 둘은 서로 다른 증가 패턴을 보인다. 일단 편익부터 보자. 규모의 경제는 S자 곡선

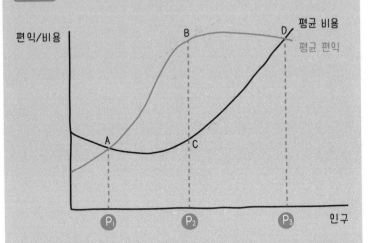

도표 31　도시 인구의 적정 규모

을 그리며 증가한다.[21] 규모가 작을 때는 서서히 증가하지만, 어느
정도 규모부터는 급격히 상승한다. 하지만 편익이 커지는 데도 한
계가 있다. 인구가 너무 많으면 편익의 양은 오히려 감소하게 된다.
반면에 비용의 증가 패턴은 완전히 다르다. 도시의 규모가 조그마
할 때는 크지 않다가, 일정 규모 이상에서는 급속히 올라간다.

　경제학자들은 편익에서 비용을 뺀 '순편익'이 극대화되는 지점
이 도시의 최적 규모라 강조한다. [도표 31]에서 인구규모가 'P2'인
지점이다. 이게 경제학자들이 찾는 최적화된 인구(밀도) 규모다. 무
지하게 명쾌한 해석이다. 그러나 역시 이론은 이론이다. 이렇게 최
적 규모를 찾는 건 불가능에 가깝다. 마치 '정부의 크기가 어느 정
도여야 적당한지'를 논하는 것처럼 말이다. 어떤 항목이 편익 항목

(혹은 비용 항목)으로 들어가야 하는지도 연구자에 따라 다르다. 그리고 이들을 계산하는 데도 너무나 많은 방법이 존재한다. 하지만 '실증하기 힘들다'는 얘기가 '최적 규모는 없다'는 논리로 이어질 수는 없다. 딱 떨어지는 숫자가 아니더라도, '대충 이 정도가 적정하다!'라고 얘기할 수는 있지 않겠는가.

사실, 적정 인구라는 건 도시의 성격에 따라서도 달라질 수 있다. 집적의 이익에도 종류가 있기 때문이다. 하나는 산업의 측면이고, 다른 하나는 주거의 측면이다. 산업에서는 함께 모여 있게 되면 분업으로 더욱 전문적인 영역에 집중할 수 있고, 운송 및 교환 비용이 내려가면서 생산의 효율성도 높일 수 있다. 반면에 주거의 측면에서는 '생활서비스 사용 편리성 향상'을 이야기할 수 있다.

그런데 지금 우리가 관심을 갖고 있는 건 지역의 성장을 견인할 수 있는 광역권이다. 도시의 적정 규모를 이야기할 때 이제는 도시를 바라보는 관점이 변하고 있다는 사실을 염두에 둘 필요가 있다. 이제 도시는 '행정구역 경계에 둘러싸인 공간'이 아닌 '일상 생활을 하는 공간'으로 인식되고 있다. 이와 관련해 도시의 외연外延은 지속적으로 확대돼왔다. 40~50년 전만 해도 도시 간의 상호작용이 그리 크지 않았다. 수도권을 제외한 지방도시들에선 연담화連擔化 현상이 거의 없었다. 주변지역들과 기능적으로 연계되어 있지 않았고, 각종 천재지변이나 교통 장애 등으로 쉽게 외딴 섬처럼 고립될 수 있었다.

지금은 다르다. 예를 들어 광주시 상황을 보자. 광주시는 장성군, 담양군·화순군·나주시·함평군과 하나의 통으로 간주될 수도 있다. 광주시 북쪽에 위치한 장성군은 인구 4만5000명 정도의 조그만 도시다. 장성군은 광주시와 100번 버스로 연결되는데 새벽 5시30 분부터 밤 10시 30분까지 15-30분 간격으로 배차되어 있다. 하지만 장성군 관내 버스의 배차간격은 대부분 1시간-2시간 정도이다. 장성군 내를 움직이는 것보다 광주로 가는 게 훨씬 편하다. 광주의 외곽에 위치한 군급도시들(담양군·화순군·함평군)의 사정도 마찬가지다. 광주 남측으로 연접해 있는 나주시도 광주시 남구, 화순군과 생활권을 공유하고 있다. 이처럼 도시가 연담화되어 생활권이 넓어지면 도시의 규모도 커질 수밖에 없다. 행정구역이 아닌, 생활을 영위하는 권역이 실제 주민들이 생각하는 도시가 되어가고 있다.

작년 9월 『지방도시 살생부』를 출간하기 전의 긴장감이 아직도 아릿하게 남아 있다. 메시지가 너무 센 건 아닐까? 마을을 살리기 위해 지방에서 애쓰시는 분들의 힘을 빼는 누를 끼치지 않을까? 도시 재생을 위한 정부의 노력에 찬물을 끼얹는 건 아닐까? 마음이 복잡했다. 다행히도 이런 걱정은 기우에 그쳤다. 너무나 많은 분들께서 공감해주셨다. 수도권보다는 지방에서, 학계보다는 현장 재생 활동가분들로부터 더 많은 지지를 받았다. 활동가분들의 공감에는 시간이 걸릴 거라 생각했다. 하지만 이 예상도 틀렸다. 활동가분들은 눈앞에서 일어나고 있는 쇠퇴를 더욱 깊게 체감하고 있었던 것이다.

책 출판 이후 곳곳에서 강연 요청을 많이 받았다. 거점개발에 대한 우려의 질문도 꽤 있었다. 이런 우려의 핵심은, 소규모 버전의 지역격차를 만드는 게 아닌가라는 점이었다. 맞는 말이다. 중소도시에 거점이 생기면 주변지역의 인구가 감소할 수 있다. 하지만 어느 정도는 이를 감수해야 한다. 그러고 난 후 거점과 주변지역의 상생시스템을 구축해야 한다. '균형과 상생'은 우리 사회가 추구해야 할 당위적 과제다. 그러나 당위적 주장이 공허한 구호에 그치지 않으려면 현실에 대해 정확히 인식해야 한다. 이대로 가다간 20년 내 30%의 지자체들이 소멸 위기에 직면하게 될 현실 말이다. 당위와 현실의 간극이 커지면, '상생발전'은 무의미한 레토릭으로 끝날 가능성이 높다.

그러나 우리의 현실은 아직도 답답하다. 도시의 마스터플랜인 도시기본계획에 관한 수립지침만 봐도 그렇다. 국토교통부가 마련한 지침에는 도시가 두 종류다. 하나는 '성장형', 다른 하나는 '성숙·안정형'이다. 계획을 수립하기 직전 3년간 인구·산업·고용·주간 활동인구 등이 증가했거나 증가가 예상되면 성장형, 그렇지 않을 경우는 성숙·안정형으로 분류된다. 이 구분은 매우 중요하다. 도시가 어느 쪽에 속하는지에 따라 토지이용이나 기반시설, 도시재생, 경제·산업 분야에 대한 계획의 내용이 달라지기 때문이다.

하지만 말이 성숙·안정이지, 이건 쇠퇴하고 있는 도시란 얘기다. 일부 전문가들은 성장형·관리형·쇠퇴형으로 분류하자고 제안했다고 한다. 하지만 이런 안은 채택되지 않았다. '쇠퇴형 도시로 분류된 곳의 반발을 어떻게 감당하겠느냐'는 게 주된 이유다. '축소도시'도 마찬가지다. 어떤 도시가 축소도시라는 '낙인'을 달가워하겠는가. 그래서 부정적인 용어는 애써 에둘러 표현돼왔다. 충분히 이해할 수 있다. 하지만 이렇게 에두른 표현이 정확한 현실인식을 방해하고 있다. 이제부터라도 지방에 관한 여러 이슈들을 가감없이, 그리고 솔직하게 묘사해야 한다. 그리고 논의의 테이블 위에 올려놓아야 한다.

이렇게 현실인식이 부족한 상황 속에서 지방을 위한 메가톤급 정책들이 등장하고 있다. 쏟아져 나오는 국토도시 정책을 볼 때마다 드는 생각이다. 어떻게 이런 내용의 정책들이 나오게 되었는지, 어떤 맥락에서 나왔는지를 가늠하기 어렵다. 효과를 예상해보기도 전에 시행이 되어버리는 경우도 있다. 도시재생 뉴딜사업만 봐도 그렇다. 문재인 정부 5년 동안 50조 원을 500곳에 쓰겠다고 했다. 주변에 우리나라 최고의 도시재생 전문가들이 많지만 이들 대부분은 왜 5년 동안 50조 원이 재생을 위해 사용되어야 하는지, 왜 500곳이 재생되어야 하는지 알지 못한다.

일단 정책이 발표된다. 그 후 전문가들이 동원된다. 전문가들은 도시재생사업을 위해 어떻게 하면 연간 10조 원의 재원을 끌어모을 수 있을지 고민한다. 그리고 어떤 방식으로 매년 100곳 정도의 도시재생 사업지를 가려낼 수 있는지 심사한다. 물론 고민하고 심사하는 과정에서도 왜 10조인지, 왜 100곳인지 묻지 않는다. 쇠퇴하는 곳을 살리려는 노력은 '당위적 의무'니까! 전문가들은 좋은 일하는데 꼬치꼬치 토를 달면 모두가 피곤해진다는 사실을 잘 알고 있다.

지방분권도 그렇다. 정부가 지방세 비율을 30%로 높이겠다고 했다. 장기적으론 40%로 바꿔 나가겠다고 했다. 어떤 근거에서든 정부는 이를 천명했고, 전문가들은 비율을 어떻게 높일 수 있을지 고민하고 있다. 지자체들은 지방세 비중을 확대해야 하고, 여러 권한도 넘겨받아야 한다고 중앙정부를 압박하고 있다. 몇몇 세미나에서 지방분권에도 속도조절이 필요함을 역설하며 분권이 지방에 불리할 수 있다고 운을 뗄 때마다 싸늘해지는 분위기를 느꼈다. 필자가 제일 자주 듣는 말이다. "지방에 힘을 실어주는 게 뭐 나쁜 일인가. 일단 분권하고 보자. 부작용을 동반하지 않는 정책이 어디 있겠는가. 그걸 자꾸 강조하면 아무 것도 할 수 있는 게 없다. 차후에 부작용을 보완하는 방식으로 우리 사회가 발전해오지 않았는가."

과연 그렇게 밀어붙여도 되는 일일까?

불안한 마음이 가라앉질 않는다. 지방 중소도시들의 쇠퇴가 전문가들의 예상보다 더욱 빠르게 진행되고 있기 때문이다. 지방의 많은 지자체들은 앞으로 더욱 어려워질 것이다. 여기에다 지방분권까지 이루어진다면, 가난한 지자체는 정말로 답이 없다. 재정격차를 조정하는 제도를 너무 믿지 마시라. 지금도 중앙정부가 지자체 간 격차를 완화하지 못해 쩔쩔매고 있는 상황이다. 분권 후에는 격차를 벌리는 시장의 힘이 더 강해질 텐데, 이를 어찌 해결할 수 있겠는가. 허약한 지방도시들은 줄줄이 쓰러질 것이다. 그러니 이제부터라도 고민을 해야 한다.

앞으로 지방분권에 대한 논의가 활발해지길 바라며, 이에 대한 필자의 생각을 요약 정리해보겠다. 중앙정부는 기초지자체가 아닌 초광역 지자체에 권한을 넘겨야 한다. 행정체제를 현재의 2층 구조 two-tier system로 유지하되, 현재의 17개 광역시도를 7개로 통합하고 더 많은 권한을 주는 것이다. 초광역 지자체는 대도시·중소도시·농어촌 각각을 압축하고, 광역적 시각에서 도시 간 연계전략을 자율적으로 세울 수 있다. 그리고 내부의 격차는 '거점의 개발이익을 주변지역으로 이전시키는 상생발전 프로젝트'를 통해 줄여나갈 수 있다. 아니, 줄여나가야만 한다. 기초지자체 통합은 그런 과정에서 초광역 지자체가 기초지자체들 스스로의 필요에 의해 자율적으로 통합하도록 유도해야 한다. 통합의 주도권은 기본적으로 '기초지자체'에 있되 광역지자체가 통합을 조정해야 한다는 뜻이다.

마지막으로 다시 한 번 강조하고 싶다. 위기의 지방을 살리기 위해선 그 무엇보다 경제를 살려야 한다. 앞으로 산업구조재편 과정에서 새롭게 떠오를 신산업도 수도권이 독식하게 해서는 안 된다. 자원이 상대적으로 부족한 지방 대도시권도 '선택과 집중'의 공간전략을 통해, 그리고 새로운 성장산업의 발굴을 통해 발전해 나가야 한다. '수도권 VS 지방(혹은 비수도권)'의 낡은 프레임을 버리고, '수도권 VS 지방 대도시권'의 구도 속에서 지방 대도시권을 살릴 불을 지펴야 한다. 그래야 그 불을 지방의 중소도시에도 전달할 수 있다. 균형발전의 공간적 단위를 기초지자체로 보고 공평배분을 하다간 지방은 이대로 주저앉을 것이다.

지방 대도시권은 위기에 몰린 지방이 가진 마지막 카드다. 지금 당장 쇠퇴해가는 지방도시들에 필요한 건 분권이 아니다. 힘을 모아 스러져가는 경제부터 살려야 한다. 특정 공간에 에너지를 집중시키고, 변화된 시대에 맞는 일자리를 만들어야 한다. 일자리를 좇는 젊은 인재가 모여야 지방이 다시 일어설 수 있다. 중앙정부도 이

걸 알아야 한다. 지방이 경제 살리기에 매진할 수 있도록 새 판을
깔아줘야 한다. 그리고 지방과 함께 뛰어야 한다. 지금부터라도 지
방의 경제 살리기에 온 힘을 다해야 한다. 그렇지 않으면 우리 모두
지방소멸이라는 전국가적 문제를 끌어안은 채 함께 침몰할 것이기
때문이다.

주_註

1장

1. 김성환, 「정태옥 '이부망천' 인천 비하발언에 한국당 비상, 즉시 자진 탈당」, 『한국일보』, 2018년 6월 10일.

2. 조득균, 「[2017 인구주택총조사] 우리나라 인구 절반은 수도권 거주」, 『아주경제』, 2018년 8월 27일.

3. 김균미, 「[김균미 칼럼] 수도권의 비대화, 멀어지는 지방분권」, 『서울신문』, 2018년 9월 26일.

4. 이상호, 2018, 「한국의 지방소멸 2018」, 『고용동향 브리프』, 한국고용정보원, p. 9.

5. 이양수, 「대만도 수도 이전 논란」, 『중앙일보』, 2004년 6월 21일.

6. 김종수, 「(분수대) 이웃효과」, 『중앙일보』, 2007년 5월 27일.

7. 세종대 변창흠 교수가 말하는 균형발전의 당위성에 대한 것으로, 자세한 내용은 '한국뉴스 편집부, 2018, 「국가균형발전의 당위성과 정책과제」, 『한국뉴스』, 2018년 4월 1일'을 참조하시오.

8. 마강래, 2017, 『지방도시 살생부』, 개마고원.

9. 권교용, 「황명선 논산시장, "지방분권 뿌리내릴 수 있게 해달라"」, 『중앙일보』, 2018년 8월 4일.

10. 김완근, 「최형식 군수, '지방분권' 주제 특별강연」, 『담양뉴스』, 2017년 10월 17일.

11. 최승연, 「전국 시장·군수·구청장 협의회, 지방분권개헌 촉구 대전선언문 발표」, 『경향신문』, 2017년 2월 24일.

12. 허광무, 「박성민 시장군수구청장 회장, "지방분권 개헌 위해 노력"」, 『연합뉴스』, 2017년 7월 18일.

13. 최영무, 「고흥군, 지방분권 개헌 골든타임 잡는다」, 『뉴스로』, 2018년 1월 26일.

14. 김록환, 「김만수 부천시장, "지방분권 개헌이 경제 살리기"」, 『중앙일보』, 2017, 9월 26일.

15. 강준만, 2015, 『지방식민지 독립선언』, 개마고원.

16. 부산상공회의소, 『2015년도 매출액 기준 전국 1,000대 기업 중 부산기업 현황 조사(2016년 8월)』.

17. 현대경제연구원, 2014, 『대한민국 일자리 지도: 지역별 특징과 시사점』.

18. 심재헌·김의준, 2012, 「대학 졸업자의 지역 간 취업이동 요인분석: 수도권과 비수도권 간의 취업이동을 중심으로」, 『국토연구』, 제75권, pp. 37~51.

19. 이상호, 2018, 「한국의 지방소멸 2018」, 『고용동향 브리프』, 한국고용정보원, p.

4.

20. Sacchi, A. & Salotti, S., 2014, 「The Effects of Fiscal Decentralization on Household Income Inequality: Some Empirical Evidence」, 『Spatial Economic Analysis』, Vol. 9, No. 2, pp. 202~222.

21. Tannenwald, R., 1999, 「Fiscal Disparity Among the States Revisited」, 『New England Economic Review』, pp. 3~25.

22. 2017년 현재 기준으로 총 필지수는 3854만9959개다. 이에 대해서는 국가통계포털 (http://kosis.kr/index/index.do)을 참고.

23. 박진환, 「[지방분권시대]사람은 떠나고 재정은 마르고…시군구 226곳 중 89곳 소멸위기」, 『이데일리』, 2018년 9월 12일.

24. 윤승용, 「자치단체장 3연임 제한 도입해야」, 『전북일보』, 2017년 11월 2일.

25. 국민권익위원회, 2017, 『2017년도 공공기관 청렴도 측정 결과』, 2017년 12월.

26. 최흥석, 2017, 『지방분권 인식연구』, 국회입법조사처.

27. 노호섭, 「문재인 "지방분권 핵심은 재정분권…국세·지방세 비율 6:4까지"」, 『한국정책신문』, 2017년 4월 27일.

28. 배준구, 2018, 「자치분권의 핵심은 자치재정」, 『공공정책』, Vol. 152, pp. 59~61.

29. 현진권, 「지방분권 핵심은 '지방 경쟁'이다」, 『문화일보』, 2017년 11월 7일.

30. 구성의 오류에 관한 예에 대해서는 '마강래, 2016, 『지위경쟁사회』, 개마고원'을 참고.

2장

1. 류재민, 「지방소멸 걱정 말라던 대통령, 그 후 9개월」, 『디트뉴스24』, 2018년 10월 12일.

2. 오연천, 2017, 『국가재정의 정치경제학』, 21세기북스.

3. 국가지표체계 홈페이지(http://www.index.go.kr)를 참고.

4. 지방재정 356(http://lofin.mois.go.kr/)을 참고.

5. 김현아, 2017, 『최근 주요국의 지방재정 개혁사례 연구』, 한국조세재정연구원, p. 13.

6. 행정안전부, 『2018년도 지방자치단체 통합재정 개요(상): 예산 및 기금운용 개요』, p. 53.

7. 국회예산정책처, 2018, 『대한민국 지방재정 2018』, p. 6.를 참고.

8. 오연천, 2017, 『국가재정의 정치경제학』, 21세기북스.

9. 유영아, 2017, 『지방교부세 인센티브 제도의 현황과 개선방안』, 국회입법조사처.

10. 이경수·박준범·마강래, 2018, 「재정분권과 지역균형발전의 상관관계에 관한 연구」, 대한국토·도시계획학회 2018 추계학술대회 발표자료.(2018년 10월 27일 한국교통대학교)

11. 신신호, 「전문가들 "지방재정 뒷받침 없으면 시방분권 공허한 장식」, 『중앙일보』, 2018년 1월 25일.

12. 오연천 외, 2003, 『재정분권의 실천전략』, 정부혁신지방분권위원회.(2003년 9월).

13. 유태현, 2017, 「국세-지방세의 구조 개선 및 자주재원 확충방안」, 『지방재정』, No.4, pp. 12~35.

14. 신진호, 「전문가들 "지방재정 뒷받침 없으면 지방분권 공허한 장식"」, 『중앙일보』, 2018년 1월 25일.

15. 이러한 가중치에 대해서는 지방재정법 시행령 제36조 제3항을 참고.

3장

1. 박형준, 「[박형준 칼럼] 왜 개헌하려고 하는가」, 『국민일보』, 2018년 3월 20일.

2. Cochlan, C. L. and Huggins, D. W., 2004, 「"That's Not Fair!": A Simulation Exercise in Social Stratification and Structural Inequality」, 『Teaching Sociology』, Vol. 32, No. 2, pp. 177~187.

3. 변양균, 2012, 『어떤 경제가 우리를 행복하게 하는가: 변양균의 현실과 맞서는 영화속 한국 경제 특강』, 바다출판사.

4. 홍권희, 「마린大橋는 번지점프에 좋다」, 『동아일보』, 2009년 2월 10일.

5. KBS 명견만리 제작팀, 2016, 『명견만리 인구, 경제, 북한, 의료 편』, 인플루엔셜.

6. 김경락, 「10년 뒤부터는 한국 가계저축률 '마이너스'」, 『한겨레』, 2017년 8월 2일.

7. 이정만, 2008, 「일본 삼위일체개혁의 추진과정과 성과」, 『한국행정학보』, Vol. 42, No. 1, pp. 383~405.

8. 심혜정, 2009, 「일본의 지방분권 개혁사례와 시사점」, 『NABO 경제포커스』, 국회예산정책처, 2009-1호.

9. 김현아, 2017, 「최근 주요국의 지방재정 개혁사례 연구」, 『한국조세재정연구원』, pp. 61~62.

10. 최우용, 2010, 「일본의 기초지방자치단체(시·정·촌) 통합에 관한 법률 및 사례에 관한 연구: 우리 「지방행정체제 개편에 관한 특별법」의 향후 운용과 관련하여」, 『공법학연구』, Vol. 11., No. 4, pp. 423~452.

11. 조성규, 2010, 「지방자치제도에 있어 행정구역 개편의 법적 문제」, 『동북아법연구』, Vol.4, No.1.

12. 김제국, 2007, 「일본 국토균형발전정책의 전개와 정책전환에 관한 고찰: 5차에 걸친 전국종합계획을 중심으로」, 『비교경제연구』, Vol. 14, No. 1, pp. 41~76.

13. 곽재원, 2017, 「[곽재원의 Now&Future] 진화하는 아베노믹스」, 『전자신문』, 2017년 10월 29일.

14. 김준영, 2016, 「일본의 총인구 감소와 지역 간 인구 양극화의 진전」, 『고용이슈』,

제9권, 제6호.

15. 차미숙, 2016,「인구감소시대, 일본의 지방창생전략과 지역공간구조 재편방안」, 『국토정책 Brief』, No. 555.

16. 김준영, 2016,「일본의 총인구 감소와 지역 간 인구 양극화의 진전」,『고용이슈』, 제9권, 제6호.

17. 国土交通省, 2017,『住み続けられる国土の 地域構造について』.

18. 김성문, 2015,『리테일 어트랙션』, 좋은땅.

19. 장현은·정윤식,「영화관 없는 지자체가 무려 66곳」,『SBS NEWS』, 2017년 10월 30일.

20. 姫路市, 2015,『連携中枢都市宣言(2015. 2. 13)』

21. 조아라, 2010,「일본의 시정촌 통합과 행정구역 재편의 공간정치」,『대한지리학 회지』, 제45권, 제1호, pp. 119~143.

22. 최진혁, 2017,「중앙정부와 지방정부 간 재정협력 관계 프랑스 사례(국가의 지방 자치단체에의 지원재정)를 중심으로」,『지방재정』, No. 2, pp. 22~43.

23. 배준구, 2014,「프랑스의 지역정책: 경쟁거점정책을 중심으로」,『프랑스 문화연 구』, Vol.29, pp.339~368.

24. 차미숙·김태환·김창현·손동글, 2010,『지역경쟁력 강화를 위한 지역발전계획 제도 운영 실태와 개선방안』, 국토연구원.

25. 한승준, 2010,「새로운 지역발전계획으로서의 프랑스 경쟁거점제도」,『지역경 제』, No. 24, pp. 6~21.

26. 정옥주, 2007,「지역간 협력 활성화를 위한 제도관련 외국 사례와 시사점: 프랑 스 코뮌간 협력을 중심으로」,『국토정책 Brief』, No. 132.

4장

1. 김태일·좋은예산센터, 2014,『재정은 어떻게 내 삶을 바꾸는가』, 코난북스, pp. 44~45.

2. 지방재정365 홈페이지(http://lofin.mois.go.kr/)를 참조.

3. 김승렬, 2011,「행정구역 통합의 효과분석: 구조조정 및 비용절감효과를 중심으 로」,『지방행정연구』, Vol. 25, No. 3, pp. 93~124.

4. 김종학, 2016,『호남KTX 개통에 따른 국토공간 이용변화 연구』, 국토연구원.

5. 임채두,「[생활권·행정권 불일치]① "코앞에 학교 두고…멀리 빙빙"」,『연합뉴 스』, 2017년 12월 9일.

6. 이기우·조성호, 2009,『지방행정체제 개편론: 본질과 과제』, 새사회전략정책연구 원.

7. 지방자치법 제95조(지방자치단체의 장의 임기)를 참조.

8. 유재원, 2012,「자치단체 통합의 이해: 정치모형의 적용」,『한국행정학보』, Vol.

49, No. 2, pp. 249~272.

9. 행정안전부, 2009, 「18개 지역, 46개 자치단체 대상 통합건의 접수: 통합건의 지역을 대상으로 10월 중 전국 동시 여론조사 실시」, 보도자료(2009.10.1.)

10. 김태운·남재걸, 2011, 「지방자치단체 자율통합과정에서의 행위자간 갈등 분석: Giddens의 구조화 이론을 중심으로」, 『한국행정학회』, Vol. 45, No. 3, p. 156.

11. 신진호, 「청주시 "여론조사 보고 합치자", 청원군 "시 승격이 먼저"」, 『중앙일보』, 2008년 4월 30일.

12. 홍강희, 「'청원시 승격 추진'에 곳곳서 반격」, 『충남in News』, 2008년 5월 1일.

13. 유태종, 「청원군도 시 승격 준비 나서」, 『조선일보』, 2008년 4월 21일.

14. 남인우, 「청원군 市승격 싸고 군수·주민 불협화음」, 『서울신문』, 2009년 1월 12일.

15. 김태운·남재걸, 2011, 「지방자치단체 자율통합과정에서의 행위자간 갈등 분석: Giddens의 구조화 이론을 중심으로」, 『한국행정학회』, Vol. 45, No. 3, pp. 149~171.

16. 접경지역에 대한 정의는 '접경지역 지원 특별법'을 참조.

17. 이찬호, 「철원·포천·연천 '통일시'로 통합 추진」, 『중앙일보』, 2014년 11월 21일.

18. 최종섭, 「철원-3개 시군통합 관련 다수 반대」, 『철원인터넷뉴스』, 2014년 11월 24일.

19. 안성호, 2009, 「지방자치체제 개편과 자치단위의 규모」, 『바람직한 자치행정체제 개편을 위한 합동세미나 논문집』, pp. 79~117.

20. 이민선, 「"오산·화성, 역사적 동질성·주민 생활권 등 일치…통합해야"」, 『오마이뉴스』, 2018년 5월 2일.

21. 장현준, 「권영진 대구시장 취임 100일 인터뷰」, 『양파TV』, 2018년 10월 17일 (인터뷰 영상은 양파TV http://www.yangpatv.kr/ 를 참조).

22. Lembcke, A. C., 2015, 「Productive Cities: Evidence from the OECD」, Divergent Cities Conference, Cambridge, 16 July 2015.

23. Rice, p., Venables, A. J. & Patacchini, E., 2006, 「Spatial determinants of productivity: Analysis for the regions of Great Britain」, 『Regional Science and Urban Economics』, Vol. 36, No. 6, pp. 727~752; Graham, D. J., 2007, 「Agglomeration, Productivity and Transport Investment」, 『Journal of Transport Economics and Policy』, Vol. 41, No. 3, , pp. 317~343; Graham & Kim, 2008, 「An empirical analytical framework for agglomeration economies」, 『Annals of Regional Science』, Vol. 42, No. 2, pp. 267~289.

5장

1. 박준식·김영근, 2000, 「한국선생과 자본가계급」, 『아시아문화』, 제16호, pp. 373~423.
2. 윤대식, 1998, 「앨버트 허시먼의 불균형성장론」, 『국토』, 통권 203호, pp. 72~75.
3. 박세훈·조만석·송지은, 2017, 『인구감소시대 지방중소도시 활력증진 방안』, 국토연구원.
4. 오윤주·신동명·송인걸·김일우·김규원, 「지방 대도시도 인구 무너진다」, 『한겨레』, 2018년 8월 10일.
5. 김미선, 「부산인구 누가 빼가나 신도시 양산이 블랙홀」, 『부산일보』, 2017년 4월 26일.
6. 국토연구원, 2013, 「도시인구감소 실태와 도시계획 대응방안」, 『국토정책 Brief』, 제422호, pp. 1~6.
7. 서연미·김광익·박정일·홍사흠, 2015, 『경제산업구조 재편에 대응한 대도시권 발전 방향 연구』, 경기: 국토연구원.
8. 국토교통부, 2017, 『제3차 대도시권 광역교통 시행계획(2017-2020)』.
9. 에드워드 글레이저, 이진원 옮김, 2011, 『도시의 승리』, 해냄.
10. 이선경, 「박원순 "광화문·을지로 업무빌딩에 공공임대주택 공급"…실효성은?」, 『아시아타임즈』, 2018년 10월 2일.
11. 김경욱, 「'도심에 집 더 짓자' 박원순, 그린벨트 지키러 대안 제시」, 『한겨레』, 2018년 10월 2일.
12. 김경욱·채윤태·최종훈, 「박원순의 '서울 도심빌딩 주택공급' 풀어야 할 3가지」, 『한겨레』, 2018년 10월 3일.
13. 김경욱·채윤태·최종훈, 「박원순의 '서울 도심빌딩 주택공급' 풀어야 할 3가지」, 『한겨레』, 2018년 10월 3일.
14. 정병묵, 「주택 공급대책 앞두고 서울 도심 활용 여론 거세」, 『이데일리』, 2018년 9월 11일.
15. 김선희, 2018, 「고루 잘사는 국가 실현을 위한 강소도시권 육성 방향」, 『국토정책 Brief』, No. 648.
16. 일본의 국토교통성 홈페이지(http://www.mlit.go.jp/)를 참조.
17. 임정민, 2017, 「'콤팩트시티+네트워크'의 마을만들기, 일본의 입지적정화계획」, 『도시정보』, No. 424, pp. 20~21을 참고.
18. 고주연·이승일, 2017, 「일본의 지속가능 도시재생 계획에 관한 사례 연구」, 『국토계획』, Vol. 52, No. 6, pp. 5~25.
19. 이지용, 「인프라도 생활 최저기준 만든다」, 『매일경제』, 2018년 1월 1일.
20. 임호, 「SRT '서울 빨대효과'…지역 환자 유출 심화」, 『영남일보』, 2017년 9월 18일.

21. 김종학 외, 2016, 『호남KTX 개통에 따른 국토공간 이용변화 연구』, 국토연구원.

6장

1. 양태조, 「75년 진해서 굳힌 구상, 하계휴양지서 밝힌 내용 중계」, 『중앙일보』, 1977년 2월 11일.

2. 혁신도시발전추진단, 2018, 『혁신도시별 사업 추진현황』, 국토교통부, 2018년 10월 31일.

3. 한덕동, 박은성, 「[혁신도시 10년 내일을 묻다] '혁신 기러기' 이전기관 직원들 주말엔 서울로…도심 텅텅」, 『한국일보』, 2017년 9월 5일.

4. 이복수, 2015, 「혁신도시 조성사업의 문제점과 발전방향」, 『공공정책』, Vol. 120, pp. 25~27.

5. 정광진, 2017, 「구도심 쇠퇴 부르는 '블랙홀'… 멀어지는 균형발전」, 『한국일보』, 2017년 9월 5일.

6. 한송학, 2017, 「진주시 구도심 인구수 급감 공동화 우려」, 『경남도민신문』, 2017년 11월 8일.

7. 정광진, 「구도심 쇠퇴 부르는 '블랙홀'… 멀어지는 균형발전」, 『한국일보』, 2017년 9월 5일.

8. 한창만, 「[혁신도시 포럼] 혁신도시, 10년 간 부동산 개발 치우쳐 왜곡」, 『한국일보』, 2017년 9월 13일.

9. 지역발전위원회, 『문재인정부 국가균형발전 비전과 전략』, 2018년 2월 1일.

10. 배극인, 「[2030미래전략 세계 석학에게 듣는다] 오마에 겐이치 일본 비즈니스 브레이크스루대 대학원 총장」, 『동아일보』, 2013년 1월 25일.

11. 조원일, 「수도권·비수도권 갈등이 영·호남 갈등보다 더 심각」, 『한국일보』, 2018년 1월 22일.

12. 건설교통부, 2006, 『제3차 수도권정비계획(2006-2020)』, p.9.

13. 이재윤, 「강남구 "서울시에서 독립하겠다"…부자동네의 도발」, 『중앙일보』, 2015년 10월 7일.

14. 이태수, 「서울 한강다리 28개 중 통행량 1위는 한남대교…하루 21만대」, 『연합뉴스』, 2018년 1월 15일.

15. 이용식, 「세종시와 경부고속도로」, 『문화일보』, 2010년 1월 11일.

16. 김석태, 2015, 「공동세를 재원으로 하는 수평적 재정조정: 국가-지방 간의 동반자 관계를 위한 재정적 구상」, 『지방정부연구』, Vol. 19, No. 2, pp. 247~271.

17. 나성린·원윤희, 2007, 「바람직한 지방자치발전을 위한 지방세 개선방안: 재산세 공동과세 보완을 중심으로」, 『한국지방재정논집』, Vol. 12, No. 3, pp. 59~84.

18. 보건복지부, 「농어촌 응급환자를 위한 원격협진, 전국 11개 응급권역, 74개 농어촌 응급실로 확대 시행」, 보도자료, 2016년 6월 30일..

19. 서진우, 「치매 · 장애인도 원격협진 받는다」, 『매일경제』, 2018년 8월 27일.

20. 강준만, 「[강준만 칼럼] 지방도시 살생부」, 『한겨레』, 2017년 11월 12일.

21. Kim, E. et al., 2014, 「Optimal Urban Population Size: National vs Local Economic Efficiency」, 『Urban Studies』, Vol. 51, No. 2, p.434. (이 그림의 원래 출처는 'Richardson, H. W., 1973, 『The Economics of Urban Size』. Westmead: Saxon House'이다.)

찾아보기

2할 자치 39, 50, 70
5분위 배율 62~63, 83

ㄱ

갑오개혁 137
거대도시 171, 175
거점개발 12, 121, 155, 157~159, 217~219, 231
거주유도구역 112, 179~182, 187
겐이치, 오마에 208~209
계층이동성 91
공간적 마태효과 32, 159
공공기관 이전 34, 194~196
공공서비스 6, 67~69, 130~131, 133, 136, 140, 176, 182, 217, 220
공공청사 192
공동세 221~222
광역경제권 110, 201~204, 212~213
광역지자체 7, 32, 48, 64~66, 79, 82, 87, 101, 121~122, 129, 197~198, 210, 213, 221, 235
교육기본법 184
구마모토시 181
구명구급센터 113

구싱의 오류 53, 55
구조개혁특구 104
국가균형발전특별법 41, 193
국가전략특구 104, 106
국고보조금 64~65, 83, 97~98
국민권익위원회 48
국민생활의 최저기준 183
국민의 삶의 질 45
국제전략종합특구 10
국토그랜드디자인 2050 108~110
국토종합계획 33, 102, 108
국회의원 19~20, 39, 48, 142~144, 147
규모의 경제 133, 151, 153~154, 227
균형발전 5, 8, 10, 23~27, 29~31, 35~37, 41~44, 46, 52, 59, 76, 78, 83, 88, 93, 102~103, 118~120, 124, 153, 175, 193~194, 200, 203~205, 207, 213, 215, 224, 235
그린벨트 172~173
기준재정수요액(재정수요) 76, 97
기준재정수입액(재정수입) 76
기초지자체 7, 43, 48, 54, 61~62, 66~68, 79, 82~83, 87, 90, 97, 114, 121, 123, 133~134, 142, 144, 152~153, 162, 184, 210, 213, 221~222, 234~235
기피시설 132~133
기후현 기후시 178~179

ㄴ

낙수효과 11, 158~159, 189

내국세 65, 74, 77~79, 82
내부식민지 37
노년부양비 95

ㄷ

대도시권 10~11, 20, 23, 102~103, 105~106, 108~111, 118~120, 124~125, 159~175, 177, 202, 204, 207, 209, 211, 216~217, 223, 235
대도시권 연합 125
데파르트망 121~125
도농통합시 134, 141~142
도덕적 해이 80~81
도세 71, 73~74, 87
도시기능 유도구역 179, 181~182
도시기본계획 33, 215, 232
도시연합체 170, 176
도시재생긴급정비지역 104~105
도시재생특별조치법 111
도시화율 190
도심공동화 173
도종합계획 33

ㄹ

레지옹 121~126
로컬 아베노믹스 106~107

ㅁ

마르크스, 카를 24
마린대교 94
마스다 보고서 107~108
메가시티 153, 175, 210
메갈로폴리스 167, 175

메이지유신 101
멘켄, 헨리 23
모노폴리 91~92
문화기본법 184
뭉치고 연결하기(Compact+Network) 109
민족자결권 40
민주주의 59, 89, 123, 152~153

ㅂ

발로 하는 투표 69
배후인구 113~114
버블경제 93, 103
보건의료기본법 184
보충성의 원칙 132
복지권 28, 37
부가가치세 73, 77, 82, 222
분권화 정리 132~133
분극효과 132~133
분리론자(행정구역 개편) 130~132
불교부단체 81~82, 87

ㅅ

사르코지, 니콜라스 125
산업구조조정 166
산업단지 26, 54~55, 192, 198
삼위일체 개혁 97~99
생활권 10, 125, 133, 140~141, 147, 151, 153, 162~163, 167, 176, 203, 210~211, 213, 215, 230
생활인프라 109, 176, 179~180, 183~184, 186, 204
성장거점 158, 194
세외수입 61~64, 134

소멸고위험지역 22
소멸위험지수 22
수도권 집중 20, 22, 29, 35, 57, 190, 194
수도권정비계획 150, 191~193
수도권정비계획법 192
수용태세론 100~102
수직적 의미에서의 지방 32~35
수평적 의미에서의 지방 32~35
슈퍼 메가리전 110~111
시·군세 71~72, 74
시가화구역 180
시가화조정구역 180
시간거리 138~139

ㅇ

압축전략 9, 109, 112, 118, 175, 182
연계중추도시권 114~115, 120, 176
연계협력사업 222
오츠, 윌리스 132~133
용적률 173~174
의존재원 64
이웃효과 24
이전재원 64, 76, 78
이촌향도 190
인구 과소지역 182
입법권 28, 37, 90
입지적정화계획 111~112, 178~179, 182

ㅈ

자체수입 61~63, 65~67, 78, 82~83, 134
자치분권 로드맵 5

작은 거점 112, 120, 177, 182~183, 213
재산세 72, 186, 222
재정권 28, 37, 78, 90
재정분권 28, 30, 49~50, 52~53, 56, 58, 67, 70~71, 75, 77~78, 82~84, 90, 95, 98~99, 129
재정자립도 27, 64~ 67, 76~77, 151
전국종합개발계획 102~103
절약의 역설 53
정당공천제 39
정령지정도시(정령시) 100, 114
제로섬 게임 80, 219
조정교부금 86~87
주민참여 152~153
중복투자 96, 153, 180
중핵시 100
지니계수 60~62, 213
지방교부세(교부세) 64~65, 76~83, 85, 87, 97~98
『지방도시 살생부』 8~9, 63, 155, 224, 231
지방분권 5, 7~8, 11~12, 26~27, 29~31, 34~37, 40~41, 46, 48~50, 53, 56~60, 67, 69, 71, 81, 83, 86, 88~90, 93, 96~97, 99, 102, 104, 118~119, 125, 129, 136, 140, 214, 233~234
지방분권법 28
지방소득세 72, 75, 77, 82
『지방식민지 독립선언』 37
지방자치 6, 8, 27, 31, 33, 36, 58, 68, 70, 89, 96, 102, 121, 123, 125, 140, 147, 209, 214

지방창생본부 107
지방행정체제 개편에 관한 특별법
    146
지역국가 208~210
지역상생발전기금 86, 221
지역주의 151
지역축제 55
지역행복생활권 203
집적의 효과 44

ㅊ
초광역권 13, 210~212, 214, 217

ㅋ
코뮌 121~126

ㅌ
통합론자(행정구역 개편) 130, 133
특례시 100
특정도시재생긴급정비지역 105
티부 가설 68~69
티부, 찰스 68~69

ㅍ
페로, 프랑수와 157~159
포용적 지역정책 220
풀뿌리 민주주의 5, 40, 131, 151
프랑스 거점전략 121~127

ㅎ
하리마 권역 114~116
행정구역 7, 90, 97, 99, 101, 119,
    121, 123, 125, 130~137,
    140~148, 150~152, 176, 179,

201~203, 209~211, 214, 221,
    229~230
행정구역 개편 7, 8, 90, 96, 98, 101,
    118, 129~131, 134, 136, 138,
    140~142, 144, 147, 151~152,
    214
행정구역 통합 12, 96~97, 101,
    119, 134, 144, 149~151, 154,
    213~214
행정권 28, 37
허시먼, 앨버트 158~159
헌법(한국) 25, 27, 183
혁신거점 156, 197, 200, 203
혁신도시 161, 193~202
혁신도시법 34
혁신성장 206~207
히로야, 마스다 107~108